Cervantes entre amigos:
Ensayos en homenaje de
Diana de Armas Wilson

Juan de la Cuesta Hispanic Monographs

SERIES: *Documentación cervantina «Tom Lathrop»*, 47

Homenajes, 55

FOUNDING EDITOR
Tom Lathrop†
University of Delaware

EDITOR
Michael J. McGrath
Georgia Southern University

EDITORIAL BOARD
Vincent Barletta
Stanford University

Annette Grant Cash
Georgia State University

David Castillo
State University of New York – Buffalo

Gwen Kirkpatrick
Georgetown University

Mark P. Del Mastro
College of Charleston

Juan F. Egea
University of Wisconsin – Madison

Sara L. Lehman
Fordham University

Mariselle Meléndez
University of Illinois at Urbana – Champaign

Eyda Merediz
University of Maryland

Dayle Seidenspinner-Núñez
University of Notre Dame

Elzbieta Sklodowska
Washington University in St. Louis

Noël Valis
Yale University

Cervantes entre amigos:
Ensayos en homenaje de
Diana de Armas Wilson

Editado por

Conxita Domènech
University of Wyoming

y

Andrés Lema-Hincapié
University of Colorado Denver

Juan de la Cuesta
Newark, Delaware

No portion of this book may be reproduced in any form without permission from the publisher. For permission contact: libros@juandelacuesta.com.

Copyright © 2024 by Linguatext, LLC. All rights reserved.

Cover design by Michael Bolan. Illustration by Jack Davis.
SERIES: *Documentación cervantina «Tom Lathrop»*, 47 and *Homenajes*, 55

Juan de la Cuesta Hispanic Monographs
An imprint of Linguatext, LLC.
103 Walker Way
Newark, Delaware 19711 USA
(302) 453-8695

www.JuandelaCuesta.com

MANUFACTURED IN THE UNITED STATES OF AMERICA

ISBN: 978-1-58871-400-8

Índice general

Agradecimientos 7

Introducción 9

Bibliografía de Diana de Armas Wilson 21

Ficción y metaficción en el *Quijote*: Conjeturas en torno a la desficcionalización literaria
    Álvaro Bautista-Cabrera 27

Tecnología y hermenéutica en el *Quijote*
    Anthony J. Cascardi 43

El lector como etnógrafo en el *Quijote*
    Anne J. Cruz 58

Una experiencia cervantina apócrifa: La casa del Caballero del Verde Gabán
    Conxita Domènech 72

Tres imágenes claves de lo femenino en el *Persiles*
    Ruth El Saffar 88

Viaje del Parnaso de Cervantes: Autobiografía y testamento literario
    María Antonia Garcés 108

La historia editorial de la *Topographia, e historia general de Argel*
    Pablo García Piñar 126

Canciones y cantantes en la obra de Cervantes
    Barry Ife 151

La traducción (re)negada
    Paul Michael Johnson 170

Mujer intrépida: Revisando el concepto de la mujer varonil con Clorinda en
  La conquista de Jerusalén, atribuida a Cervantes
  AARON M. KAHN..183

"Pierre Menard, autor del *Quijote*", momentos de la crítica [parte I]
  ANDRÉS LEMA-HINCAPIÉ..197

Lobas lascivas y licantropía en *Los trabajos de Persiles y Sigismunda*
  ADRIENNE L. MARTÍN..218

La imaginación kafkiana de Sancho Panza
  MICHAEL J. MCGRATH..231

El *Quijote* en la música de Falla, Ravel y Rodrigo
  NELSON R. ORRINGER 241

La verdad sobre Sancho Panza
  ILAN STAVANS..256

Colaboradores 265

Agradecimientos

> De gente bien nacida es agradecer los beneficios que reciben, y uno de los pecados que más a Dios ofende es la ingratitud. Dígolo porque ya habéis visto, señores, con manifiesta experiencia, el que de mí habéis recibido; en pago del cual querría y es mi voluntad que, cargados de esa cadena que quité de vuestros cuellos, luego os pongáis en camino y vais a la ciudad del Toboso y allí os presentéis ante la señora Dulcinea del Toboso y le digáis que su caballero, el de la Triste Figura, se le envía a encomendar, y le contéis punto por punto todos los que ha tenido esta famosa aventura hasta poneros en la deseada libertad; y, hecho esto, os podréis ir donde quisiéredes, a la buena ventura.
>
> - *Quijote*, I, 23.

TODO GESTO HUMANO INDIVIDUAL convoca e implica, necesariamente, un número indefinido de muchas voluntades en acción. En otras palabras: lo colectivo es condición inevitable de las realizaciones de lo que una sola persona lleva a cabo. Porque *ex nihilo nihil*. . . . Las tesis anteriores son manifiestas en la creación de un libro sobre la obra de Miguel de Cervantes Saavedra, el cual reúne las páginas de un grupo de colegas y amigos para, a su vez, honrar a una gran amiga.

Por esta razón, los editores les agradecen la colaboración y la paciencia a nuestros colegas Álvaro Bautista-Cabrera, Anthony Cascardi, Anne J. Cruz, Ruth El Saffar, María Antonia Garcés, Pablo García Piñar, Barry Ife, Paul Michael Johnson, Aaron Kahn, Adrienne L. Martín, Michael J. McGrath, Nelson R. Orringer e Ilan Stavans. Crucial ha sido también para esta empresa académica el editor general de Juan de la Cuesta, Michael J. McGrath, pues recibió con veloz beneplácito la idea de este libro.

Reconocemos, muy especialmente, a Peggy Keeran, bibliotecaria de la University of Denver, por su maravillosa labor al compilar la bibliografía completa de Diana de Armas Wilson.

Con dos instituciones estamos también en deuda: la University of Wyoming subvencionó esta publicación y la University of Colorado Denver corrió con los honorarios de nuestros dos revisores de pruebas. Nos referimos a Ariel Alejandro Li Gotti, actor, periodista y amigo de Buenos Aires (Argentina), y a Michael J. Carr, escritor, editor, traductor y amigo de Denver (USA).

Nos preguntamos, por último, qué es el agradecimiento. Quizás, acercarnos, en un principio, a uno de los sentidos de la maldición o del insulto, nos traiga atisbos del significado de esta palabra expresada con sinceridad y con certeza: *gracias*. En la maldición, quien maldice se desinteresa del referente objetivo o real que nombran las palabras de su maldición. El interés de aquel que insulta a otra persona—también con sinceridad y con certeza—expresa la intensión visceral de un íntimo deseo: "yo te maldigo", piensa tácitamente el maldecidor, "con el fortísimo deseo de que sobre ti caiga toda la mayor de más malas fortuna: ¡desaparece de aquí, deja de existir!". Sí: ¡vete al diablo! es una metáfora satánica que connota el radical y ontológico mandato de que el otro—causa de mi infortunio—ingrese ya mismo en el reino de la nada. En mis insultos le ordeno al otro: *¡no seas más!*

Bien sabido está que el antónimo de maldecir es *bendecir*. Y, en cuanto antónimo, bendecir significa desear el bien del otro o querer que la buena fortuna abrace a todo aquel que, a nuestro juicio, lo merece y que siempre ese otro persista en el *bien estar*, en la plenitud alegre del ser. Y aquí llega nuestro más profundo sentido existencial del agradecimiento: *doy las gracias* y, en la expresión verbal o silenciosa, física o gestual, yo reconozco que el otro es *causa de mi bien estar*. Existo bien, o incluso mejor, porque la otra persona encarna para mí un modo de acceso a la buena fortuna. Soy afortunado, pues lo que tú has hecho de pensamiento, de palabra, de obra y de omisión es la oportunidad para que yo viva mejor, esto es, *para que exista en bien estar*. No siempre, sin duda, vivo en bien estar, aun cuando tú eres una de las razones de que, con intermitencia, yo existo bien o experimento el bien estar.

En sus queribles *Confesiones* (circa 397-400 d. C.), san Agustín de Hipona (354-430) enunció—y sigo la traducción del monje agustino Ángel Custodio Vega, O. S. A.—: "Lo que es certísimo, todas las cosas que se corrompen son privadas de algún bien. Por donde, si fueran privadas de todo bien, no existirían absolutamente" (288). Así es. Reconocer que alguien colabora para que yo exista y exista mejor: este es el sentido más verdadero de un agradecimiento.

Muchas gracias.

Los editores

Introducción
Conxita Domènech y Andrés Lema-Hincapié

Nuestro libro de homenaje a Diana de Armas Wilson es una de las tantas maneras como nosotros, los editores, al igual que los colaboradores de *Cervantes entre amigos* le decimos gracias a ella. Su amistad no deja de ser fuente de bien estar para nosotros. Con san Agustín: Diana de Armas Wilson, su amistad, es un bien que nos causa existir mejor. Somos afortunados por haberla conocido, porque sus pensamientos, sus palabras, sus obras y sus omisiones—expresión de la liturgia católica—hacia nosotros nos han sido un radical y verdadero bien. Gracias Diana y acepta nuestro homenaje.

Pasamos a incluir algunas líneas con algunos datos biográficos de Diana de Armas Wilson. Su bibliografía (libros, artículos, ediciones, reseñas, traducciones) viene después de estas páginas de introducción. Diana de Armas Wilson es *Professor Emerita of Renaissance Studies* de la University of Denver. Su licenciatura in Zoología es de Cornell University y su doctorado en Literatura Comparada le fue conferido por la University of Denver. En relación con la obra y la vida de Cervantes, de Armas Wilson es autora de *Allegories of Love: Cervantes's* Persiles and Sigismunda (Princeton University Press, 1991, 2014) y de *Cervantes, The Novel, and The New World* (Oxford University Press, 2001). Editó, en 1999, la Norton Critical Edition de *Don Quijote*, y, en 2020, W. W. Norton publicó una nueva edición crítica de esa obra. Coeditó, con Ruth El Saffar, el volumen colectivo *Quixotic Desire: Psychoanalytic Perspectives on Cervantes* (Cornell University Press, 1993). Son cerca de cincuenta los ensayos de Diana de Armas Wilson en obras colectivas o en revistas especializadas. Su trabajo como traductora ha sido incansable. Por ejemplo, y con el apoyo del National Endowment for the Humanities, tradujo *An Early Modern Dialogue with Islam: Antonio de Sosa's* Topography of Algiers *(1612)* (Notre Dame University Press, 2011), el cual es el primer volumen de la *Topografía e Historia General de Argel* escrita por el Dr. Antonio de Sosa. Actualmente, traduce el segundo volumen de esa obra, el cual llevará por título *Of Caliphs and Corsairs: Antonio de Sosa's Kings of Algiers*. Ambos volúmenes tienen como editora a María Antonia Garcés, cervantista de Cornell University. De Armas Wilson pertenece, como miembro, al comité editorial de *Cervantes: Bulletin of the Cervantes Society of America*. Sus conferencias magistrales y las invitaciones en calidad de conferencista han llevado a de Armas Wilson a ciudades como Oxford (Inglaterra), Córdoba y Barcelona (España), Orán (Argelia), Estambul (Turquía), Fez (Marruecos), al igual que a dos ciudades de América Hispánica: Bogotá y Cali (Colombia). Con orgullo y alegría, Diana de Armas Wilson refiere siempre en su autobiografía intelectual tres acontecimientos centrales en su vida: es viuda de un hombre al que amó muchísimo; es madre de cuatro mujeres; y es abuela de tres adolescentes.

Con respecto de los ensayos que conforman este volumen colectivo y según el orden alfabético del primer apellido de los autores, en el ensayo "Ficción y metaficción en el *Quijote*: Conjeturas en torno a desficcionalización literaria", Álvaro Bautista-Cabrera recuerda un episodio, una aventura del *Quijote* para explicar los conceptos de ficción y de metaficción. Bautista-Cabrera argumenta que los estudios de críticos como José María Pozuelo Yvancos, Antonio Garrido Domínguez, Martín Martínez Jiménez, Francisco G. Orejas, William Egginton o Jesús González Maestro, entre otros, no agotan el asunto planteado por ese episodio. Acercamientos a la ficción, como los propuestos por Mario Vargas Llosa, Jacques Rancière o Cecilia Bajour, obligan a continuar estudiando la ficción cervantina. El trabajo de Bautista-Cabrera conjetura una función de la metaficción cervantina: la "desficcionalización", la cual consiste en criticar otras ficciones desde la ficción misma. Esa crítica en la novela de Miguel de Cervantes es enérgica pero sustentada. Desde el prólogo del *Quijote* se critican por inverosímiles las ficciones caballerescas e, igualmente, las posturas de don Quijote al respecto. A partir del diálogo conflictivo de ficciones en el *Quijote*, el autor del ensayo presenta tres conjeturas. La primera supone que la ficción tiende a continuarse. Es decir: criticar ficciones no inhibe en Cervantes la práctica de continuar ficcionalizando. La segunda sostiene que, bajo el poder de las ficciones, la desficcionalización se apropia de mecanismos para continuar fabulando. La tercera conjetura propone que la ficción interacciona con la realidad representada en tanto acuerdo social en crisis y, así, desficcionaliza esa misma realidad—tal y como ocurre en la discusión sobre los gigantes entre el barbero y don Quijote—. Igualmente, para la ficción, la realidad representada no está exenta de ficciones. En el *Quijote* se observa cómo la realidad se altera por la ficción de don Quijote. Y, esto último, Bautista-Cabrera lo ilustra con un análisis del yelmo de Mambrino y la cómica invención lingüística de Sancho, cuando, ante el debate de si es bacía o si es yelmo, Sancho decide llamarlo "baciyelmo".

"Tecnología y hermenéutica en el Quijote": así titula Anthony J. Cascardi su ensayo. Cascardi, por medio de una lente filosófica, estudia dos aspectos en el *Quijote*: los productos de tecnología y las novedades interpretativas (hermenéuticas) que esa misma tecnología causa en la relación de los personajes de la novela con el mundo donde están insertos. Cascardi, para solo escoger aquí un ejemplo, reflexiona sobre un producto de una tecnología nueva. En el *Quijote* y para los lectores que en sus manos sostienen el *Quijote*—leyendo—, el libro como objeto producido por la tecnología abre la posibilidad a múltiples versiones e interpretaciones, por no decir falsificaciones. El propio don Quijote reconoce esto, y no duda en expresar su opinión sobre el *Quijote* de Avellaneda: es "impertinente"; "ya debería estar quemado y hecho polvos"; y "las historias fingidas" de la falsa novela podrían ser "buenas" y "deleitables", pero el menor nivel de verdad de esas historias no compite el nivel de verdad de las del verdadero *Quijote*. En palabras de don Quijote: "las [historias] verdaderas tanto son mejores cuanto son más verdaderas" (II, 62). El autor del ensayo encuentra en esas palabras el planteamiento de uno de los problemas hermenéuticos más difíciles del libro. Y sigue Cascardi: si el don Quijote del *Quijote* es una copia (una imitación) de los héroes modelados en los libros de caballerías, ¿qué derecho tiene él de juzgar otro *Quijote* como ilegítimo? Además, si el libro de Cervantes es una imitación de otros, ¿qué derecho tiene el autor de censurar una imitación de su propio libro? En compañía de clásicos de la historia de la filosofía, como la *República* (tercer cuarto del siglo IV a. C.) y el *Sofista* (*circa* mitad del mismo siglo) de Platón, el autor del ensayo discurrirá en torno de la cuestión sobre la diferencia (ontológica) entre el original y la imagen—una cuestión crucial planteada en la tradición en Occidente desde los diálogos de Platón—. Con implicaciones que han persistido hasta nuestros días, Cervantes replantea esa cuestión en el contexto de la nueva tecnología del libro impreso. Es contundente la conclusión del ensayo de Cascardi: (1) es necesario reconocer la diferencia entre una imitación y otra creadas por la tecnología; (2) la tecnología puede reproducir, producir (y reproducir) imágenes; (3) la tecnología misma no puede distinguir entre las imágenes creadas; y (4) es menester acudir a la facultad mental del juicio, es decir, la facultad interpretativa.

Los accidentes de una geografía específica, los niveles socioeconómicos de un grupo humano y los modos de integración del "otro" cultural y social concentran la atención de Anne J. Cruz en sus páginas tituladas "El lector como etnógrafo en el *Quijote*". Los múltiples personajes que pueblan los vastos territorios españoles en las dos partes de la novela de Cervantes—desde "un lugar de la Mancha" hasta las playas de Barcelona—revelan el inagotable interés del autor en el panorama social y topográfico que se les ofrece a don Quijote y a Sancho en sus andanzas. Su salida fuera de Castilla, además, les proporciona una mirada vital a las varias etnias y niveles sociales que configuran la otredad con que se encuentran y que Cervantes inserta para reflejar, a la vez, los elementos históricos que dan base a la creación de la novela moderna. El ensayo de Cruz analiza desde una perspectiva etnográfica algunos ejemplos de la inclusión de ese "otro" cultural y social en la novela, para de allí dilucidar cómo una lectura de la otredad conlleva al autoconocimiento. Entre la multitud de narradores que funcionan en el texto como lectores internos, el personaje que más llega a conocerse por sus interacciones con don Quijote y con los otros es un personaje que no sabe leer. Sin embargo, los conocimientos que adquiere en su larga estancia con el hidalgo preparan a Sancho para el retorno a su lugar de origen. Los conocimientos adquiridos sirven a aquellos que mejor o peor podrán aplicar una lectura etnográfica: los lectores externos dedicados al análisis e interpretación de la obra y de sus personajes, en fin, los cervantistas.

En "Una experiencia cervantina apócrifa: La casa del Caballero del Verde Gabán", Conxita Domènech reflexiona a partir de una experiencia personal en España: su visita, en la Calle Cervantes de Villanueva de los Infantes (municipio de la Comunidad Autónoma de Castilla-La Mancha). La casa del Caballero del Verde Gabán es descrita como cualquiera vivienda de hidalgo de aldea, con escudo de armas, bodega y cueva. Es decir, refiere la autora del ensayo, se trata de una casa que no tiene nada de particular. Con todo, lo más particular resulta que se haya identificado la casa del Caballero del Verde Gabán con tan poca información. Aunque Ignacio Henares Cuéllar y Rafael López Guzmán aseveran que la descripción de Cervantes y la descripción de la supuesta casa del Caballero del Verde Gabán coinciden, ella encuentra pocas semejanzas entre las dos descripciones. De hecho, la casa descrita por Cervantes y la casa descrita por Henares Cuéllar y López Guzmán parecen dos lugares distintos. Domènech piensa que visitar la casa del Caballero del Verde Gabán constituiría también una interiorización y una apropiación de una experiencia cervantina o, como explica uno de los actuales dueños de la propiedad en "Cinco momentos para sentirse don Quijote", la visita se convierte en una experiencia un tanto quijotesca. La casa del Caballero del Verde Gabán apócrifa molesta a aquellos que les interesa por encima de todo la autenticidad—como le molestó al propio Cervantes la segunda parte apócrifa de Avellaneda—; en cambio, a aquellos que buscan una experiencia íntima relacionada con la novela, les importa poco si la casa es auténtica o no lo es. La experiencia no es generada por el lugar único, sino por la negociación entre la novela y el lugar—para usar un concepto de Nicola J. Watson—. El visitante de la casa del Caballero del Verde Gabán trata de verificar lo que ha aprendido de su experiencia previa: ya sea de la lectura total o parcial de la obra; o, incluso, de la lectura o del visionado de otras obras o textos relacionados con la novela, por ejemplo, la serie de dibujos animados de RTVE titulada *Don Quijote* (1979) o el filme *The Man Who Killed Don Quixote* (2018) de Terry Gilliam. Por mucho que pese a algunos, según el juicio de Domènech, la realidad que genera la ruta del *Quijote* o la visita a la casa del Caballero del Verde Gabán no difiere, en cierta medida, de la experiencia de lectura de la obra: una interiorización y una apropiación cervantina—o quijotesca—.

Incluimos un ensayo de Ruth El Saffar, pues Diana de Armas Wilson quiere rendirle a su gran amiga cervantista un homenaje póstumo. "Tres imágenes claves de lo femenino en el *Persiles*" es el título del ensayo de El Saffar. Fue publicado en 1979 por la *Revista Canadiense de Estudios Hispánicos* (vol. 3, núm. 3, pp. 219-36). El Saffar estudia los tres cuentos intercalados en *Los trabajos de Persiles y Sigismunda* (1617) de Cervantes, los cuales tienen la supuesta realidad de ser narraciones dirigidas a los protagonistas durante una pausa en su peregrinaje a Roma. Al comparar los cuentos con la vida de los héroes, la autora del ensayo ve el propósito claro de crear un ejemplo de la armonía perdida y ganada en las relaciones entre hombres y mujeres. Cuando el hombre intenta elevarse demasiado o, al contrario, reducir a la mujer—como hacen dos de los tres narradores—hay una pérdida de armonía. En cambio, cuando el hombre logra considerar a la mujer como igual y complementaria, según lo hace el tercer narrador, se establece la deseada armonía. Este ejemplo adquiere una fortísima trascendencia, tanto en la narración principal como en la estructura misma de la obra de 1617.

En "*Viaje del Parnaso* de Cervantes: Autobiografía y testamento literario", María Antonia Garcés analiza la autobiografía poética presentada por Cervantes en el *Viaje del Parnaso* desde la perspectiva de la reivindicación artística del escritor. Es más: esta autobiografía poética representa una despedida imaginaria que encarna uno de los últimos gestos de asunción del yo en la extensa obra literaria cervantina. Justamente, el adiós de Cervantes (autor/narrador) a Madrid en el *Viaje del Parnaso* anticipa su último adiós a los lectores en el Prólogo a *Los trabajos de Persiles y Sigismunda*. En este poema satírico titulado *Viaje del Parnaso*, el mar aparece como el telón de fondo sobre el que el autor, narrador y personaje Cervantes traza su orgullosa reivindicación personal como creador.

Pablo García Piñar titula su colaboración en este volumen "La historia editorial de la *Topografía, e historia general de Argel*". La *Topographia, e historia general de Argel* (Valladolid, 1612) es un texto clave para la crítica cervantina, no solo porque en ella se relata el segundo intento de fuga del cautiverio argelino de Miguel de Cervantes en 1577, sino porque, además, el texto sirvió para localizar, en 1752 y en Alcalá de Henares, la partida bautismal del autor del *Quijote*. Originalmente publicada bajo la autoría de Diego de Haedo, abad benedictino de Frómista, la crítica cervantina de principios del siglo XX sugirió al agustino lusitano Antonio de Sosa como autor legítimo del texto, gracias a la labor investigativa de María Antonia Garcés y, más recientemente, a la de Aurelio Vargas Díaz-Toledo. Este último propone considerar la *Topographia* como una obra a tres manos: Sosa, que habría redactado un primer borrador; Diego de Haedo, arzobispo de Palermo, que habría recopilado otros relatos de cautivos y los habría incorporado al texto; y el abad Diego de Haedo, sobrino homónimo del arzobispo, quien le habría dado al libro su forma final. El texto, no obstante, continúa planteando incógnitas en torno a su historia editorial, como, por ejemplo, el motivo de padecer un proceso tan inusualmente largo para la obtención de los permisos de impresión —más de ocho años—, el rol de los diferentes actores involucrados en los trámites administrativos, así como los continuos cambios que el título de la obra experimentó a cada paso de dichos trámites. Apoyado en investigación de archivo, García Piñar reconstruye la historia editorial de la *Topographia* y esclarece los interrogantes todavía abiertos entorno a esta obra clave para el cervantismo.

Barry Ife comienza su ensayo recordando el segundo párrafo del capítulo 44 de la segunda parte del *Quijote*. Allí están consignadas las razones por las cuales el intérprete moro de Cide Hamete Benengeli se negaba a seguir traduciendo el manuscrito de la obra original. La última razón de su negativa reza así: "y decía que el ir siempre atenido el entendimiento, la mano y la pluma a escribir de un solo sujeto y hablar por las bocas de pocas personas era un trabajo incomportable". En su colaboración para este libro, titulada "Canciones y cantantes en la obra de Cervantes", Ife quiere determinar los diversos mecanismos de escritura a los que recurre Cervantes para transmitirles a sus lectores —que leen en silencio o en voz alta— silencios, sonidos, ruidos y, en especial, canciones. Ife retoma la siguiente línea: "Hablar por las bocas de pocas personas". El colaborador destaca el uso de "bocas" y no de "palabras". En el *Quijote*, asegura Ife, Cervantes quería dar voz a tantas personas, grandes y pequeñas, como pudiera. "Dar voz" fue tan importante para Cervantes debido al contexto político en el que estaba escribiendo. Felipe III y su favorito, el duque de Lerma, estaban decididos a limitar el número de voces en juego.

Por eso, Cervantes utiliza constantemente el lenguaje literario para socavar el discurso oficial. Sus personajes no solo hablan (*speak up*), sino que también declaran (*speak out*). Y se pregunta Ife: ¿cómo puede un escritor de ficción en prosa dar voz a sus personajes a través del medio silencioso de un texto impreso? Ife encuentra un ejemplo de la práctica de la lectura silenciosa—lectura que Cervantes esperaba de algunos de sus lectores—en *El coloquio de los perros*, la última de las *Novelas ejemplares* de Cervantes. Asegura el autor del ensayo que Cervantes debe haber sabido entonces, como es sabido ahora, que ninguna lectura es completamente silenciosa y que es un proceso. Cuando alguien lee, subvocaliza. Es posible que sus labios no se muevan y que no surja ningún sonido, pero los músculos del habla aún están activos y su movimiento puede detectarse mediante electromiografía. Al estar leyendo subvocalmente, es posible escuchar los sonidos asociados en el oído interno—en virtud de nuestra memoria acústica y de la imaginación—. En las anteriores afirmaciones Ife está retomando consideraciones de un libro de su autoría: *Reading and Fiction in Golden-Age Spain* (1985). En el proceso de leer en silencio, y en la efectividad del mismo—continúa Ife—hay límites y el canto es uno de esos límites. A menudo es afirmado que la canción es la forma más alta de expresión vocal, que une lo concreto y lo abstracto en palabras y en música, y que, no sin razón, la identidad social y política a menudo está encarnada en la canción. Ife llama la atención sobre el hecho de que las novelas de Cervantes están repletas de cantantes e instrumentistas, pero que el predominio de la música en general y del canto en particular plantea un desafío interesante. Ese desafío aparece acuñado en la siguiente pregunta del colaborador, la cual será guía para su ensayo: ¿cómo puede el escritor estimular la imaginación auditiva del lector de la misma manera en que dispara las otras dimensiones de la imaginación a través de la descripción, de la narración y del diálogo?

Para este homenaje a Diana de Armas Wilson, Paul Michael Johnson titula su ensayo "Traducción (re)negada". Su investigación empieza con uno de los episodios que más ha interesado a los críticos del *Quijote*: "La historia del cautivo", intercalado en la novela de 1605. No obstante, pocos se han percatado de las maneras sutiles y a veces paradójicas en las que funciona la traducción en esta narrativa semiautobiográfica. El narrador y personaje principal, Ruy Pérez de Viedma, recurre a un renegado español para traducir los mensajes que recibe de Zoraida, una hermosa joven musulmana que le ayuda a escaparse de los baños de Argel y con quien promete casarse. Curiosamente, sin embargo, el renegado traductor se niega a traducir una serie de palabras de índole religiosa—tales como "Alá" (Dios) o "Lelá Marién" (la Virgen María)—importándolas como préstamos léxicos del árabe al español a pesar de que Zoraida profesa un deseo de ser cristiana. Este ensayo propone analizar el episodio mediante un lente traductológico, indagando en los motivos ideológicos, estéticos y pragmáticos detrás de este fenómeno heteroglósico. Se arguye que, en el plano de los personajes, estos apelativos árabes experimentan una especie de vaivén, alternando entre una función domesticante y extranjerizante, y generando así efectos dispares al atravesar sendos umbrales lingüísticos. De esta manera, el lector del *Quijote* aprecia un desafío a la verosimilitud y vislumbra los deslices de una compleja cadena narrativa que arroja nueva luz sobre el afán cervantino por la hibridez cultural y sobre las inestables fronteras religiosas del cautiverio argelino.

"Mujer Intrépida: Revisando el concepto de la mujer varonil con Clorinda en *La conquista de Jerusalén*, atribuida a Cervantes" es el título del ensayo de Aaron M. Kahn. A su descubrimiento en forma manuscrita en 1989 y a la publicación original de 1992 por Stefano Arata, el hispanista italiano atribuyó la autoría de *La conquista de Jerusalén por Godofre de Bullón* (1586) a Miguel de Cervantes Saavedra. Después de varios años de análisis académicos, la comedia se ha incorporado en el campo de los estudios cervantinos. En las *dramatis personae* de esta adaptación teatral del famoso poema épico italiano *Gerusalemme liberata* (1581) de Torquato Tasso, en el cual se desarrolla literariamente la Primera Cruzada, nos encontramos con Clorinda, uno de los líderes militares más prominentes de los defensores islámicos de Jerusalén. Considerando las definiciones de la "mujer varonil" establecidas por Melveena McKendrick en su obra seminal de 1974, como, por ejemplo, la mujer esquiva, la mujer guerrera y la amazona, Kahn nota que el personaje de Clorinda no coincide con ninguna de esas definiciones. De hecho, Clorinda representa una mujer única en el escenario español de la época. En este estudio, Kahn identifica y define por primera vez la mujer intrépida, una mujer poderosa, temida por el enemigo cristiano y respetada, a la vez. Es hermosa, pero, como Marcela en el *Quijote*, no le devuelve el amor al hombre que la persigue, y asimismo rehúsa casarse sin consecuencia. La mujer intrépida niega el matrimonio, pero no opta por una vida religiosa, y la complejidad de esta mujer fascinante sirve como otro ejemplo de la creación impar cervantina.

Acaso, en el corpus de la obra de Jorge Luis Borges, la creación que más teorización ha causado para la crítica borgesiana sea todavía "Pierre Menard, autor del *Quijote*" (1939). En su ensayo titulado "'Pierre Menard, autor del *Quijote*', momentos de la crítica [parte I]", Andrés Lema-Hincapié consulta, analiza y juzga algunas de las interpretaciones originadas con ocasión de esa ficción de Borges. Entre los autores de las diversas interpretaciones, el autor del ensayo recuerda, entre otros, a pensadores de la literatura como Jaime Alazraki, John Barth, Maurice Blanchot, Gérard Genette, Hans-Robert Jauss, Paul de Mann o Emir Rodríguez Monegal. Lema-Hincapié enseña las implicaciones teóricas y fácticas en la ficción de Borges con respecto de la lectura, de la escritura, de la traducción y de la transcripción. Este colaborador también indaga el carácter paradojal de la pieza de ficción, publicada por vez primera en el número 56 de la admirable revista argentina *Sur*. Su indagación va acompañada con temas para futuros trabajos críticos, los cuales habrían de ser ocasión para exégesis posibles de "Pierre Menard, autor del *Quijote*". Importa resaltar, igualmente, que Lema-Hincapié vincula la pieza con dos ensayos de Borges: uno de 1927 y otro de 1933. Y, en último término, en el ensayo es desvelado el carácter paradojal o quizás más bien antinómico de los dos *Quijotes*—el de Cervantes y el de Pierre Menard—, y es propuesta después una solución a la paradoja que todo lector tendrá que enfrentar cuando lee tanto los dos *Quijotes* y la creación de Borges como, más ampliamente, cualquier documento de creación humana.

"Lobas lascivas y licantropía en *Los trabajos de Persiles y Sigismunda*" lleva por título el ensayo de Adrienne L. Martín. La autora pide atención al hecho de que los personajes animales desempeñan una amplia gama de funciones en Cervantes: pueden ser cómplices de los humanos y duplicarlos (Rocinante y el rucio de Sancho), transformarse en humanos (Berganza y Cipión), o ser criaturas híbridas que cuestionan las fronteras inestables entre el ser humano y el animal. Sugerentes entre estos últimos—encuentra Martín—son el lobo parlante y la loba lasciva que aparecen en las historias de Antonio y Rutilio en el Libro I de *Los trabajos de Persiles y Sigismunda*. El ensayo mencionado examina esos personajes lupinos desde la perspectiva de los Estudios Animales, y esto dentro del contexto de la lupofobia, de la preocupación por la erradicación de lobos y de la brujería en la Europa del momento, por un lado. Por otro, Martín observa cómo estos episodios reflejan las intersecciones históricas entre sociedad y cultura humanas, además de los mitos licantrópicos que remontan a la Épica de Gilgamesh y a autores clásicos como Ovidio, Virgilio y Sannazaro. A través de la historia natural y la literatura, el *canis lupus* fue caracterizado como carnívoro rapaz y como asesino pérfido de intenciones maléficas. La hechicera que se transforma en loba y es matada por Rutilio constituye un espécimen particularmente revelador en la tradición literaria licantrópica: una mujer-loba y predadora sexual. Como tal, la hechicera víctima de Rutilio ilustra claramente el vínculo entre mujeres-lobas y hechiceras, y, sobre todo, revela el recelo masculino ante la sexualidad femenina en la edad de Cervantes.

En el ensayo de Michael McGrath, "La imaginación kafkiana de Sancho Panza", están conectadas dos obras de dos escritores: los *Cuadernos en octavo* de Franz Kafka (1883-1924) y el *Quijote* de Cervantes. En el *Tercer cuaderno en octavo*, McGrath recuerda estas contundentes palabras de Kafka: "La desgracia de don Quijote no es su imaginación, sino Sancho Panza". Kafka desarrolla la anterior afirmación en la parábola titulada "La verdad sobre Sancho Panza". Allí, el autor de Praga describe a Sancho Panza no solo como el inventor de don Quijote, sino también como una manifestación del propio escudero. Según la parábola de Kafka: "Sancho Panza, que por lo demás nunca se jactó de ello, logró con el correr de los años, gracias a un sinnúmero de novelas de caballeros y de bandoleros, leídas en horas del atardecer y de la noche, apartar a tal punto de sí a su demonio, al que luego dio el nombre de don Quijote". En la novela de Cervantes, mientras don Quijote es el personaje que recrea las aventuras que lee en sus libros de caballerías, Sancho, como marido y padre analfabeto, encarna la realidad y la razón. Kafka, sin embargo, retratará a Sancho como un soñador, cuya imaginación crea a su amo don Quijote con el fin auto-exorcizarse de un demonio. En la caracterización kafkiana de Sancho, Roberto González Echevarría encuentra que Kafka mismo refunde la ficción cervantina: "Kafka da la vuelta a la ficción cervantina, pero dentro del espíritu de Cervantes, al hacer de Sancho el inventor del *Quijote* y seguirlo después". La invención de don Quijote sería una manifestación metafísica de la propia relación conflictiva de Kafka con un mundo que lo hace sentirse emocional y psicológicamente aislado. A partir de la anterior premisa sobre aislamiento existencial de Kafka y en el contexto de la novela de Cervantes, el autor de este ensayo analiza el significado metafísico de una creencia ya mencionada de Kafka y que conviene repetir: "la desgracia de don Quijote no es su imaginación, sino Sancho Panza". Este ensayo es, entonces, una exploración de las razones que habrían llevado a Kafka a acuñar en palabras esa creencia.

"El Quijote en la música de Falla, Ravel y Rodrigo" es titulada la colaboración de Nelson R. Orringer. Orringer trae a la memoria esta pregunta de Hermann Cohen en su obra *Ethik des reinen Willens* (1904): "Ist etwa der *Don Quixote* nur eine Posse?" Más tarde, en *Meditaciones del Quijote* (1914), José Ortega y Gasset, discípulo de Cohen, habría de traducir al español aquella pregunta: "¿Es, por ventura, el *Don Quijote* sólo una bufonada?". Del mismo modo, Maurice Ravel, autor de bromas musicales, llega a preguntar: "¿No es la música en general una broma refinada?". En su ensayo, Orringer examina, de un modo comparativo, la presencia de don Quijote en tres compositores: Manuel de Falla (1876-1946), Ravel (1875-1937) y Joaquín Rodrigo

(1901-99). Las obras que estudia el autor son, respectivamente, *El retablo de maese Pedro*, estrenado en 1923; *Don Quichotte à Dulcinée*, compuesto entre 1932 y 1933; y *Ausencias de Dulcinea*, que vio la luz en 1948. Por medio del recurso a exégesis textuales, históricas, filosóficas y musicales, el autor se centra desde una triple perspectiva: la caballería andante como modo de vivir en contra de la realidad cotidiana, el amor a Dulcinea y la humorística relación de literatura y vida. Y, tras exámenes biográficos y estéticos de *El retablo de maese Pedro*, de *Ausencias de Dulcinea* y de *Don Quichotte à Dulcinée*, este ensayo finaliza con la "Chanson à boire", la última composición que Ravel creó antes de morir, la que parece responderle a Cohen: todo el arte es un juego disciplinado, fruto de la alegría de vivir. Orringer ilustra la respuesta de Ravel afirmando: hijos de esta alegría son el *Quijote* mismo y el cervantismo de Diana de Armas Wilson.

El ensayo final de *Cervantes entre amigos* estuvo a cargo de Ilan Stavans y lleva por título "La verdad sobre Sancho Panza". En relación con la novela de Cervantes, Stavans quiere reivindicar la presencia coprotagónica de Sancho en el *Quijote*. Sancho Panza, argumenta Stavans, es más que un mero acompañante don Quijote en las aventuras y es, *de facto* y *de jure*, el otro personaje central de la novela de Cervantes. Sin embargo, desde el título, donde no es mencionado, su papel es siempre secundario y esto enfatiza el eclipse en el que Sancho existe—todavía y permanentemente—. En ese sentido, el escudero encabeza la lista de figuras literarias distinguidas desplazadas en nuestra imaginación, de Sir John Falstaff, Jim y el Doctor John H. Watson a Sofya Semyonovna Marmeladov y a Úrsula Iguarán. En este ensayo, el primero de cuatro partes interconectadas, Stavans indaga sobre la injusticia que sufre Sancho Panza—y esto no solo a manos de su amo, sino además por parte de su mismo autor y de sus lectores—.

Terminamos aquí, animando a la lectura de *Cervantes entre amigos*. Creemos que el libro enriquecerá con nuevos sentidos la obra de Miguel de Cervantes Saavedra (1547-1616) y abrirá nuevas puertas para la interpretación de esas obras y de muchas otras creaciones del arte—literarias o no—.

Salvete atque valete a Diana de Armas Wilson, a los colaboradores de este trabajo colectivo y a los futuros lectores de *Cervantes entre amigos*.

Bibliografía de Diana de Armas Wilson

Libros

Editora. *Don Quijote*. Traducido por Burton Raffel, W.W. Norton, 2020.

Traductora. *An Early Modern Dialogue with Islam: Antonio de Sosa's Topography of Algiers (1612)*. Editado por María Antonia Garcés, University of Notre Dame Press, 2011.

Cervantes, The Novel, and The New World. Oxford University Press, 2000.

Editora. *Don Quijote*. Traducido por Burton Raffel, W.W. Norton, 1999.

Y Ruth El Saffar, editoras. *Quixotic Desire: Psychoanalytic Perspectives on Cervantes*. Cornell University Press, 1993.

Allegories of Love: Cervantes's "Persiles and Sigismunda". Princeton University Press, 1991.

Ensayos en libros

"Cervantes in/on the Americas". *The Oxford Handbook of Cervantes*, editado por Aaron Kahn, Oxford University Press, 2021, pp. 572-83.

"Khayr al-Din Barbarossa: Clashing Portraits of a Corsair-King". *Piracy and Captivity in the Mediterraean: 1580-1810*, editado por Mario Klarer, Routledge, 2019, pp. 223-33.

"The Translator's Translator: On Englishing a Portuguese Cleric's Spanish Captivity Chronicle". *Studies In Honor of Robert Ter Horst*, editado por Eleanor ter Horst et al., Transformative Studies Institute, 2016, pp. 150-61.

"A Spanish Ottoman: Cervantes's Play on Hybridity". *Perspectives on Early Modern Women in Iberia and the Americas: Studies in Law, Society, Art and Literature in Honor of Anne J. Cruz*, editado por Adrienne L. Martín y María Cristina Quintero, Escribana Books, 2015, pp. 549-59.

"Hilos rotos: Cervantes y el Inca Garcilaso". *USA Cervantes: 39 cervantistas de la academia norteamericana*, editado Georgina Dopico Black y Francisco Layna Ranz, Consejo Superior de Investigaciones Científicas, 2009, pp. 1137-52.

"Of Pilgrims & Polyglots: Heliodorus, Cervantes, and Defoe". *Remapping the Rise of the European Novel*, editado por Nicholas Cronk y Jenny Mander, The Voltaire Foundation, 2007, pp. 47-57.

"Quixotic Preview: Cervantes's "A la entrada del duque de Medina en Cádiz". *Homenaje a Tom Lathrop*, editado por Mark Groundland, University of Mississippi, 2007, pp. 39-47.

"Knights & Cowboys: The Quixotic Course of Empire". *Cervantes and/on/in the New World*, editado por Julio Vélez-Sainz y Nieves Romero-Díaz, Juan de la Cuesta, 2007, pp. 139-50.

"Quixotism: Don Quixote's Global Reach". *"Corónente tus hazañas": Studies in Honor of John Jay Allen*, editado por Michael J. McGrath, Juan de la Cuesta, 2005, pp. 143-54.

"Cacao y Potosí: Heterotropías cervantinas". *Heterotropías: Narrativas de identidad y alteridad latinoamericana*, editado por Carlos A. Jáuregui y Juan Pablo Dabove, Instituto Internacional de Literatura Iberoamericana, 2003, pp. 63-76.

"Cervantes and the New World". *The Cambridge Companion to Cervantes*, editado por Anthony J. Cascardi, Cambridge University Press, 2002, pp. 206-25.

"Speaking in Tongues: Cervantes, Transila, and Doña Marina". *Studies in Medieval and Early Modern Spanish Literature in Honor of Peter N. Dunn*, editado por Edward H. Friedman y Harlan Sturm, Juan de la Cuesta, 2002, pp. 235-46.

"Of Piracy and Plackets: Cervantes's *La señora Cornelia* and Fletcher's *The Chances*". *Cervantes for the 21st Century*, editado por Francisco La Rubia-Prado, Juan de la Cuesta, 2000, pp. 49-60.

"Rethinking Cervantine Utopias: Some No (Good) Places in Renaissance England and Spain". *Echoes and Inscriptions: Comparative Approaches to Early Modern Spanish Literatures*, editado por Barbara Simerka y Christopher B. Weimer, Bucknell University Press, 2000, pp. 191-205.

"Literary Land Grabs: Cervantes and the Colonial War Epic". *En un lugar de La Mancha: Estudios cervantinos en honor de Manuel Durán*, editado por Georgina Dopico Black y Roberto González Echevarría, Ediciones Almar, 1999, https://discovery.ebsco.com/c/3czfwv/details/jihkx5jiun?limiters=FT1%3AY&q=En%20un%20lugar%20de%20La%20Mancha%3A%20Estudios%20cervantinos%20en%20honor%20de%20Manuel%20Dur%C3%A1n.

"Defending 'Poor Poetry': Sidney, Cervantes, and the Prestige of Epic". *Ingenious Invention: Essays on Golden Age Spanish Literature*, editado por

Ellen M. Anderson y Amy R. Williamsen, Juan de la Cuesta Press, 1999, pp. 25-39.
"Why Does the Novel Rise? Cultural Hybrids and Cervantine Heresies". *Cervantes and his Postmodern Constituencies*, editado por Anne Cruz y Carroll Johnson, Garland, 1998, pp. 43-67.
Introducción. *Don Quijote*, W.W. Norton, 2020, pp. VII-XVI.
Introducción. *Don Quijote*, W.W. Norton, 1999, pp. VII-XVI.
"The Matter of America: Cervantes Romances Inca Garcilaso de la Vega". *Cultural Authority in Golden Age Spain*, editado por Marina S. Brownlee y Hans Ulrich Gumbrecht, Johns Hopkins University Press, 1995, pp. 234-59.
Introducción. *Quixotic Desire: Psychoanalytic perspectives on* Cervantes, editado por Ruth El Saffar y Diana de Armas Wilson, Cornell University Press, 1993, pp. 1-19.
"Cervantes and the Night-Visitors: Dream-Work in the Cave of Montesinos". *Quixotic Desire: Psychoanalytic perspectives on Cervantes*, editado por Ruth El Saffar y Diana de Armas Wilson, Cornell University Press, 1993, pp. 59-80.
"Homage to Apuleius: Cervantes's Avenging Psyche". *The Search for the Ancient Novel*, editado por James Tatum, Johns Hopkins University Press, 1993, pp. 88-100.
"Apuleius as Subtext of Cervantes' *Persiles* 3.16-17". *The Ancient Novel: Classical Paradigms & Modern Perspectives*, editado por James Tatum y Gail M. Vernazza, Proceedings of International Conference at Dartmouth College, Hanover, New Hampshire, 1990, https://www.worldcat.org/title/30349885.
"Fletcher & Cervantes: Contesting the Custom of the Country". *From Dante to García Márquez: Studies in Romantic Literatures and Linguistics, Festschrift for Anson Piper*, editado por Antonio Giménez et al., Williams College, 1987, pp. 60-75.
"Uncanonical Nativities: Cervantes's Perversion of Pastoral". *Critical Essays on Cervantes*, editado por Ruth El Saffar, G. K. Hall, 1986, pp. 189-209.
"Cervantes's *Labors of Persiles*: 'Working (in) the Inbetween'". *Literary Theory and Renaissance Texts*, editado por David Quint y Patricia Parker, Johns Hopkins University Press, 1986, pp. 150-81.

Ensayos en revistas académicas
"Cervantes's Avenging Widow: Sulpicia and her Precursors". *E-Humanista Cervantes: Journal of Iberian Studies,* vol. 5, 2016, pp. 245-53.

E Ilan Stavans. "Translating Don Quixote: A Conversation". *Translation Review*, vol. 94, núm. 1, 2016, pp. 1-10.

"Chivalry to the Rescue: The Dynamics of Liberation in *Don Quijote*". *Bulletin of the Cervantes Society of America*, vol. 27, núm. 1, 2007, pp. 249-65.

"Cervantes and the Indies". *Philosophy and Literature*, vol. 24, núm. 1, 2000, pp. 364-76.

"'Ocean Chivalry': Issues of Alterity in *Don Quixote*". *Colby Quarterly*, vol. 32, núm. 4, 1996, pp. 221-35.

"'Unreason's Reason': Cervantes at the Frontiers of Discourse". *Philosophy and Literature*, vol. 16, 1992, pp. 49-67.

"Splitting the Difference: Dualisms in *Persiles*". *Cervantes: Bulletin of the Cervantes Society of America*, vol. 10, 1990, pp. 35-50.

"Cervantes on Cannibals". *Revista de Estudios Hispánicos*, vol. 22, núm. 3, 1988, pp. 1-25.

"'Passing the Love of Women': The Intertextuality of Cervantes's *Curious Impertinent*". *Cervantes: Bulletin of the Cervantes Society of America*, vol. 2, 1987, p. 928.

"Cervantes' Last Romance: Deflating the Myth of Female Sacrifice". *Cervantes: Bulletin of the Cervantes Society of America*, vol. 3, 1983, pp. 133-45.

Reseñas

Stavans, Ilan. *Quixote: The Novel and the World*. *Cervantes: Bulletin of the Cervantes Society of America*, vol. 36, núm. 1, 2016, pp. 190-93.

Armas, Frederick de. *Quixotic Frescoes: Cervantes and Italian Renaissance*. *Comparative Literature Studies*, vol. 45, núm. 3, 2008, pp. 388-90.

Correa-Díaz, Luis. *Cervantes y América / Cervantes en las Américas: Mapa de campo y ensayo de bibliografía razonada*. *Bulletin of Hispanic Studies*, vol. 85, 2008, pp. 27-29.

Lezra, Jacques. *Unspeakable Subjects: The Genealogy of the Event in Early Modern Europe*. Modern Language Quarterly, vol. 60, núm. 3, 1999, pp. 292-93.

Forcione, Alban K. *Cervantes and the Mystery of Lawlessness: A Study of "El casamiento engañoso y El coloquio de los perros"*. *The International Fiction Review*, 1986, pp. 40-43.

Traducciones

Catalogue Essays. *Sacred Spain: Art and Belief in the Golden Age*. Exhibition at Indianapolis Museum of Art, 2008.

Translation and Edition. Curiel, Gustavo. "Perception of the Other and the Language of 'Chinese Mimicry' in the Decorative Arts of New Spain". *Asia & Spanish America: Trans-Pacific Artistic & Cultural Exchange, 1500-1850*, editado por Donna Pierce and Ronald Otsuka, Instituto de Investigaciones Estéticas, Universidad Nacional Autónoma de México, Denver Art Museum, 2008.

Painting a New World: Mexican Art and Life (1521-1821). Editado por Donna Pierce et al., University of Texas Press, Denver Art Museum, 2004.

Ficción y metaficción en el *Quijote*: Conjeturas en torno a la desficcionalización literaria

Álvaro Bautista-Cabrera
Universidad del Valle, Cali, Colombia

> Ficción verbal de una ficción mental, ficción de ficción: esto es la literatura.
> - Alfonso Reyes

Metaficción y desficcionalización en el *Quijote*

Los numerosos análisis sobre la ficción cervantina destacan la metaficción en el *Quijote* (Pozuelo Yvancos; Garrido Domínguez, "Versiones"; Martínez Jiménez; Egginton). Los análisis sobre la metaficción y sus diversas formas (Orejas; Garrido Domínguez, *Narración y ficción*; Veres; Ardila Jaramillo; Zavala) ejemplifican el juego de la ficción que habla de la ficción y de los procesos de autorreferencia (Orejas 222-26; Garrido Domínguez, "Versiones" 60-62). Los ejemplos se multiplican en el *Quijote*: el protagonista es un lector de ficciones caballerescas; Cervantes y su novela *La Galatea* son nombrados por el cura en el escrutinio de los libros; la ficción se detiene por falta de fuentes y el autor representado relata cómo busca y encuentra unos cartapacios aljamiados que le permiten continuar la historia; el primer *Quijote* es comentado y objeto de evaluación en la segunda parte en una enorme *mise en abyme*; los personajes se enteran de que ellos han sido escritos por un autor morisco; don Quijote aborda a un lector del *Quijote apócrifo* y le dice que él es el verdadero; un personaje de la novela apócrifa, Álvaro Tarfe, es plagiado al plagiador Fernández de Avellaneda e introducido en la novela para acreditar como verdadero al personaje de Cervantes. Todos estos procedimientos de la metaficción muestran el poder de la ficción, su capacidad de multiplicarse y escenificar la ficcionalidad misma.

Las ficciones, según Rancière (43-52), son formas de nuestra racionalidad, operaciones mediante las cuales nuestro pensamiento organiza y liga las causas con los efectos, para explicar, sopesar la vida y la realidad (González Maestro, *El mito* 37-56). Igualmente, las ficciones son materialidades cuyas partes (descripciones, acciones, personajes, etc.) no tienen maniobra operativa material, como afirma González Maestro (González Maestro, *Ficción y realidad*).[1] Sin embargo, aunque no podemos tomarnos una copa de vino con un personaje literario—como afirma González Maestro (González Maestro, *Ficción y realidad*)—, las ficciones sí operan en don Quijote. La ficción opera de un modo quizá más profundo, alterando el comportamiento de un lector llamado Alonso Quijano. Las lecturas de ficciones operan en la imaginación del hidalgo, dando como resultado una racionalidad a la vez desajustada y cómica, ridícula y maravillosa.

Ahora bien, al mostrar Cervantes cómo la racionalidad de la ficción quijotesca no opera en el mundo, revela "monda y desnuda" a la ficción, es decir, la muestra como ficción. Este bucle nos permite conjeturar que una de las operaciones de la ficción consiste en que ella misma desficcionaliza. Desde el prólogo del *Quijote* se pretende desficcionalizar las ficciones caballerescas, "derribar la máquina mal fundada de estos caballerescos libros" (I, 58). Varios de los interlocutores del hidalgo—volveremos a esto más adelante—le insisten en que los relatos que toma por realidades históricas son ficciones. El ideario caballeresco calificado de ficción asombra en medio de una gran ficción. Pero solo es una argucia cervantina para confrontar ficciones que son embelecos y ficciones dignas de parecer verdaderas.

Cuando la ficción desnuda su ficcionalidad mediante la metaficción, la desficcionalización presenta un escenario en el que califica a otra ficción—más corriente y publicada—de ficción imperfecta, anacrónica e inverosímil. Cervantes enfrenta con su ficción quijotesca las ficciones literarias de su tiempo, basado en una consideración que resalta la importancia de la verdad poética: la verosimilitud.

La lectura de ficciones suele crear una empatía robusta, en periodos limitados, entre la ficción y la imaginación del lector. Si el periodo de esta asimilación mental entre ficción e imaginación se vuelve más largo, topamos, entre otros, con el lector ingenuo. Es el caso de don Quijote, a quien no se le agota la compenetración con la ficción; al contrario, se le amplía, por lo que la trama de la novela contará la confrontación entre el esfuerzo del personaje

---

[1] Con más gracia verbal lo dice Siri Hustvedt: "En la ficción, todas las posibilidades están abiertas. El sol no tiene que salir y ponerse" (151).

por esta compenetración con la ficción y la acción del mundo por destronar el embeleco de don Quijote.

La lucha entre la ficción y la desficcionalización está en el centro de la aventura quijotesca. Dicha pugna entre el poder de la ficción y la alerta ante las fabulaciones inverosímiles recuerda los límites de la ficción. Bien lo señala Cecilia Bajour: "La 'desficcionalización' no supone un posicionamiento defensivo o una mirada esencialista de la ficción, sino que, por el contrario, invita a intensificar la problematización de lo ficcional" (74-75). La atracción de la ficción nos impide ver que esta es una propuesta atractiva para nuestra imaginación y, a la vez, problemática, pues tan pronto permite una racionalidad posible puede horadar los límites de su imposibilidad y volverse falaz.

Desficcionalizar es desarmar una ficción, dentro de lo que podemos llamar *el diálogo conflictivo de ficciones*. Parte del poder de la ficción es que ella, como efecto de la metaficción, se desnuda y procede a menguar una ficción determinada, no por fuera, sino por dentro de la misma ficción. Por ello, y es la magia que observó Jorge Luis Borges en Cervantes (667-69), la desficcionalización tan pronto rompe una ficción, la reanuda.[2]

El autor cervantino de ficciones parodia, se burla y desmonta diversas ficciones: las caballerescas, las pastoriles, las picarescas y las moriscas, para lo cual las evalúa desde la lucha de Cervantes por la verosimilitud. Hay que "guisar" las acciones de la fábula "con tanta verosimilitud, que, a despecho y pesar de la mentira, que hace disonancia en el entendimiento, forme una verdadera armonía" (*Los trabajos* 527). Cervantes sopesa, pues, ficciones con otras ficciones, contrasta la posibilidad de un determinado tipo de ficción con la supuesta racionalidad de las ficciones más publicadas y aceptadas en su tiempo.

A continuación, expondremos tres conjeturas sobre la ficción en el *Quijote*. Primero, la conjetura de que la ficción llama a la ficción y, en consecuencia, la prolonga; segundo, la conjetura de que la desficcionalización es tácita pero susceptible de ser presa de la ficción; y, tercero, la que supone que la ficción no se opone a la realidad representada necesariamente, sino que se hace parte de ella, interactúa con ella, o de cómo la ficción quijotesca desenmascara la ficción.[3]

---

2   En nuestro análisis de cómo desficcionaliza García Márquez en el cuento "La tercera resignación", el relato cuasi científico de Edgar Allan Poe en "La verdad sobre el caso del señor Valdemar" (Bautista-Cabrera, "Ficcionalización"), sopesamos el bucle que se produce entre continuidad y discontinuidad de la ficción.

3   Ahondamos la reflexión sobre las relaciones de ficciones que traman la interacción entre ficciones y *realidades representadas*, como mostramos en la segunda parte del *Quijote* (Bautista-Cabrera, "Interacción").

De cómo la ficción tiende a multiplicarse

Primera conjetura: la ficción tiene el poder de reproducirse, es una actividad que tiene la tendencia a replicarse. Las ficciones multiplican las ficciones. Es una racionalidad que desarrolla sus partes y las continúa en las ficciones mentales del lector. La ficción se regodea consigo misma: es una actividad que se incrementa, porque los humanos gozamos cuando somos atrapados por una ficción literaria (teatral, fílmica, pictórica). Facilita la continuidad de las ficciones el hecho de que sean incompletas, que estén llenas de agujeros (Doležel 84-86), porque no es posible contarlo todo; nuestro cerebro las lee e imagina cómo llenar dichos huecos. Un cuento, entre más agujeros tiene, más incógnitas presenta; una novela deja vacíos, lagunas, vericuetos y elipsis en su mundo, los que promueven el afán del lector por completar las historias narradas.

El primer capítulo del *Quijote* ilustra el deseo del lector por continuar las ficciones. Después de informarnos quién es el personaje, qué come y viste, cómo vive, quién lo acompaña, cuáles son sus costumbres y cuál es su nombre, el narrador cervantino pasa a contarnos su actual práctica:

> Es, pues, de saber que este sobredicho hidalgo, los ratos que estaba ocioso—que eran los más del año—, se daba a leer libros de caballerías, con tanta afición y gusto, que olvidó casi de todo punto el ejercicio de la caza y aun la administración de su hacienda; y llegó a tanto su curiosidad y desatino en esto, que vendió muchas hanegas de tierra de sembradura para comprar libros de caballerías en que leer, y así, llevó a su casa todos cuantos pudo haber dellos; y de todos, ningunos le parecían tan bien como los que compuso el famoso Feliciano de Silva, porque la claridad de su prosa y aquellas entricadas razones suyas le parecían de perlas, y más cuando llegaba a leer aquellos requiebros y cartas de desafíos, donde en muchas partes hallaba escrito: *La razón de la sinrazón que a mi razón se hace, de tal manera mi razón enflaquece, que con razón me quejo de la vuestra fermosura*. (I, 1, 71-72)

Las ficciones caballerescas invaden al hidalgo hasta el punto de abandonar sus labores de la vida cotidiana. Cambia tierra por libros (González). Luego viene el llamado del soporte de la ficción (libros, lienzos, dispositivos electrónicos, etc.), los cuales tienen una gran eficacia en nuestra percepción (Hustvedt 147-70). En el caso de don Quijote, él accede a ficciones cuyos soportes son libros y el lenguaje verbal. Antes de querer llenar los agujeros de Lubomir Doležel es la organización verbal, la creación en lengua española, la que invade el cerebro del hidalgo. Por ello, Cervantes muestra que lo primero que impacta en el lector es la materia verbal, el estilo, por ejemplo, de Feliciano de Silva con "*La razón de la sinrazón que a mi razón se hace*". Cervantes, pues, dispone los elementos para enseñar cómo la ficción desemboca en más ficción, haciendo que el "normal" discurrir de la vida del hidalgo se detenga y, en su reemplazo, la ficción pase a formar parte de las acciones de sus días. Continúa la lectura quijotesca así:

> En resolución, él se enfrascó tanto en su lectura, que se le pasaban las noches leyendo de claro en claro, y los días de turbio en turbio; y así, del poco dormir y del mucho leer se le secó el celebro, de manera que vino a perder el juicio. Llenósele la fantasía de todo aquello que leía en los libros, así de encantamentos como de pendencias, batallas, desafíos, heridas, requiebros, amores, tormentas y disparates imposibles; y asentósele de tal modo en la imaginación que era verdad toda aquella máquina de aquellas soñadas invenciones que leía, que para él no había otra historia más cierta en el mundo. Decía él que el Cid Ruy Díaz había sido muy buen caballero, pero que no tenía que ver con el Caballero de la Ardiente Espada, que de sólo un revés había partido por medio dos fieros y descomunales gigantes. Mejor estaba con Bernardo del Carpio, porque en Roncesvalles había muerto a Roldán el encantado, valiéndose de la industria de Hércules, cuando ahogó a Anteo, el hijo de la Tierra, entre los brazos. Decía mucho bien del gigante Morgante porque, con ser de aquella generación gigantea, que todos son soberbios y descomedidos, él solo era afable y bien criado. (I, 1, 73-74)

Cervantes presenta cómo los personajes ficcionales y sus acciones se vuelven creíbles, verdaderos a los ojos del lector, pero no como una labor racional sino como efecto de la pérdida del juicio. Tomar por verdad lo que dicen los cuentos resalta que estamos leyendo dos cosas: la celebración de los libros caballerescos de don Quijote y el desmonte irónico-crítico de estos libros por parte del narrador, el cual con su sarcasmo agencia la desficcionalización.

Cervantes pide para su libro un desocupado lector y cuenta la historia de un hidalgo desocupado. Es esa ambigüedad la que establece la importancia del *Quijote*. En esa ambigüedad, leer ficciones se vuelve tan pronto una asombrosa celebración, como una ridícula recepción. Una de las consecuencias de asumir como verdaderas las ficciones literarias es que empiezan a contaminar los hechos históricos. Don Quijote, en un mismo comentario, relaciona personajes de ficción—el Caballero de la Ardiente Espada, Bernardo del Carpio, el gigante Morgante, entre otros—con personajes históricos: Cid Ruy Díaz.

La ficción asumida como verdad contamina la historia y la impregna de medias verdades.

A continuación, viene el punto más aristotélico de don Quijote como lector de ficciones, su ambición mimética:

> En efeto, rematado ya su juicio, vino a dar en el más estraño pensamiento que jamás dio loco en el mundo, y fue que le pareció convenible y necesario, así para el aumento de su honra como para el servicio de su república, hacerse caballero andante, y irse por todo el mundo con sus armas y caballo a buscar las aventuras y a ejercitarse en todo aquello que él había leído que los caballeros andantes se ejercitaban, deshaciendo todo género de agravio, y poniéndose en ocasiones y peligros donde, acabándolos, cobrase eterno nombre y fama. (I, 1, 74-75)

Marthe Robert sostuvo que Cervantes había puesto a su héroe a seguir con fervorosa fe un libro de ficción como si fuera una Biblia. Apoyado en su libre albedrío, dueño de su casa,[4] don Quijote hace operativa la ficción, porque si los cuerpos de los personajes de ficción no operan en nuestra vida, lo hacen de manera indirecta con el cuerpo ajeno de don Quijote. La mímesis de don Quijote devela cómo la imaginación, bajo el permiso de la ficción, desarrolla una fábula.

Cervantes asume de manera crítica un tipo de continuidad de la ficción en la vida. Mezcla ficciones míticas de corte griego (por ejemplo, las comparaciones con Hércules), con ficciones caballerescas y, además, con datos históricos de un héroe de España. No duda en intensificar su misma desficcionalización de las exageraciones caballerescas, porque, al mostrar las inverosimilitudes de los libros de caballería, no encuentra mejor recurso para hacer esto que la ficción cómica que leemos. La ficción le muerde la cola a la ficción, se mezcla con varias ficciones (porque estas no son puras ni son de un solo tipo), para deleitar y enseñar—doble cometido de la literatura de Cervantes—. Se impone la racionalidad de la desficcionalización que consiste en hacer ficciones criticando y viceversa. No hay pues ficciones puras ni desficcionalización aséptica de procesos de ficcionalización.

---

4   Como dice Cervantes en el prólogo: "lector carísimo... tienes tu alma en tu cuerpo y tu libre albedrío como el más pintado, y estás en tu casa, donde eres señor della, como el rey de sus alcabalas" (51).

De cómo se desficcionaliza para continuar ficcionalizando
Segunda conjetura: si es posible la primera conjetura, entonces las ficciones se apoderan de los procesos de desficcionalización. Hay dos tipos de desficcionalización: la que es producto del análisis crítico y la que realiza la literatura misma.

En la literatura, los procesos de desficcionalización son tácitos, se dan sin mostrar cómo se producen. Un cuento no te dice: "oye, voy a desficcionalizar tal cuento". Una obra de ficción no muestra el paso de la desficcionalización: pasa de la ficción-origen o ficción madre a la ficción resultado. El hacedor de ficciones se salta el cómo y, sencillamente, moviliza, pues, la tendencia de toda ficción a continuarse, a proseguir incluso con su desficcionalización en un continuo-discontinuo. Lo que sucede entonces es que el paso de la ficción-origen a la ficción-resultado no suele narrarse: se da a entender. Ahora bien, Cervantes sí narra dicho paso.

Con el *Quijote*, Cervantes reinventa una ficción que muestra sus procesos de desficcionalización; realiza la ficción de la desficcionalización. Para ello utiliza varios procedimientos. Destacaremos tres: 1) la introducción de la crítica al interior de la ficción, 2) la interrupción de la acción, 3) la combinación de géneros literarios, ente otros. Ejemplificaremos a continuación con el primer procedimiento.

La crítica empieza desde el prólogo con los consejos que ofrece el amigo del autor sobre cómo hacer prólogos:

> Procurad también que, leyendo vuestra historia, el melancólico se mueva a risa, el risueño la acreciente, el simple no se enfade, el discreto se admire de la invención, el grave no la desprecie, ni el prudente deje de alabarla. En efecto, llevad la mira puesta a derribar la máquina mal fundada destos caballerescos libros, aborrecidos de tantos y alabados de muchos más; que si esto alcanzásedes, no habríades alcanzado poco. (I, 58)

La crítica a los libros de caballería del *Quijote* busca desenmascararlos por ser una "máquina mal fundada", y lo hace mediante la risa. La ficción cómica desmonta la ficción caballeresca y es, con esta artimaña, que la novela continúa ficcionalizando. De tal manera, en el capítulo VI del primer *Quijote*, el escrutinio de los libros desemboca en una desficcionalización irracional: la eliminación de los libros por el fuego. Además, en diversos diálogos, don Quijote y su interlocutor (Vivaldo o el Canónico de Toledo) discuten si los libros de caballería están bien o mal fundados, si fallan o no como ficciones. En medio del drama de Grisóstomo y Marcela, entre los circunstantes van don Quijote y un caminante, Vivaldo. Debido al traje de don Quijote, Vivaldo indaga con sorna la profesión del portador; contesta el anacrónico caballero con una sarta de heroicos caballeros que le anteceden. Vivaldo afirma:

> De ese parecer estoy yo—replicó el caminante—; pero una cosa, entre otras muchas, me parece muy mal de los caballeros andantes, y es que, cuando se ven en ocasión de acometer una grande y peligrosa aventura, en que se vee manifiesto peligro de perder la vida, nunca en aquel instante de acometella se acuerdan de encomendarse a Dios, como cada cristiano está obligado a hacer en peligros semejantes; antes se encomiendan a sus damas, con tanta gana y devoción como si ellas fueran su Dios. (I, 13, 174)

En la discusión, don Quijote insiste en que sí se encomiendan sus héroes a Dios, en esas circunstancias. Vivaldo objeta que no ve en qué momento un caballero que está en un torneo sobre su caballo, a punto de caer muerto, aprovecha ese breve instante para dedicarle simultáneamente palabras a la amada y a Dios: "Mejor fuera que las palabras que en la carrera gastó encomendándose a su dama las gastara en lo que debía y estaba obligado como cristiano" (I, 13, 175). Vivaldo critica la inverosimilitud de las ficciones caballerescas y desficcionaliza afirmando que esas ficciones fallan moralmente. Don Quijote no solo defiende esos libros porque no son ficciones, sino porque son verdades históricas. De tal forma, se enfrentan ficciones asumidas como no ficcionales y un conjunto de ideas asumidas como verdad moral. Don Quijote intenta poner en boca de un caballero moribundo a Dios y Vivaldo busca señalar, menos que la falencia ficcional, la falencia teológica. Pero criticar con teología una ficción, como podrían ser criticados los libros de caballería en el siglo XVI, parece un trabajo de otro tipo de locura que confunde de manera dogmática el juicio poético con el teológico. Ambos salen en cierta forma maltrechos de la controversia: don Quijote, siguiendo el debate, con "una golondrina no hace verano" (I, 13, 175); Vivaldo pensando que el otro se revela solo un loco, sin enterarse de que su postura también es en cierta forma pobre de racionalidad.

Muchos capítulos después, al inicio del *Quijote* II, se enfrentarán ficción poética y revelación teológica, asumidas ambas como verdad caballeresca y verdad de Dios. Es cuando se da el debate entre don Quijote y el barbero Maese Nicolás, quien parece más un cura que el mismo licenciado Pedro Pérez. Discuten sobre la verdad de los gigantes como el llamado Morgante en los libros caballerescos y don Quijote defiende la verdad de los gigantes con el "filisteazo de Golías de las Santas Escritura" (II, 1, 50).

Las formas de desficcionalizar los libros de caballería llevan a los portadores de esta tarea, bajo el juego del debate que establecen con don Quijote, a poner en duda el discurso de las Santas Escrituras, al permitir comparar que las ficciones caballerescas son semejantes a las bíblicas. Cervantes ha mostrado que una vez se desficcionaliza se puede conceder incluso la ficcionalidad de discursos considerados no ficcionales. Desficcionalizar una fábula literaria pone bajo sospecha los fundamentos de otros discursos que suelen pasar por no ficcionales.

Interacciones entre ficción y realidad representada

Tercera conjetura: las interacciones entre una ficción determinada y la realidad representada conllevan a procesos de desficcionalización de dicha ficción, y a la revelación de la conformación ficcional en parte de dicha realidad.

Para González Maestro la realidad está compuesta de seres, hechos, objetos, acciones, de conceptos y de ficciones, y viceversa (*El mito* 34-37). Más allá de la ficción como distinta a la realidad, intuimos otra dimensión en la que conviven e interactúan ficción y realidad. La ficción no es solo un constructo sin referencia o con referencia creada, sino un modo de revelar la ficción de la realidad y la realidad de una determinada ficción.

Permítasenos estas consideraciones: 1) la realidad como un acuerdo construido y compartido por un grupo humano permite la comunicación y experimentación con el mundo, con los otros y con uno mismo e incide en la interrelación de los miembros del grupo (Berger y Luckmann; Schütz; Macedo Rodríguez 24-32); 2) las ficciones son construcciones sobre lo posible (Doležel 77-85) que representan historias, relatos, personajes sin operatividad material (González Maestro, *Ficción y realidad*), pero con operatividad imaginaria y psicológica (Hustvedt); 3) cuando los acuerdos sobre la realidad presentan crisis o dudas, las ficciones se encargan de valorar el pacto de la realidad en crisis. Si los objetos, hechos, sentimientos, leyes, ideas y acciones constituyentes de la realidad no permiten el rutinario y automático acuerdo, las ficciones entran en función para dudar del acuerdo social sobre la realidad o para imaginar acuerdos basados en nuestra ilusión de otros mundos (Vargas Llosa 21); 4) el pacto ficcional de Pozuelo Yvancos (144-50) representa la crisis de los acuerdos que conforman la realidad o impulsa acuerdos posibles para una realidad renovada; y 5) los juegos entre la realidad representada y la ficción implican tramas que escenifican los acuerdos sobre la realidad en crisis, los desacuerdos emergentes y la posibilidad de acuerdos lingüísticos no exentos de risa. Es aquí donde el *Quijote* nos brinda ilustraciones.

El *Quijote* se regodea con la interacción—cómica y dramática—entre ficción y realidad representada. Un hombre ve gigantes donde otro ve molinos de viento. Que un hecho de la realidad sea y no sea, más allá de producir desconcierto y risa, rompe el acuerdo social sobre esa tecnología. Don Quijote con sus ficciones rasga este acuerdo. Sancho representa el testigo de semejante desacuerdo en el que don Quijote estalla un acuerdo basado en la simple experiencia empírica. La ficción quijotesca obra de tal forma que se estrellan las ficciones caballerescas con la tenacidad de la realidad. A pesar de esta desficcionalización, la ficción continúa con la fábula del mago encantador, sin operatividad material y con exceso, en este caso, de operatividad cerebral.

Se relaciona igualmente la escenificación cervantina del contraste entre ficciones y realidad representada con el yelmo de Mambrino. Se trata de un tema maravilloso. Agrega Murillo:

> Es tópico de los poemas épicos-burlescos italianos . . . Lo llevaba el rey moro Mambrino cuando lo venció Reinaldos de Montalbán. Ariosto [en Orlando el furioso] cuenta que lo llevaba Reinaldos cuando entró en combate con el pagano Dardinel (no Sacripante) que en vano descargó un fiero golpe sobre él, y Reinaldos mató al Sarraceno. (151)

El motivo del yelmo se plantea en el capítulo X, se presenta en el XXI y se vuelve conflictivo en los capítulos XLIV y XLV de la primera parte e, incluso, llega su eco hasta el capítulo I de la segunda parte, cuando don Quijote llama al barbero Nicolás "señor Bacía" (II, 1, 49). Surge el yelmo en el primer gran coloquio entre don Quijote y Sancho, cuando el caballero confunde al moro Sacripante con Dardinel:

> Has hablado y apuntado muy bien—respondió don Quijote—; y así, anulo el juramento en cuanto lo que toca a tomar dél nueva venganza; pero hágole y confírmole de nuevo de hacer la vida que he dicho, hasta tanto que quite por fuerza otra celada tal y tan buena como ésta a algún caballero. Y no pienses, Sancho, que así a humo de pajas ['con ligereza, sin reflexión'] hago esto, que bien tengo a quien imitar en ello; que esto mismo pasó, al pie de la letra, sobre el *yelmo de Mambrino*, que tan caro le costó a Sacripante. (I, 10, 150; énfasis añadido)

En el capítulo XXI, "Que trata de la alta aventura y rica ganancia del yelmo de Mambrino", presenciamos un objeto que oscila entre ser un utensilio de barbería, una bacía y un objeto de las ficciones épicas, un yelmo por ganar a un moro. En un ambiente de lluvia—la única lluvia del *Quijote*—, propicio para facilitar la indeterminación de un objeto, ya que pasa de ser "cosa que relumbraba como si fuera de oro" a "yelmo de Mambrino", de "bacía" a "yelmo de oro", de "cosa que relumbra (sobre la cabeza)" a "bacía de azófar". Es "yelmo" para don Quijote, "bacía" para Sancho y "bacía nueva" para el barbero. El frágil acuerdo que hay entre Sancho y el barbero sobre qué es el objeto se enfrenta a la ficción con que lo ve don Quijote. Es de suponer que deberían de ganar los que ven una bacía. Sin embargo, a esta altura Sancho está poseído también por la ficción escuderil: él ve una bacía pero también cree que se trata de una conquista hecha en el camino, por lo que puede ir, escuderilmente, por las propiedades del barbero. El barbero considera que se trata de un asalto de caminos; Sancho y don Quijote, de una conquista. Objeto y situación cambian según el observador esté basado en los hechos corrientes o en los patrones de una ficción. Ahora bien, lo clave es que, al interior de los habitantes de la ficción, la realidad de la bacía se conserva. Ante la violenta arremetida de don Quijote, el barbero abandona sus cosas, interpretando esta situación bajo el ángulo de las ficciones de fantasmas y las apariciones de caminos:

> El barbero, que, tan sin pensarlo ni temerlo, vio venir aquella *fantasma* sobre sí, no tuvo otro remedio, para poder guardarse del golpe de la lanza, sino fue el dejarse caer del asno abajo; y no hubo tocado al suelo, cuando se levantó más ligero que un gamo, y comenzó a correr por aquel llano, que no le alcanzara el viento. Dejóse la *bacía* en el suelo, con la cual se contentó don Quijote, y dijo que *el pagano había andado discreto*, y que había imitado al castor, el cual, viéndose acosado de los cazadores, se taraza y arpa con los dientes aquello por lo que él, por distinto natural, sabe que es perseguido. *Mandó a Sancho que alzase el yelmo*, el cual, tomándola en las manos, dijo: –*Por Dios, que la bacía es buena y que vale un real de a ocho como un maravedí.* (I, 21, 254; énfasis añadido)

La ficción y la realidad conviven de manera distinta para los tres personajes. Para el barbero, la realidad se resume sin ambigüedades en que ha sido asaltado por unos ladrones de caminos; para don Quijote se trata de la derrota infringida a un "pagano", un "moro", Sacripante, según su memoria, o Dardinel, según la ficción que se prolonga en este acto; para Sancho, de una conquista autorizada por su amo, pero sin embargo tiene claro que acepta la ficción para algunas cosas, pero no para otras, pues la bacía sigue siendo para él bacía. El barbero ignora las ficciones caballerescas y apela a ficciones de fantasmas—según el narrador—, para explicar la manera como le roban; don Quijote vuelve a borrar la realidad representada, Sancho juega entre la ficción, sacando los beneficios de cada una de estas partes de la situación.

Sancho es quien tranza y mezcla la realidad representada y la ficción, lo que le permite habitar el mundo de don Quijote y estar alerta con los patrones de dicha realidad. Por eso solo valora el precio del objeto robado en monedas: "la bacía... vale un real de a ocho como un maravedí" (I, 21, 254).

En los capítulos XLIV y XLV de la primera parte, el barbero asaltado encuentra a los ladrones heroicos en torno a una audiencia conformada por señores, el cura, el barbero amigo de don Alonso y gentes populares. Hay pues dos barberos. Se abre el debate en torno a si la bacía es yelmo o el yelmo, bacía, de si Quijote y Sancho son personajes de caballería o pícaros de los caminos. Los señores, que prefiguran a los duques de la segunda parte, apoyan que es un yelmo; el pueblo apoya al barbero: es una bacía; lo mismo hace el narrador. Don Quijote le pide a Sancho que traiga el objeto; Sancho duda, porque para él es una bacía, y él no cree en la ficcionalidad de este objeto. El narrador señala que "Sancho fue a do estaba la bacía y la trujo" (I, 44, 539). Ante el objeto bacía y el objeto de la ficción, Sancho, que debe quedar bien con su amo y no puede dudar de que el objeto es bacía de barbero, afirma:

> En eso no hay duda—dijo a esta sazón Sancho—; porque desde que mi señor le ganó hasta agora no ha hecho con él más de una batalla, cuando libró a los sin ventura encadenados; y si no fuera por este *baciyelmo*, no lo pasara entonces muy bien, porque hubo asaz de pedradas en aquel trance. (1, 44, 540; énfasis añadido)

"Baciyelmo" es el modo lingüístico de tranzar una diferencia entre un objeto que es una bacía y una consideración fingida de muchos señores "gentiles" que aseguran que es un yelmo. Sancho logra así desficcionalizar y ficcionalizar al mismo tiempo. Mientras que el barbero atracado va al grano, otros fingen ver distinto al barbero; Sancho encuentra que la palabra es una especie de ficción que ajusta a todos con respecto al desacuerdo: es un ajuste verbal, no ontológico, como para dirimir disputas cómicas. Sancho es quien pretende que con las palabras se disuelvan las diferencias. "Baciyelmo" intenta persuadir al barbero y a don Quijote. El que protesta es el barbero: no comprende que tanta gente "gentil" crea semejante cosa: "¿Qué les parece a vuestras mercedes, señores—dijo el barbero—, de lo que afirman estos gentiles hombres, pues aún porfían que ésta no es bacía, sino yelmo?" (I, 44, 540).

Entonces recibe la explicación de un colega, el barbero Nicolás, amigo de don Quijote:

> Señor barbero, o quien sois, sabed que yo también soy de vuestro oficio, y tengo más ha de veinte años carta de examen, y conozco muy bien de

todos los instrumentos de la barbería, sin que le falte uno; y ni más ni menos fui un tiempo en mi mocedad soldado, y sé también qué es yelmo, y qué es morrión, y celada de encaje, y otras cosas tocantes a la milicia, digo, a los géneros de armas de los soldados; y digo, salvo mejor parecer, remitiéndome siempre al mejor entendimiento, que esta pieza que está aquí delante y que este buen señor tiene en las manos, *no sólo no es bacía de barbero, pero está tan lejos de serlo como está lejos lo blanco de lo negro y la verdad de la mentira; también digo que éste, aunque es yelmo, no es yelmo entero*. (I, 44, 540-41; énfasis añadido)

Un barbero corrige a otro barbero. Pero el barbero corregidor, que es el maestro en su oficio, Maese Nicolás, está en otra ficción. La que los circunstantes están construyendo para enjaular a don Quijote y llevarlo de regreso a casa. Otra vez realidad representada interactúa con ficción para ajustar la realidad, las opiniones en disputa. Las últimas palabras del barbero son bien dicientes de cómo la ficción va tratando de ajustar el acuerdo, corrigiendo la ficción de don Quijote con respecto al objeto. Evidentemente una bacía nueva, que le ha servido de "casco" protector a alguien cuando llovía, tiene un parecido con un yelmo, pero solo con medio yelmo, pues, como acepta don Quijote, "le falta la mitad, que es la babera" (I, 44, 541). Es un yelmo sin babera, un yelmo a medias.

El que permanece por fuera de la ficción impuesta es el barbero burlado. No puede creer "que tanta gente honrada diga que ésta no es bacía, sino yelmo":

¡Válame Dios!—dijo a esta sazón el barbero burlado—. ¿Que es posible que tanta gente honrada diga que ésta no es bacía, sino yelmo? Cosa parece ésta que puede poner en admiración a toda una universidad, por discreta que sea. Basta: si es que esta bacía es yelmo, también debe de ser esta albarda jaez de caballo, como este señor ha dicho. (I, 44, 541)

El barbero que no entra en la ficción alerta sobre un acuerdo que no se ajusta con los hechos y su bacía. Por un lado, no es un maestro como Maese Nicolás; por otro, se asombra de que gentes de universidad puedan contradecir lo evidente. Quien es simplemente barbero señala que la realidad es la realidad, así lo nieguen los letrados. Cervantes ha creado una situación en la que la interacción entre ficción y realidad representada deja por fuera a un hombre, quien solo acepta la situación cuando le reembolsan lo robado. Se trata sin duda de una transacción económica para saldar el desacuerdo.

También el dinero construye realidad en el *Quijote*, realidad aceptable (Noah Harari 194).

Conclusiones

Las escenas de estos capítulos dejan entrever que la ignorancia e incomprensión del barbero de la ficción caballeresca permite inferir que la ficción como ilustración de los letrados revela el modo cómo el poder ficcionaliza. La desficcionalización no corre aquí por cuenta de la idea de producir más ficciones sino por la objeción de un iletrado que protesta porque esa ficcionalización viola la mesura ante la realidad acordada.

En la aventura del yelmo de Mambrino, las relaciones entre ficción y realidad apuntan a la costumbre de "tanta gente honrada" de ridiculizar al ignorante: imponer o vender realidades precarias. La mezcla de ficciones serias y burlescas es otro aporte de Cervantes. Hacer una ficción que combina ficciones, que las incrementa y les hace estallar su propia ficcionalidad es otra contribución de Cervantes con el *Quijote*.

Las teorías de la ficción encuentran en el *Quijote* ilustraciones, motivaciones y pensamientos fructíferos y, sobre todo, posibilidades para interrogar teorías de la ficción que oponen de manera absoluta realidad y ficción. Cervantes permite plantear una *poiesis* en la que ambas se vinculan, menos como opuestas que como partícipes de la construcción de la realidad. El trabajo de la ficción resulta asombroso y paradójico, pues ella misma discute otras ficciones y posibilita procesos de desficcionalización de los que surge una realidad múltiple y fructífera. Porque de lo contrario, la ficción corroe y denuncia la realidad como insuficiente y necesitada de transformación y de nuevos acuerdos.

Bibliografía

Ardila Jaramillo, Alba Clemencia. *El segundo grado de la ficción: Estudio sobre los procesos metaficcionales en la narrativa colombiana contemporánea (Vallejo, Abad Faciolince y Jaramillo Agudelo)*. Universidad de Antioquia / EAFIT, 2014.

Bautista-Cabrera, Álvaro. "Ficcionalización de 'La verdad del caso del señor Valdemar' de Poe en 'La tercera resignación' de Gabriel García Márquez: Apuntes sobre desficcionalización literaria". *El ejercicio del más alto talento: Gabriel García Márquez, cuentista*, editado por Juan Moreno Blanco, Universidad de La Salle / Universidad del Valle, 2019, pp. 41-64.

—. "Interacción entre ficción y realidad: Algunas diferencias entre la Primera y la segunda partes del *Quijote*". *El segundo Quijote (1615): Nuevas interpretaciones cuatro siglos después (2015)*, editado por Conxita Domènech y Andrés Lema-Hincapié, Iberoamericana Vervuert, 2018, pp. 61-82.

Berger, Peter L., y Thomas Luckmann. *La construcción social de la realidad*. Amorrortu, 2003, https://zoonpolitikonmx.files.wordpress.com/2014/09/la-construccic3b3n-social-de-la-realidad-berger-luckmann.pdf.

Borges, Jorge Luis. "Magias parciales del Quijote". *Obras completas (1923-1972)*, Emecé, 1974, pp. 667-69.

Cervantes, Miguel de. *El ingenioso hidalgo don Quijote de la Mancha*. 2 vols., editado por Luis Andrés Murillo, Castalia, 1978.

—. *Los trabajos de Persiles y Sigismunda*. Editado por Carlos Romero Muñoz, Cátedra, 2002.

Doležel, Lubomir. "Mímesis y mundos posibles". *Teorías de la ficción literaria*, editado por Antonio Garrido Domínguez, traducido por Mariano Baselga, Arco/Libros, S.L., 1997, pp. 69-94.

Egginton, William. *El hombre que inventó la ficción: Cómo Cervantes abrió la puerta al mundo moderno*. Traducido por Jesús Cuéllar Menezo, Alba, 2017.

Garrido Domínguez, Antonio. *Narración y ficción: Literatura e invención de mundos*. Iberoamericana Vervuert, 2011.

—. "Versiones de la ficción en la novela de Cervantes". *Aspectos de la novela en Cervantes*, Biblioteca de Estudios Cervantinos, 2007, pp. 55-74.

González, José Emilio. *De aventura con Don Quijote*. Universidad de Puerto Rico, 1993.

González Maestro, Jesús. *Ficción y realidad: Sobre la realidad de la ficción literaria*. 1 sept. 2015, www.youtube.com/watch?v=NIANAAP8Vho.

—. *El mito de la interpretación literaria*. Iberoamericana Vervuert, 2004.

Hustvedt, Siri. "El futuro de la literatura". *Madres, padres y demás: Apuntes sobre mi familia real y literaria*, traducido por Aurora Echevarría, Seix Barral, 2022, pp. 147-70.

Macedo Rodríguez, Alfonso. "'El laboratorio de literatura potencial': La ficción en los textos autobiográficos de Sergio Pitol y Ricardo Piglia". *Poligramas*, vol. 46, 2018, pp. 17-44.

Martínez Jiménez, Martín. *Literatura y ficción: La ruptura de la lógica ficcional*. Perspectivas Hispánicas, 2015.

Noah Harari, Yuval. *Homo Deus: Breve historia del mañana*. Traducido por Juandomènec Ros, Debate, 2016.

Orejas, Francisco G. *La metaficción en la novela española contemporánea: Entre 1975 y el fin de siglo*, Arco Libros, 2003.

Pozuelo Yvancos, José María. "La mirada cervantina sobre la ficción". *Poética de la ficción*, Síntesis, 1993, pp. 15-62.

Rancière, Jacques. *El reparto de lo sensible: Estética y política*. Traducido por Cristóbal Durán et al., Lom, 2017.

Robert, Marthe. *Lo antiguo y lo nuevo: De don Quijote a Kafka*. Traducido por Máximo Higuera Molero, Trifaldi, 2000.

Schütz, Alfred. *Don Quichotte et le problème de la réalité*. Allia, 2014.

Vargas Llosa, Mario. *La verdad de las mentiras*. Debolsillo, 2015.

Veres, Luis. "Metaficción y narración en la cultura hispánica". *El sentido de la metaficción: De Woody Allen a Roberto Bolaño*, Biblioteca Nueva, 2015, pp. 9-22.

Zavala, Lauro. *Ironías de la ficción y la metaficción en cine y literatura*. Universidad Autónoma de la Ciudad de México, 2018.

Tecnología y hermenéutica en el *Quijote*

Anthony J. Cascardi
University of California, Berkeley, USA

Entre las innumerables versiones, adaptaciones y reinterpretaciónes del *Quijote*, hay una, muy menor, que me ha llamado la atención desde que la encontré hace más de una década. Se trata de un libro para niños, de unas diez páginas (por supuesto con dibujos) titulado *How I cured Don Quixote, by Doctor Sancho Panza*, escrito por Gaetan Ervard. Se presenta como una ingeniosa interpretación—resolución, mejor dicho—del "problema" del perspectivismo quijotesco. Dicho "problema" es conocido por todos, y constituye una de las bases fundamentales de la dinámica que caracteriza las interacciones entre el epónimo protagonista del libro y los demás personajes: A don Quijote le parecen gigantes lo que para los demás son molinos de viento; a él le parece un ejército avanzando, lo que para los demás es un rebaño de ovejas; etc. La resolución del problema del perspectivismo quijotesco propuesta para el libro de niños al cual me refiero, se compone de dos partes: una diagnóstica y otra tecnológica—las dos en manos de Sancho Panza, médico—. En términos especificos, el "problema" de don Quijote es visual, es decir, ocular: no ve bien. La solución tecnológica, entonces, es obvia: El doctor Sancho Panza le receta unas gafas y, como si fuera un milagro con resultados instantáneos, la vista de don Quijote se corrige, y de pronto ve las cosas como de veras son.

Debo confesar que siempre veía esta interpretación como una bastardización sumamente ignorante de la obra maestra de Miguel de Cervantes, por lo que la incluía dentro de mi lista personal de las más odiosas versiones del *Quijote*. A su lado, la exagerada y vulgar *Man of La Mancha* me parecía matizada e inteligente. Supongo que todavía la veo como una de las versiones más odiosas del *Quijote*, pero reconozco que puede tener cierto valor pedagógico. Puede servir como un ímpetu para explorar la diferencia entre dos tipos de problemas: unos que admiten soluciones tecnológicas, y otros que piden soluciones hermenéuticas. Estos suelen arraigarse en circunstancias interpretativas, mientras que aquellos suelen arraigarse en condiciones materiales/empíricas. Es esta una distinción esquemática, pero no por eso menos válida: desde luego para una lectura del *Quijote* en su contexto histórico y tanto más para nuestra época, dominada por soluciones tecnológicas a la exclusión de soluciones hermenéuticas a todo tipo de problema humano. Aun podría decirse que la época en que vivimos tiende a interpretar el ser humano como ente tecnológico, lo cual implica una negación de nuestra condición fundamentalmente problemática, dicha condición pide un acercamiento hermenéutico. Según mi interpretación del *Quijote*, nuestra tarea consiste en encontrar una interpretación de quiénes y de cómo somos, no obstante el hecho de que esa tarea es una tarea infinita, es decir, inacabable.

La historia contada en el libro de niños de Ervard depende de la suposición—tanto razonable como equivocada—de que el problema de don Quijote es perceptual. Ahora bien: un sinnúmero de episodios demuestran que la percepción en sí tiene poco que ver con lo que cree y hace don Quijote. Tomemos como ejemplo el episodio con Maritornes, en la venta de Juan Palomeque (I, 11). Como es muy sabido, don Quijote cree que la prostituta es una doncella hermosa, y la describe (es decir, la interpreta) conforme a las metáforas poéticas que los petrarquistas aplicaban a sus amadas. No olvidemos que la escena toma lugar en la oscuridad, y que don Quijote, en efecto, no ve nada. Su "error" no puede ser un error visual, porque lanza su interpretación sin percibir nada. Podría decirse, en esta ocasión, que la descripción de Maritornes, que él toma por verdad, es una pura interpretación.

Una solución tecnológica podría servir para remediar un error perceptual, pero las cuestiones que propone el *Quijote* son otras, y más profundas, incluso con respecto al papel de la tecnología en el mundo. Desde los primeros párrafos de la primera parte del libro hasta casi los últimos de la segunda, se hace aparente la presencia de la tecnología en el mundo, y por lo siguiente su inevitable y problemático lugar en la vida humana. El proyecto inicial de la figura pre-quijotesca (Quijano, Quijada o Quesada) de hacerse caballero andante se lleva a cabo, en parte, mediante un aparato que bien podría llamarse tecnológico. Es una tecnología vieja y fuera de moda, claro está, pero tecnología a fin de cuentas:

> Y lo primero que hizo fue limpiar unas armas que habían sido de sus bisabuelos, que, tomadas de orín y llenas de moho, luengos siglos había que estaban puestas y olvidadas en un rincón. Limpiólas y aderezólas lo mejor que pudo; pero vio que tenían una gran falta, y era que no tenían

celada de encaje, sino morrión simple; mas a esto suplió su industria, porque de cartones hizo un modo de media celada que, encajada con el morrión, hacían una apariencia de celada entera. Es verdad que, para probar si era fuerte y podía estar al riesgo de una cuchillada, sacó su espada y le dio dos golpes, y con el primero y en un punto deshizo lo que había hecho en una semana; y no dejó de parecerle mal la facilidad con que la había hecho pedazos, y, por asegurarse deste peligro, la tornó a hacer de nuevo, poniéndole unas barras de hierro por de dentro, de tal manera, que él quedó satisfecho de su fortaleza y, sin querer hacer nueva experiencia della, la diputó y tuvo por celada finísima de encaje. (I, 1)

Va casi sin decir que ya no es útil esta tecnología. No lo es no porque ya no funciona; más bien es porque el mundo en torno ha cambiado. Es decir que la tecnología de finales de la Edad Media—como toda tecnología—formaba parte de una red de prácticas, de un *mundo* tanto interpersonal (una sociedad) como material. La falla de la tecnología que adopta don Quijote en los primeros capítulos no es una falla de la tecnología en sí. Se trata más bien de una falla de "fit" entre esta tecnología y el mundo alrededor. Al reconocerlo, reconocemos que la tecnología es histórica, no solamente en el sentido cronológico, sino también en el sentido de que forma parte de un contexto de prácticas y de usos. Tiene un sentido que va más allá de su mera utilidad, y la verdad es que la tecnología que adopta don Quijote carece de sentido en el mundo en que vive.

Vale decir que la tecnología a que se acude en el *Quijote* no nace de la nada. Ni mucho menos. Se origina, como es bien sabido (salvo quizás por el autor del libro de niños mencionado arriba) en unas condiciones interpretativas, es decir, en la lectura que don Quijote hace de los libros de caballerías y del proyecto de hacerse caballero andante conforme al modelo presentado en aquellos libros. Así es que, con la ayuda de su ingenio (del cual habrá más que decir abajo), *impone* una interpretación del mundo circundante para hacerlo conformar al contexto implícito en los libros de caballerías.

Puede suceder, y sucede, que el mundo resiste la interpretación impuesta por don Quijote. Aunque empieza su vida caballeresca con el apoyo de un aparato tecnológico (no obstante lo inútil y fuera de modo que sea), de pronto encuentra situaciones que piden una respuesta alternativa. Bien se podría citar como ejemplo el episodio de los molinos de viento, en el que don Quijote reconoce que los "adversarios" con quienes intenta batallar no son gigantes sino, en efecto, molinos de viento del tipo perfectamente ordinario. La reacción de don Quijote en este caso, como en muchos otros parecidos, no es ni la de modificar ni la de afinar sus armaduras, sino la de imponer una interpretación "compensativa", es decir, una interpretación que explica la discrepancia entre la realidad que él espera (según su lectura de los libros de caballerías) y la realidad tal como es. La clave para su explicación son los "encantadores" que (en su mente) son responsables para la transformación en la realidad ordinaria de la realidad caballeresca. Hablando de la "transformación" de los gigantes en molinos, don Quijote va más allá e imagina una rivalidad entre él y los "malos y envidiosos" encantadores: "yo pienso", dice, "y es así verdad, que aquel sabio Frestón que me robó el aposento y los libros ha vuelto estos gigantes en molinos, por quitarme la gloria de su vencimiento: tal es la enemistad que me tiene; mas al cabo al cabo han de poder poco sus malas artes contra la bondad de mi espada" (I, 8).[1] Vale decir que los molinos mismos son ejemplo de la presencia de la tecnología en el mundo de Cervantes, y que la discrepancia entre gigantes y molinos subraya la diferencia entre una orientación hermenéutica y una orientación práctica en relación con el mundo.

Parece una locura, o por lo menos un acto sumamente quijotesco, proponer que la realidad tal como la percibimos y experimentamos es el resultado de la actividad de unos encantadores maliciosos e invisibles, pero quizás dicha propuesta no es totalmente absurda. Lo que sugiere es que toda realidad es, en parte, una formación interpretativa, y que, por el contrario, que ninguna realidad es "absoluta", es decir, libre de todo contexto interpretativo. Esta intuición se aplica tanto a don Quijote como a los otros personajes del libro, la mayoría de los cuales se presentan como sacados de otros libros (e.g., Marcela y Grisóstomo, de las novelas pastoriles; El Cautivo, de la novela morisca; Ginés de Pasamonte, de la novela picaresca, etc.). Cuando los personajes empiezan a imitar a don Quijote, Cervantes le da relieve a un hecho que se aplica a todo libro, a saber: todo acto de interpretación tiene consecuencias prácticas en el mundo. Volveremos a esta observación más adelante, en conexión con el episodio de la segunda parte cuando don Quijote visita la imprenta en Barcelona.

En nuestra época, uno de los valores más afines a la tecnología es la innovación. La innovación está al entrecruce entre el ímpetu de moldear el mundo conforme a nuestros deseos y el ímpetu de lograr soluciones nuevas a los problemas que nos confrontan (suponiendo que las viejas ya no sirven). En la época de Cervantes, la capacidad del ingenio les servía a algunos para los mismos propósitos, pero con diferencias importantes. Don Quijote es *ingenioso* en varios sentidos. El más obvio se manifiesta en el proyecto de hacerse

---

[1] La caracterización de "malos y envidiosos" es la de don Quijote en I, 24.

caballero andante, lo cual implica una transformación personal: se (re)inventa conforme a los ejemplos presentados en los libros novelescos, aprovechándose al principio de la armadura de su abuelo. Menos obvio, quizás, pero no menos importante, es el esfuerzo de moldear y de adaptar—por no decir de transformar—los objetos más ordinarios del mundo conforme a sus ambiciones caballerescas. Cuando encuentra una bacía de barbero, por ejemplo, la re-crea como yelmo: el famoso Yelmo de Mambrino. Es una transformación ingeniosa de un objeto común en algo casi mágico. Aunque no es una transformación estable—dado que el objeto en cuestión no resulta incorporado en las vidas de los personajes ni como bacía ni como yelmo, sino como *baciyelmo*—demuestra claramente el ingenio quijotesco. Y mientras que la orientación temporal de la innovación en nuestra época es hacia el futuro, el ingenio de don Quijote está anclado y orientado hacia el pasado.

En la temprana modernidad (es decir, en los siglos XVI y XVII) había una fascinación con la tecnología que contribuía paulatinamente a la creación de un mundo "desencantado". En breves términos, un mundo desencantado es aquel en donde los misterios de la fe (o de la superstición) y la fuerza popular de la magia se han disminuido frente a las explicaciones científicas y a las invenciones tecnológicas. Lo que en épocas anteriores a la modernidad era considerado como milagros, estos ya empiezan a explicarse en términos de causas y de efectos inmanentes. Incluso las aparentes "maravillas" del teatro se presentaban—se reconocían—más y más como ilusiones producidas por medios mecánicos. Frente a este trasfondo histórico-cultural, la dinámica entre la tecnología y la hermenéutica en el *Quijote* es de particular importancia. Son muy de notar los episodios en que Cervantes demuestra las creencias falsas en las ilusiones tomadas por milagros. Entre ellos figuran las Bodas de Camacho en la primera parte, y el encuentro con el mono adivino y con la cabeza encantada en la segunda. Los comentaré en más detalle en seguida. Lo que tienen en común es esto: por un lado, señalan la persistencia del deseo por una realidad "encantada" en un mundo "desencantado". De paso conviene decir: curiosamente, la tecnología puede apoyar este deseo. Por otro lado, demuestran los límites de la tecnología y, con esto, la necesidad de la inteligencia interpretativa para darles sentido al mundo y a nosotros mismos. La tecnología puede moldear el mundo, e incluso hasta puede participar en la (re)creación del "yo", pero en sí no puede darles sentido ni al mundo ni a nosotros mismos.

Las circunstancias del primer episodio en cuestión son estas: don Quijote y Sancho observan la elegante celebración de las Bodas de Camacho el Rico con Quiteria (I, 20-21). Hay comida abundante y refinada, danzas elaboradas y una representación alegórica ("danza de artificio y de las que llaman habladas"). Pero interrumpe la celebración un amante de Quiteria llamado Basilio:

> Venía coronado, como se vio luego, con una corona de funesto ciprés; en las manos traía un bastón grande. En llegando más cerca, fue conocido de todos por el gallardo Basilio, y todos estuvieron suspensos, esperando en qué habían de parar sus voces y sus palabras, temiendo algún mal suceso de su venida en sazón semejante. (II, 21)

Según Basilio, los dos se habían comprometido, de modo que la Boda con Camacho es ilegítima.

> —Bien sabes, desconocida Quiteria, que conforme a la santa ley que profesamos, que viviendo yo tú no puedes tomar esposo, y juntamente no ignoras que por esperar yo que el tiempo y mi diligencia mejorasen los bienes de mi fortuna, no he querido dejar de guardar el decoro que a tu honra convenía. Pero tú, echando a las espaldas todas las obligaciones que debes a mi buen deseo, quieres hacer señor de lo que es mío a otro cuyas riquezas le sirven no sólo de buena fortuna, sino de bonísima ventura. (II, 21)

No obstante la razón que tenga, Basilio se manifiesta desesperado y pretende suicidarse:

> —yo, por mis manos, desharé el imposible o el inconveniente que puede estorbársela [la ventura], quitándome a mí de por medio. ¡Viva, viva el rico Camacho con la ingrata Quiteria largos y felices siglos, y muera, muera el pobre Basilio, cuya pobreza cortó las alas de su dicha y le puso en la sepultura!
>
> Y, diciendo esto, asió del bastón que tenía hincado en el suelo, y quedándose la mitad dél en la tierra, mostró que servía de vaina a un mediano estoque que en él se ocultaba; y puesta la que se podía llamar empuñadura en el suelo, con ligero desenfado y determinado propósito se arrojó sobre él, y en un punto mostró la punta sangrienta a las espaldas, con la mitad del acerada cuchilla, quedando el triste bañado en su sangre y tendido en el suelo, de sus mismas armas traspasado. (II, 21)

Sin embargo, y según desea el cura, Basilio pide la mano de Quiteria en lo que parece ser sus últimos minutos de vida, como condición de su salvación; una vez asegurado el compromiso matrimonial, se descubre que el sacrificio fue totalmente fingido. Los circundantes miran la recuperación de Basilio como un milagro, pero él proclama que no lo fue. Aquí Cervantes subraya el contraste entre "milagro" e "industria":

> Entre estas razones, [Basilio] se desmayaba, de modo que todos los presentes pensaban que cada desmayo se había de llevar el alma consigo. Quiteria, toda honesta y toda vergonzosa, asiendo con su derecha mano la de Basilio, le dijo:
> —Ninguna fuerza fuera bastante a torcer mi voluntad; y así, con la más libre que tengo te doy la mano de legítima esposa y recibo la tuya, si es que me la das de tu libre albedrío, sin que la turbe ni contraste la calamidad en que tu discurso acelerado te ha puesto.
> —Sí doy—respondió Basilio—, no turbado ni confuso, sino con el claro entendimiento que el cielo quiso darme, y así me doy y me entrego por tu esposo.
> —Y yo por tu esposa—respondió Quiteria—, ahora vivas largos años, ahora te lleven de mis brazos a la sepultura....
> Pero Basilio replicó:
> —¡No milagro, milagro, sino industria, industria! (II, 21)

Es de notar que el mecanismo del milagro falso se descubre por el cura, quien "desatentado y atónito, acudió con ambas manos a tentar la herida, y halló que la cuchilla había pasado no por la carne y costillas de Basilio, sino por un cañón hueco de hierro que, lleno de sangre, en aquel lugar bien acomodado tenía, preparada la sangre, según después se supo, de modo que no se helase" (II, 22).

Pero después de esta sorpresa sigue otra, que no tiene nada que ver con el desplazamiento de un milagro por la tecnología. Se trata de la actitud de Camacho frente a Basilio y Quiteria (impelido por la intervención de don Quijote). Bien se podría esperar que Camacho estuviera enojado y resentido, pero no lo está. Quizás el verdadero "milagro" se ve en su ecuanimidad frente a la pérdida de Quiteria: "Consolado, pues, y pacífico Camacho y los de su mesnada, todos los de la de Basilio se sosegaron, y el rico Camacho, por mostrar que no sentía la burla, ni la estimaba en nada, quiso que las fiestas pasasen adelante como si realmente se desposara"(II, 21).[2] Como ya está indicado, la

---

2 La observación siguiente del narrador puede reflejar algún resentimiento por parte de Basilio y los suyos: "no quisieron asistir a [las fiestas de Camacho] Basilio ni su esposa ni secuaces; y así, se fueron a la aldea de Basilio, que también los pobres virtuosos y discretos tienen quien los siga, honre y ampare, como los ricos tienen quien los lisonjee y acompañe" (II, 21). El capítulo 21 se abre con una discusión de lo que vale ser pobre en bienes materiales, pero feliz en el amor: "el mayor contrario que

intervención de don Quijote es de importancia capital en la vida personal de Camacho. Don Quijote declara la justeza del casamiento de Basilio y Quiteria y, también en razón de la insistencia de don Quijote, Camacho no puede menos que reconocer lo mismo. "Quiteria era de Basilio, y Basilio de Quiteria, por justa y favorable disposición de los cielos" (II, 21), declara don Quijote. Y, además, pensando en la justicia debida a los pobres frente a los ricos, don Quijo comunmente te continúa: "Camacho es rico y podrá comprar su gusto cuando, donde y como quisiere. Basilio no tiene más desta oveja, y no se la ha de quitar alguno, por poderoso que sea, que a los dos que Dios junta no podrá separar el hombre, y el que lo intentare, primero ha de pasar por la punta desta lanza" (II, 21). Es difícil saber si es el discurso de don Quijote o el reconocimiento de la verdad sobre Quiteria son escusas convenientes para Camacho. Lo que importa es la generosidad de este personaje:

> tan intensamente se fijó en la imaginación de Camacho el desdén de Quiteria, que se la borró de la memoria en un instante; y así, tuvieron lugar con él las persuasiones del cura, que era varón prudente y bien intencionado, con las cuales quedó Camacho y los de su parcialidad pacíficos y sosegados; en señal de lo cual volvieron las espadas a sus lugares, culpando más a la facilidad de Quiteria que a la industria de Basilio; haciendo discurso Camacho que si Quiteria quería bien a Basilio doncella, también le quisiera casada, y que debía de dar gracias al cielo, más por habérsela quitado que por habérsela dado. (II, 21)

La generosidad de Camacho y, en efecto, el sentido último del episodio, van mas allá de la cuestión de que si es engaño, industria o milagro lo que hace Basilio. Al fin y al cabo lo que importa es la felicidad de los casados, la ecuanimidad de Camacho y la justicia proporcionada a los pobres frente a los ricos. Ni la tecnología ni un milagro puede determinar la orientación vital de los personajes, es decir, sus valores existenciales y sus relaciones interpersonales (sociales); estos dependen de su voluntad—que en esta ocasión, produce un resultado conforme a la interpretación quijotesca de cómo debe ser el mundo—.

---

el amor tiene es la hambre y la continua necesidad, porque el amor es todo alegría, regocijo y contento, y más cuando el amante está en posesión de la cosa amada, contra quien son enemigos opuestos y declarados la necesidad y la pobreza; y que todo esto decía con intención de que se dejase el señor Basilio de ejercitar las habilidades que sabe, que, aunque le daban fama, no le daban dineros, y que atendiese a granjear hacienda por medios lícitos e industriosos, que nunca faltan a los prudentes y aplicados" (II, 22).

Tomando en cuenta la fuerza con que don Quijote mantiene su interpretación del mundo y logrando de vez en cuando y por casualidad que la realidad corresponda a su visión (como en el episodio que acabamos de comentar), es muy de notar lo que pasa cuando él mismo pone en duda la realidad caballeresca que ha intentado vivir. ¿Qué pasa cuando empieza a dudar de la interpretación en que siempre ha insistido? Es muy revelador que en algunos de estos episodios relevantes, Cervantes introduzca elementos tecnológicos que prometen (legítimamente o no) resolver las dudas de don Quijote. Se trata del episodio de la cabeza "encantada" en la casa de don Antonio Moreno. Este tiene un parentesco notable con el episodio de Basilio y Camacho, así como con el episodio del mono "profético" de maese Pedro.

La situación en casa de don Antonio Moreno es esta: El día antes de la prometida "profecía", don Antonio le explica a don Quijote que él posee una cabeza mágica, la cual puede responder a todo tipo de pregunta:

> Esta cabeza, señor don Quijote, ha sido hecha y fabricada por uno de los mayores encantadores y hechiceros que ha tenido el mundo, que creo era polaco de nación y dicípulo del famoso Escotillo, de quien tantas maravillas se cuentan; el cual estuvo aquí en mi casa, y por precio de mil escudos que le di, labró esta cabeza, que tiene propiedad y virtud de responder a cuantas cosas al oído le preguntaren. Guardó rumbos, pintó carácteres, observó astros, miró puntos, y, finalmente, la sacó con la perfeción que veremos mañana, porque los viernes está muda, y hoy, que lo es, nos ha de hacer esperar hasta mañana. En este tiempo podrá vuestra merced prevenirse de lo que querrá preguntar, que por esperiencia sé que dice verdad en cuanto responde. (II, 62)

Llegada la noche del día siguiente, los amigos de don Antonio le hacen varias preguntas a la cabeza, que contesta o con respuestas obvias o sin decir nada. Por ejemplo, don Quijote pregunta:

> —Dime, cabeza, por la virtud que en ti se encierra: ¿qué pensamientos tengo yo agora?
> Y la cabeza le respondió, sin mover los labios, con voz clara y distinta, de modo que fue de todos entendida, esta razón:
> —Yo no juzgo de pensamientos.
> Oyendo lo cual, todos quedaron atónitos, y más viendo que en todo el aposento ni al derredor de la mesa no había persona humana que responder pudiese. (II, 62)

Sigue una pregunta de don Antonio, sin duda para demostrar los poderes de la cabeza:

>—¿Cuántos estamos aquí?—tornó a preguntar don Antonio.
>Y fuele respondido por el propio tenor, paso:
>—Estáis tú y tu mujer, con dos amigos tuyos, y dos amigas della, y un caballero famoso llamado don Quijote de la Mancha, y un su escudero que Sancho Panza tiene por nombre.
>¡Aquí sí que fue el admirarse de nuevo, aquí sí que fue el erizarse los cabellos a todos de puro espanto! (II, 62)

Luego vienen las preguntas de don Quijote y de Sancho. Don Quijote desea saber si lo que vio en la cueva de Montesinos fue sueño o no y si el desencanto de Dulcinea tendrá efecto, mientras que Sancho quiere saber si va a heredar una ínsula:

>—Dime tú, el que respondes: ¿fue verdad o fue sueño lo que yo cuento que me pasó en la cueva de Montesinos? ¿Serán ciertos los azotes de Sancho mi escudero? ¿Tendrá efeto el desencanto de Dulcinea?
>—A lo de la cueva—respondieron—hay mucho que decir: de todo tiene; los azotes de Sancho irán de espacio, el desencanto de Dulcinea llegará a debida ejecución.
>—No quiero saber más—dijo don Quijote—; que como yo vea a Dulcinea desencantada, haré cuenta que vienen de golpe todas las venturas que acertare a desear. (II, 62)

El último cuestionador fue Sancho, y lo que preguntó fue:

>—¿Por ventura, cabeza, tendré otro gobierno? ¿Saldré de la estrecheza de escudero? ¿Volveré a ver a mi mujer y a mis hijos? (II, 62)

A lo que la cabeza le responde:

>—Gobernarás en tu casa; y si vuelves a ella, verás a tu mujer y a tus hijos; y, dejando de servir, dejarás de ser escudero.
>—¡Bueno, par Dios!—dijo Sancho Panza—. Esto yo me lo dijera: no dijera más el profeta Perogrullo. (II, 62)

—Bestia—dijo don Quijote—, ¿qué quieres que te respondan? ¿No basta que las respuestas que esta cabeza ha dado correspondan a lo que se le pregunta?

—Sí basta—respondió Sancho—, pero quisiera yo que se declarara más y me dijera más. (II, 62)

Mientras que los huéspedes quedan maravillados, el narrador (Cide Hamete) explica el artificio de la cabeza y cómo funcionaba. Resulta que don Antonio la había hecho fabricar por un estampero según otro que vio en Madrid:

La cabeza, que parecía medalla y figura de emperador romano, y de color de bronce, estaba toda hueca, y ni más ni menos la tabla de la mesa, en que se encajaba tan justamente, que ninguna señal de juntura se parecía. El pie de la tabla era ansimesmo hueco, que respondía a la garganta y pechos de la cabeza, y todo esto venía a responder a otro aposento que debajo de la estancia de la cabeza estaba. Por todo este hueco de pie, mesa, garganta y pechos de la medalla y figura referida se encaminaba un cañón de hoja de lata, muy justo, que de nadie podía ser visto. En el aposento de abajo correspondiente al de arriba se ponía el que había de responder, pegada la boca con el mesmo cañón, de modo que, a modo de cerbatana, iba la voz de arriba abajo y de abajo arriba, en palabras articuladas y claras; y de esta manera no era posible conocer el embuste. Un sobrino de don Antonio, estudiante agudo y discreto, fue el respondiente; el cual, estando avisado de su señor tío de los que habían de entrar con él en aquel día en el aposento de la cabeza, le fue fácil responder con presteza y puntualidad a la primera pregunta; a las demás respondió por conjeturas, y, como discreto, discretamente. (II, 62)

Claro que el mecanismo es ingenioso y que logra fascinar a los huéspedes. Pero de esta "maravillosa máquina" (frase cervantina) no averiguan nada don Quijote ni Sancho, salvo quizás que la "ínsula" que gobernará Sancho no es más que su propia casa. El motivo por este resultado casi vacío es importante, aunque no es el que comúnmente se cree. Sí que la cabeza es puro artificio, pero las preguntas de don Quijote y Sancho no podrían contestarse por ningún aparato. Lo que buscan saber los protagonistas depende fundamentalmente de las creencias que aportan a sus propias vidas—informadas, claro está, por los ideales sacados de los libros de caballerías que ha leído don Quijote y modelados por él—. Con esto la tecnología no les puede ayudar.

El episodio de la cabeza encantada tiene un parentesco notable con el del mono "profético" de maese Pedro (II, 25). Ya se sabe que maese Pedro es un charlatán, además de ser pícaro, criminal y autor. En otra ocasión lo he comparado con los sofistas y cambiadores de forma en la antigüedad. El episodio es más condensado que el de la cabeza encantada. Precede directamente la violenta intervención de don Quijote en la representación de la historia de Melisendra y de don Gaiferos por medio de los títeres de maese Pedro. Maese Pedro asegura que tiene un mono que puede pronosticar el futuro (a costo de dos reales). Lo que quiere saber don Quijote es si estarán felices, si las cosas saldrán bien o no:

> apenas le vio [el mono] don Quijote, cuando le preguntó:
> —Dígame vuestra merced, señor adivino: ¿qué peje pillamo?[3] ¿Qué ha de ser de nosotros? Y vea aquí mis dos reales.
> Y mandó a Sancho que se los diese a maese Pedro, el cual respondió por el mono y dijo... (II, 25)

La respuesta del "mono" es sumamente reveladora. Según explica Sancho, "Señor, este animal no responde ni da noticia de las cosas que están por venir; de las pasadas sabe algo, y de las presentes, algún tanto". Un mono profético que no puede pronosticar el futuro es inútil, claro está; pero igualmente lo es el deseo de saber el futuro, bien por un mono, bien por cualquier otra manera. Con respecto al futuro no hay otra posibilidad que la de vivir la vida orientada hacia ella. Vivirla es, a fin de cuentas, la única manera de revelarla, y para esto no sirven ni los milagros, ni las supersticiones ni las invenciones tecnológicas del mundo moderno.

El episodio del mono adivino es seguido por la representacion de los títeres de maese Pedro, interrumpida por la intervención violenta de don Quijote. Los dos episodios, igual que el de la cabeza encantada y el de las Bodas de Camacho, sugieren que los artificios tecnológicos pueden crear varios tipos de ilusiones. Y, como se ve claramente en el caso del entremés cervantino *El retablo de las maravillas*, pueden fundamentar las ilusiones que ya existen— en el caso del entremés, la ilusión de la limpieza de sangre—. Lo importante es reconocer lo que es ilusión y lo que no, y para esto la tecnología misma no puede servir.

Aunque la diferencia entre cuestiones tecnológicas y cuestiones hermenéuticas es esencial, no es de sorprender que frecuentemente se confundan; comúnmente se presentan juntas, fusionadas, como si no hubiera diferencia entre ellas. Si no fuera así, la facultad del juicio sería superflua. En el caso

---

3 Es una frase proverbial italiana que se traduce literalmente como "¿qué pez pescamos?".

del *Quijote*, el problema de la diferencia entre los dos tipos de cuestiones se cristaliza en las condiciones del libro mismo, ejemplificadas en el episodio de la visita a la imprenta en Barcelona en la segunda parte. Mientras que el "problema" quijotesco se plantea desde el principio de la primera parte como problema interpretativo, y continúa siendo así a lo largo de la mayoría de la segunda parte, el episodio en la imprenta nos recuerda que el libro mismo, como objeto, es producto de la tecnología (y, precisamente, de una tecnología relativamente nueva). No es por mera casualidad que la visita a la imprenta sigue directamente al episodio de la cabeza encantada.

Cuando don Quijote entra a la imprenta, observa un proceso tecnológico complejo, con varios componentes que en su totalidad el autor describe como una "máquina". (El vocablo se aplicaba tanto a las máquinas tangibles como a los conjuntos de procesos mentales complejos). El contraste con la visita a las galeras en el capítulo siguiente es notable, puesto que esas galeras cuentan para su propulsión con una "tecnología" vieja, manual:

> Sucedió, pues, que, yendo por una calle, alzó los ojos don Quijote, y vio escrito sobre una puerta, con letras muy grandes: Aquí se imprimen libros; de lo que se contentó mucho, porque hasta entonces no había visto emprenta alguna, y deseaba saber cómo fuese. Entró dentro, con todo su acompañamiento, y vio tirar en una parte, corregir en otra, componer en ésta, enmendar en aquélla, y, finalmente, toda aquella máquina que en las emprentas [sic] grandes se muestra. (II, 62)

Pero no es del todo fácil separar la realidad tecnológica del libro de la realidad interpretativa. El primer libro en que se fija don Quijote en esta ocasión es una traducción castellana de una obra italiana, que da lugar a una referencia a Ariosto—esencial para la composición del *Quijote*—y que plantea la cuestión de si una traducción puede o no ser fiel al original:

> —Señor, este caballero que aquí está . . . ha traducido un libro toscano en nuestra lengua castellana, y estoyle yo componiendo, para darle a la estampa . . .
> —Yo—dijo don Quijote—sé algún tanto de el toscano, y me precio de cantar algunas estancias del Ariosto . . . me parece que el traducir de una lengua en otra, como no sea de las reinas de las lenguas, griega y latina, es como quien mira los tapices flamencos por el revés, que, aunque se veen las figuras, son llenas de hilos que las escurecen, y no se veen con la lisura y tez de la haz; y el traducir de lenguas fáciles, ni arguye ingenio ni

elocución, como no le arguye el que traslada ni el que copia un papel de otro papel.

No hay respuesta definitiva a la cuestión de si una traducción puede o no ser fiel al original, ni del valor de la traducción en sí como tarea. Lo único que se puede decir es que depende del traductor, del libro, etc. Sigue don Quijote: "no por esto quiero inferir que no sea loable este ejercicio del traducir; porque en otras cosas peores se podría ocupar el hombre, y que menos provecho le trujesen. Fuera desta cuenta van los dos famosos traductores: el uno, el doctor Cristóbal de Figueroa, en su *Pastor Fido*, y el otro, don Juan de Jáurigui, en su *Aminta*, donde felizmente ponen en duda cuál es la tradución o cuál el original" (II, 62). El episodio termina con el encuentro con un ejemplar del falso *Quijote*, que se está corrigiendo en la misma imprenta. Producto de una tecnología nueva, el libro como objeto abre la posibilidad a múltiples versiones e interpretaciones, por no decir falsificaciones. Don Quijote reconoce esto, y no duda en expresar su opinión sobre el libro de Avellaneda:

> vio que asimesmo estaban corrigiendo otro libro; y, preguntando su título, le respondieron que se llamaba la segunda parte del *Ingenioso Hidalgo don Quijote de la Mancha*, compuesta por un tal vecino de Tordesillas.
> —Ya yo tengo noticia deste libro—dijo don Quijote—, y en verdad y en mi conciencia que pensé que ya estaba quemado y hecho polvos, por impertinente; pero su San Martín se le llegará, como a cada puerco, que las historias fingidas tanto tienen de buenas y de deleitables cuanto se llegan a la verdad o la semejanza della, y las verdaderas tanto son mejores cuanto son más verdaderas. (II, 62)

Al decir esto, don Quijote plantea uno de los problemas hermenéuticos más difíciles del libro, del que no hay respuesta obvia ni sencilla: si don Quijote mismo es una copia (una imitación) de los héroes modelados en los libros de caballerías, ¿qué derecho tiene él de nombrar otro Quijote como ilegítimo? Mejor dicho, si el libro de Cervantes es una imitación de otros, ¿qué derecho tiene el autor de censurar una imitación de su libro? La diferencia (ontológica) entre el original y la imagen es una cuestión que se ha planteado en la tradición occidental desde los diálogos de Platón, y sobre todo en la *República* y en el *Sofista*.[4] Cervantes replantea esta cuestión en el contexto de la nueva tecnología del libro impreso, cuyas implicaciones han persistido

---

4   [6] Véase el libro de Stanley Rosen y mi libro *Cervantes, Literature and the Discourse of Politics*.

hasta nuestros días. Sin embargo, es necesario reconocer la diferencia entre una imitación y otra. Y mientras que la tecnología puede producir (y reproducir) las imágenes, no puede distinguir entre ellas. Para esto no puede servir la tecnología; más bien, falta la facultad mental del juicio, es decir, la facultad interpretativa.

Bibliografía

Cascardi, Anthony J. *Cervantes, Literature and the Discourse of Politics*. University of Toronto Press, 2012.
Cervantes, Miguel de. *El ingenioso hidalgo don Quijote de la Mancha*. 2 vols., editado por Luis Andrés Murillo, Castalia, 1978.
Ervard, Gaetan. *How I cured Don Quixote, by Doctor Sancho Panza*. Silver Burdett Press, 1986.
Rosen, Stanley. *Plato's Sophist: The Drama of Original and Image*. Yale University Press, 1983.

El lector como etnógrafo en el *Quijote*

Anne J. Cruz
University of Miami, USA

La celeridad con que el narrador del *Quijote* hace caso omiso del lugar de origen de su protagonista epónimo, olvidándose de la aldea en que nació y anticipando sus aventuras en las extensas llanuras castellanas de La Mancha, revela el inagotable interés de Cervantes en el panorama socio-geográfico de la España temprana modernidad. Efectivamente, el vasto territorio que recorre don Quijote en la novela configura el trasfondo de un nuevo género literario cuyo realismo depende en gran parte de sus trazados topográficos. De ahí que el autor decida asignar a un ventero el privilegio de ordenar caballero a don Quijote y conferirle el título que corresponde a la provincia manchega, en vez de alguna región legendaria propia de las novelas de caballerías. En efecto, la diversidad cultural y geográfica que intercala Cervantes en su novela no obedece tan solo a su deseo de parodiar la tradición caballeresca, sino al hecho de que sus propios viajes lo involucran plenamente en el compromiso cada vez mayor de la temprana modernidad con el desplazamiento global marítimo y terrestre.

Son varios los cervantistas—entre ellos, María Antonia Garcés, Paul Michael Johnson y Diana de Armas Wilson—que coinciden en la singular importancia de las travesías de Cervantes, tanto de esclavo como de soldado, a lo largo y ancho del mundo mediterráneo. Los trayectos que anduvo por tierra o por mar agregan un significado referencial a la vez que literario a la novela, puesto que recalcan las condiciones históricas y políticas de la época. Si bien las andanzas de don Quijote no van más allá de la costa barcelonesa, las vivencias biográficas de otros personajes cervantinos trazan los movimientos cartográficos de los viajeros que atravesaban los territorios de la Monarquía Hispánica. Como acierta de Armas Wilson en su excelente estudio sobre el *Persiles,* la última obra de Cervantes en particular ostenta un gran número de protagonistas multiculturales: "un texto cuyo elenco de personajes incluye ingleses, escoceses, españoles, portugueses, franceses, italianos, irlandeses, daneses, lituanos, polacos, noruegos, islandeses y árabes".¹ Además, en dos estudios enjundiosos, de Armas Wilson sondea las alusiones al Nuevo Mundo en las obras cervantinas para dar a conocer su hibridez cultural (de Armas Wilson, *Cervantes* y "Cervantes").

Mi ensayo, en honor de quien ha recorrido muchos y aun más de los mismos caminos del autor que tanto ha estudiado, pretende analizar desde una perspectiva etnográfica varios ejemplos representativos de las diversas culturas o etnias que aparecen en el texto, incluyendo los niveles sociales de los personajes. En relación con la inclusión de la otredad cultural en el *Quijote*, un ejemplo que más ha llamado la atención de la crítica es la historia del capitán cautivo, Ruy Pérez de Viedma (I, 37-I, 42), cuyas experiencias traslucen las mismas que pasara Cervantes en sus periplos mediterráneos. A la vez, el enfrentamiento del capitán español con la alteridad es paradigmático de los conflictos históricos entre el islam y el cristianismo. Diane Sieber aplica las teorías etnográficas de Michel de Certeau en su libro *Heterologies* sobre las relaciones entre diferentes culturas con el fin de analizar cómo el encuentro de Pérez de Viedma con la figura del "otro" en el norte de África lo lleva a reinterpretarse a sí mismo después de reconsiderar sus propias experiencias (116). Denomina el recuento de Viedma una "narrativa etnográfica" puesto que relata los procesos de cambio que experimenta el sujeto cuando se expone a diferentes experiencias, a nuevos mundos o a diversas culturas (Sieber 110). Sieber señala que el relato del cautivo asume los elementos de la etnografía, no solo porque da cuenta de los conocimientos culturales que adquiere del "otro", sino también porque revela el autoconocimiento logrado al esforzarse por comprender sus experiencias: "Ruy Pérez se convierte en un mediador lingüístico de la experiencia, un historiador o un etnógrafo".²

A diferencia del capitán cautivo, sin embargo, las aventuras de don Quijote, narradas por otros narradores de su historia, no le ganan aplausos de nadie ni le facilitan adquirir ningún grado de autoconocimiento. Los encuentros con los otros en sus andanzas—encuentros que irremediablemente se vuelven violentos o humillantes—serán relatados por una serie de narradores,

---

1   "[A] text whose cast of characters includes English, Scottish, Spanish, Portuguese, French, Italian, Irish, Danish, Lithuanian, Polish, Norwegian, Icelandic, and Arabic subjects" (de Armas Wilson, *Allegories* xv). A menos que se indique lo contrario, toda traducción es mía.

2   "Ruy Pérez becomes a linguistic mediator of experience, a historian or ethnographer" (Sieber 130).

quienes median entre la realidad circundante y el propio constructo ficticio del caballero promulgado por esos mismos narradores. Los confrontamientos de don Quijote con los otros, por lo tanto, no operan como eventos experienciales que rinden la sabiduría necesaria para conocerse a sí mismo, sino como un repaso etnográfico de las múltiples culturas diversas deslindadas por las fronteras naturales y geopolíticas del país. Según el análisis propuesto por Sieber del final del episodio, el capitán cautivo, precavido y aleccionado por su percepción etnográfica, recobra su identidad—una identidad que, dada su relación con la otredad africana, nunca podrá ser la misma de antes (130)—.

En cambio, don Quijote se aferra a la figura ficticia de caballero andante hasta el momento de su muerte. No podía ser de otra manera, ya que admitir la realidad supondría aceptar que los modelos caballerescos que tan esforzadamente ha venido imitando no son más que una ilusión cuya lectura lo ha trastornado (Presberg 198)—. Así, en contraste con el "buen suceso" de Pérez de Viedma que cierra el círculo de su historia reuniéndose con su hermano y preparándose para celebrar sus bodas y el bautismo de Zoraida (I,42,520),[3] don Quijote no llega a beneficiarse moralmente ni adquiere sabiduría de sus salidas o de sus colisiones con la alteridad. Al final de la segunda parte, cansado y vencido por sus experiencias, el humillado hidalgo regresa forzosamente a su lugar de origen, pagando con su muerte el atisbo de autoconciencia que cobra cuando asume su identidad originaria de Alonso Quijano.

Al abstenerse de desempeñar el papel de etnógrafo, el hidalgo manchego transfiere esa misma tarea al lector. Como explica admirablemente María Stoopen, el *Quijote* es un libro escrito por lectores para lectores: "En el *Quijote*, al interior del relato—los personajes y los autores—y desde el exterior—los lectores del libro—unos a otros se miran leer" (Stoopen 15). En la novela, las voces de los autores se transmutan en las de los lectores: es archiconocida la confusión que depara el final del capítulo 8, en el que el supuesto autor, supuestamente único, explica consternado que el autor que había escrito lo que él narraba no ha continuado el relato por no haber encontrado más que leer sobre el personaje de don Quijote.

Tanto el autor que narra la historia como el segundo autor que le ha suministrado la historia que ese ha leído, son lectores internos: existen únicamente en el texto creado por sus propias lecturas del texto escrito, como llegamos a saber, por un autor árabe. Además de los narradores-lectores, la novela contiene muchos otros lectores internos, como los sujetos de la segunda parte, quienes han formado su propia opinión del hidalgo por haber leído

---

[3] Todas las citas de la novela provienen de la edición de Luis Andrés Murillo.

la primera parte. Si bien algunos dan indicios de un proyecto etnográfico al toparse con el hidalgo después de su lectura anterior, muy pocos o ninguno asumen el papel de etnógrafo. Como veremos, el lector interno que más se aprovecha de sus experiencias con don Quijote, en cuanto llega a conocerse, a conocer la realidad circundante y cómo debe actuar en sus interacciones con el otro, es uno que no sabe leer. Los conocimientos que adquiere Sancho, sin embargo, sirven a los que mejor o peor podrán aplicar una lectura etnográfica: los lectores externos dedicados al análisis e interpretación de la obra y de sus personajes, en fin, los cervantistas.

Ahora bien, la etnografía constituye uno de los métodos cualitativos de las ciencias sociales por basarse en la observación empírica y en la interpretación teórica y comparada de grupos y/o individuos con diversos modos de vida, creencias y valores, sea en el campo o en sitios urbanos, locales o ajenos (Atkinson). El énfasis en la observación directa corresponde a la visión del investigador que convive en el campo con grupos o personas de otra etnia y que narra por escrito sus experiencias. Cuando se trata de las culturas de otras épocas, sin embargo, el investigador solo puede acercarse a ellas por medio de su conocimiento de las experiencias que han narrado los demás. Esos conocimientos sirven de puente entre el presente del investigador y el pasado del sujeto, del otro. Valiéndose de un enfoque sociológico y de los estudios antropológicos interpretativos de Clifford Geertz o Víctor Turner, el sociólogo Paul Rock afirma que los etnógrafos deben dar importancia a los conocimientos prácticos que emplean los seres sociales para dar sentido al mundo que los rodea, interpretando los símbolos a su alrededor para conferir significado a su existencia:

> El etnógrafo no es el único que sale al mundo y lo interpreta, ni el único que se involucra en la transacción del comprender-comprendido, o el único que sintetiza los materiales simbólicos de la cotidianidad. También lo hacen los sujetos. . . . A casi cada etapa, por tanto, el etnógrafo tratará de comprender y reproducir la lógica-en-uso de los sujetos que conforman la escena social, porque ese es el material de la vida social y de la sociología, la fuerza motriz que impulsa la acción social.[4]

---

4   "It is not only the ethnographer who goes to the world and interprets it, who engages in the knowing-known transaction, who synthesizes the symbolic materials of everyday life. Subjects do so too. . . . At almost every stage, then, the ethnographer will seek to understand and reproduce the logic-in-use of the subjects on the social scene because that is the material of social life and of sociology, the motive power that drives social action" (Rock 31).

La metodología que emplea Rock procura fijar la atención sobre el sujeto y sus propias interacciones con otros para así disminuir las relaciones asimétricas entre el etnógrafo y el sujeto. Afirma que el proyecto etnográfico nunca acaba del todo, pues depende de las interpretaciones de varios: "El etnógrafo solo puede pretender tener conocimiento de los conocimientos ajenos, interpretaciones de las interpretaciones ajenas, modelos de los modelos ajenos".[5] El acercamiento etnográfico de Rock encaja perfectamente con la estructura narrativa del *Quijote*, al dilucidar sus lectores internos las interacciones culturales simbólicas de los sujetos-personajes del mundo textual de la novela según van siendo interpretados por cada narrador. El contacto con la otredad, por lo tanto, se lleva a cabo a través de la historia narrada, que sirve de puente a los lectores del conocimiento de las características físicas o morales de los sujetos-personajes al notar su apariencia, lenguaje, comportamiento o costumbres.

Es claro que no todas las interacciones entre los sujetos de diversas etnias o culturas se observan o se interpretan de igual manera, sea por los sujetos internos que presencian o participan en los eventos o por los lectores externos. Tómese de ejemplo la interpretación de Carroll Johnson, quien detalla los fallos morales de varios personajes "decadentes" de la segunda parte, los cuales quedarán vencidos u opacados por la fuerza moral superior del hidalgo manchego. Una vez se evalúa su comportamiento desde una perspectiva etnográfica, sin embargo, el calificativo termina siendo demasiado fuerte (Johnson 196). El primero de los malentendidos que le suceden a don Quijote en su camino por La Mancha toma lugar en la venta, en su primera aventura de caballero andante. El episodio asume valor emblemático por introducir el factor de la otredad cultural como un distintivo particular que pone en tela de juicio la interpretación que se hace del otro por los demás personajes de la novela, así como sus lectores.

El ventero, que es andaluz, se ríe del hidalgo cuando este lo toma por castellano y persona honorable. Aunque se comunican en lengua castellana, el malentendido ocurre a nivel del lenguaje, pues el término "castellano" conlleva diversos significados. El diálogo juega con el doble sentido del vocablo: al convertir la venta en un castillo en su imaginación, don Quijote atribuye al ventero el cargo de castellano, un alcaide de una fortaleza. El ventero, en cambio, piensa que don Quijote ha confundido su origen andaluz y lo cree uno de los "sanos de Castilla" (I, 2, 84). Murillo anota que la expresión en

---

5 "The ethnographer can only claim to have knowledge about others' knowledge, interpretations of others' interpretations, models of others' models" (Rock 31).

germanía significaba "ladrones disimulados", dándole otra vuelta de tuerca a la frase e invirtiendo su sentido original de hombres castellanos afamados por su honra (I, 2, 84n22). Los lectores contemporáneos de la novela sin duda entendieron bien la burla, pues habrán reconocido que el ventero era un notorio ladrón de la playa andaluza de Sanlúcar, conocida por su población delincuente (I, 2, 84; 88).

En su segunda salida, el hidalgo se encamina hacia Puerto Lápice, en el extremo sur de La Mancha, donde se imagina que quienes se acercan son personajes de novelas de caballerías. Cree que los dos frailes benedictinos que visten túnicas largas y que van montados en sus mulas son encantadores que llevan secuestrada a una dama en un coche (I, 8, 133). Su reacción es aún más exagerada cuando observa la actitud incivil de los escuderos vascos que van custodiando a la dama; a pesar del cargo y los trajes que llevan, rehúsa tratarlos como caballeros. Cuando don Quijote insulta a uno de los escuderos exclamando que no se merece el rango, este le grita enfurecido: "¿Yo no caballero? Juro a Dios tan mientes como cristiano.... Vizcaíno por tierra, hidalgo por mar, hidalgo por el diablo, y mientes que mira si otro dices cosa" (I, 8, 36). Su rudeza y el escaso dominio del castellano forman parte de los símbolos culturales del grupo étnico vasco. Los escritores contemporáneos no dudaban en categorizar a los vascos según los rasgos estereotipados que se les atribuía: su nobleza de linaje, su cortedad de carácter, su aptitud para la navegación, su afición desmedida al vino o su humor colérico (Herrero García 549). Aunque el episodio al principio propone una visión negativa de los vizcaínos, su respuesta a don Quijote se escuda en dos de las principales nociones étnicas sustentadas acerca de los vascos: el orgullo que sentían por su antiguo estatus cristiano, dada la escasa presencia árabe o judía en el país vasco más septentrional, y el alto porcentaje de nobles que residían allí (Herrero García 552).

En seguida, la batalla que inicia don Quijote obliga al vasco a defenderse en una aparente trifulca dispareja. El vasco, enfurecido, golpea con su lanza el hombro de don Quijote, apenas protegido por su escudo. El hidalgo responde en especie, arremetiendo contra el vizcaíno, cuando en ese momento, se suspende la narración. La ruptura deja congelada la acción, los dos contendientes encarados el uno frente al otro: "Venía, pues, como se ha dicho, don Quijote contra el cauto vizcaíno, con la espada en alto, con determinación de abrirle por medio, y el vizcaíno le aguardaba ansimesmo levantada la espada" (I, 8, 137). La continuación de la historia, hallada en el Alcaná de Toledo en un cartapacio y escrita en caracteres árabes que necesitaron su traducción, describe la postura de los combatientes y su valor equitativo con los idénticos calificativos de "valerosos y enojados" (I, 9, 145).

Sin embargo, el episodio no termina con la paz entre los dos, sino con el creciente furor de don Quijote, cuyos golpes acaban por vencer al vizcaíno, sacándole sangre por la boca, la nariz y los oídos hasta que se rinde caído ante la espada del hidalgo, quien, por su parte, no aspira ni pretende conciliarse con el "otro". Aunque es sugerente la interpretación de Eric Graf del episodio como la lucha entre la libertad vasca y el nacionalismo castellano, pues los antiguos ideales vascos son citados por los propios personajes, mientras que el orgullo castellano era un tópico desde antes, es menos convincente la lectura que propone del episodio como una lección moral de parte de Cervantes, convirtiendo al vasco en símbolo de la pureza étnica y, a don Quijote, en la mácula judía de su posible ascendencia (Graf 29).

Más bien, la desacertada lección que cree aprender el hidalgo de los libros de caballerías es que solo se vence al enemigo a través de la violencia. Desde estas primeras experiencias de la primera parte hasta su retorno final a La Mancha en la segunda, el hidalgo falla en comprender al otro e inscribir los conocimientos asimilados en sus propias acciones, obstinándose, por el contrario, en imitar la ficción caballeresca que ha leído. En cambio, por mucho que cree las jactancias de su amo, Sancho Panza se libra de caer del todo bajo el hechizo de las historias que don Quijote entremezcla con sus lecturas literarias. Difiere de su amo en que no sufre las consecuencias negativas que puede acarrear la lectura, pues se mantiene siempre en contacto con la realidad circundante precisamente por no saber leer, como bien le responde a don Quijote, "yo no he leído ninguna historia jamás, porque ni sé leer ni escribir" (I, 10, 148). No obstante, su analfabetismo no obvia su habilidad de navegar y sopesar los peligros provocados por las locuras de don Quijote. En contraste con su amo, a lo largo de las aventuras va aprendiendo cómo leer las situaciones en que lo involucra el hidalgo, llegando a gobernar con sensatez y salvándose de lo que podría haber resultado en un fracaso para él y una sátira más para el autor.

De las diversas aventuras que le suceden a don Quijote, la de los arrieros yangüeses es quizás la más breve y la más extraña, en cuanto su lectura etnográfica depende de dos supuestos errores de Cervantes. El epígrafe del capítulo 10 anuncia la aventura de los arrieros, pero no llega a narrarse hasta el capítulo 15. Según Murillo, su importancia estriba en que indica cómo pudo haber redactado el manuscrito el autor: "Se trata probablemente de un descuido de Cervantes, pero descuido revelador, ya que indica la posibilidad de que en una primera redacción viniera tras la aventura del vizcaíno la de los yangüeses" (I, 10, 146n1). Para Murillo, el descuido está en que "se le olvidó cambiar el epígrafe original". El segundo error ocurre en el capítulo 15 de la edición príncipe, cuyo epígrafe anuncia la aventura de los arrieros con el gentilicio de "yangüeses", pero en la narración se denominan "gallegos" y las jacas, "galicianas".

Para explicar el gentilicio "yangüeses" en las demás ediciones del *Quijote*, afirma Murillo que "esta denominación se ha impuesto, pues Cervantes mismo la aceptó", ya que cuando Sancho recuerda la aventura en la segunda parte, se refiere a ella como "la de los yangüeses" (II, 3, 61). De ahí que los arrieros, según Murillo, "dejan de ser gallegos para ser siempre yangüeses" (I, 15, 190n1). Ahora bien, yangüés indica que los arrieros son originarios de Yanguas, dos pueblos del mismo nombre, uno en la provincia de Soria y otro cerca de Segovia. Al designar Soria el lugar de origen, los arqueólogos Rafael Barroso Cabrera y Jorge Morín de Pablos resuelven la incógnita de cuál de los dos pueblos provienen los arrieros, puesto que las obvias ventajas históricas de Soria cumplen con las expectativas del lector. En efecto, el antiguo privilegio de portazgos (el libre paso por ciertos puentes o barreras que cobraban portazgos o impuestos) y el desarrollo de la ganadería ovina, más el auge del comercio lanar, habían enriquecido la comarca. A raíz del privilegio, se llega a establecer un monopolio del tránsito de mercancías desde Sevilla al norte cantábrico que abre una ruta comercial llamada "camino de los yangüeses". Tampoco falta su caracterización histórica como litigantes, por pleitear los arrieros por el antiguo privilegio del portazgo concedido por Alfonso XI, contra la oposición de los gobernantes poderosos, tales como el condestable de Castilla, el almirante de Castilla, el arzobispo de Toledo o la Orden de Calatrava (Barroso Cabrera y Morín de Pablos, "A propósito" 226; "De nuevo" 152).

Sin que se dude de la hipótesis sobre el gentilicio, sea un descuido de Cervantes o no, la topografía y la base histórica del episodio ofrecen además la posibilidad de una lectura etnográfica del encuentro. Las interacciones conflictivas debidas a la larga historia de la libranza de portazgos opuestas por las autoridades señalan la desigualdad social que seguía existiendo entre los grupos sociales. Dicho desnivel vuelve a reproducirse en el encuentro entre don Quijote y los veinte arrieros, quienes cogen sus estacas con manos "rústicas y enojadas" para darles de palos y derribarlos al suelo (I, 15, 192-93). Los golpes impulsan al hidalgo a admitir la culpa por no haber seguido las leyes de la caballería andante: "Mas yo me tengo la culpa de todo; que no había de poner mano a la espada contra hombres que no fuesen armados caballeros como yo" (I, 15, 192). Si bien don Quijote parece buscar una manera de librarse de más golpes en algún caso futuro, también es cierto que le repulsa haber reñido con personas de baja condición social. La narración explicita la condición desigual de los arrieros utilizando la sinécdoque de las manos y abiertamente llamándolos "desalmados" en el epígrafe, mientras don Quijote, al ver cómo defienden sus jacas de la acometida de Rocinante, los describe como "gente soez y de baja ralea" y "semejante canalla" (I, 15, 191). La injuria solo puede remediarse si Sancho asume el cargo de luchar contra esa clase de gente, pues el hidalgo no se considera del mismo nivel social. Con ello, el hidalgo pone en evidencia su falta de comprensión lectora de las enseñanzas implícitas en los libros de caballerías, como son las de optar por resolver los conflictos sin enfrentamientos, superar los disensos y aceptar al otro de manera inclusiva.

En cambio, Sancho interpreta correctamente el episodio. Sintiéndose defraudado por no haberse materializado el famoso bálsamo de Fierabrás a tiempo para curarlo, comprende que las lecturas caballerescas emuladas a ciegas por don Quijote no promueven ninguna solución, involucrándolo en un mundo ajeno a sus principios: "Señor, yo soy hombre pacífico, manso, sosegado, y sé disimular cualquier injuria, porque tengo mujer e hijos que sustentar y criar.... en ninguna manera pondré mano a la espada, ni contra villano ni contra caballero" (I, 15, 193). Aunque Sancho reconoce las diferencias que marcan la otredad del grupo, actúa de forma pragmática para no dañar los nexos de civilidad con que se sostienen los sistemas sociales. Esta vez, el conflicto entre don Quijote y los otros no parte de las diferencias culturales tanto como de la distancia social existente entre el estado llano al que pertenecían los arrieros y la hidalguía de don Quijote, más su aspiración a la orden de la caballería andante.

Todavía es curioso, no obstante, que en la edición príncipe del *Quijote* Cervantes escribiera el gentilicio "gallegos" en vez de "yangüeses", en particular porque el tal descuido no sucede una, sino cinco veces en el mismo capítulo. Barroso Cabrera y Morín de Pablos atribuyen el cambio al impresor Juan de la Cuesta, que probablemente fuera oriundo de la pequeña población de La Cuesta, un centro ganadero importante de la comarca de Yanguas y habría conocido la ruta de los yangüeses (Barroso Cabrera y Morín de Pablos, "De nuevo" 227). Si bien no hay duda de que el autor aceptara el cambio, hay menos certeza de que fuera un error. Aun antes del capítulo 15, Cervantes había incluido en su novela una serie de personajes de varias etnias, entre ellos, a un árabe historiador, un morisco toledano, un ventero andaluz y unos hidalgos vascos, además de los vecinos del pueblo manchego de don Quijote. Esta diversidad, que se irá ampliando mientras continúan sus andanzas, da prueba que al autor le interesaban tanto las diversas etnias como la topografía de la península. No extrañaría que quisiese intercalar un grupo que representara una mayor otredad cultural y lingüística. Se sabe además que las "hacas galicianas" especificaban un tipo de caballo de pequeño tamaño, autóctono de las zonas montañosas de Galicia y destinado a la montura y las labores rurales. Puesto que no hay mención del producto o mercancía que cargaban las jacas, es posible que algunas yeguas fueran precisamente la mercancía y que fueran gallegos quienes las transportaban de su tierra, ya que el comercio y contrabando de caballos era sumamente lucrativo (Guerrero Arjona 125-28).

Aun cuando pierde Cervantes la oportunidad en este episodio de abordar otra cultura, el hilo etnográfico se recoge en la segunda parte, pues las divergencias entre otros en la primera parte tienden a ser de clase social, como el caso de los duques. La lectura de la novela apócrifa de Avellaneda desvía a don Quijote de su rumbo original, no sin antes criticar el castellano del autor pseudónimo por la falta de artículos y las palabras y rasgos aragoneses que contiene, hallándolo reprehensible (II, 59, 487). El reproche, que recuerda su actitud despectiva contra la lengua de los vascos, sirve como un signo más del desprecio que muestra a otras culturas. El desvío que toma amplía su radio de acción hasta las afueras de Barcelona, donde son asaltados por unos veinte bandoleros y su líder, el famoso bandolero Roque Guinart. Don Quijote se entristece al verse desarmado y desmontado ante semejante figura, a quien no vacila en llamar valeroso y equipararse con él: "porque te hago saber, ¡oh, gran Roque! Que si me hallaran sobre mi caballo, con mi lanza y con mi escudo, no les fuera muy fácil rendirme, porque yo soy don Quijote de la Mancha, aquel que de sus hazañas tiene lleno todo el orbe" (II, 60, 495).

Queriendo probar que las historias que ha escuchado del hidalgo son ciertas, Guinart le responde en un lenguaje culto procedente del mundo caballeresco: "Valeroso caballero, no os despechéis ni tengáis a siniestra fortuna esta en que os halláis" (I, 60, 496). Aunque Guinart es catalán, no habla en su lengua nativa. Más bien, el bandolero imita socarronamente el lenguaje de las novelas de caballerías. Su presencia se imbrica en la narración de las aventuras quijotescas para dar relieve histórico al episodio. Varios historiadores han postulado diversas teorías sobre las posibles razones del fenómeno criminal y social, tales como el feudalismo bastardo, o el cambio de redes de vasallaje a clientelares o la transición del término "bandolero" al de "bandido", en cuanto que el primero reflejaba los valores positivos de la aristocracia feudal que se irán desmereciendo, obligando a los caballeros a salir al monte, descuidar sus propiedades y admitir en su bando a criminales o ilegales, volviéndose meros salteadores de caminos (Álvarez Barrientos y García Moutón 8). Jordi Pérez i Conill, en cambio, propone que Guinart goza de una libertad plena, sin participar en los conflictos de los dos bandos conocidos como nyerros (lechoncillos) y cadells (cachorros): "El bandolero no es el resultado de la lucha de bandos, sino que hay unos motivos individuales provocados por lo que decimos la trampa social que lleva a una persona a que se incline a la 'delincuencia'" (Pérez i Conill 124). De manera similar, Henry Kamen razona que el bandolerismo es una manifestación de protesta social que surge de la crisis política y social y del desorden económico (341).

Si bien es cierto que el realismo añade un aspecto histórico imprescindible a la novela, el episodio sirve a la vez para integrar el heroísmo del bandolero con la historia del malhadado amor de Claudia Jerónima. La joven no es quien necesite de caballeros que la defiendan: ella ha heredado el mundo libre y libertino del bandolerismo. Claudia Jerónima es el retrato inverso de Dorotea, cuya historia de seducción termina felizmente. En cambio, la joven es llevada por los celos a dar muerte a su amante, acto por el cual se recrimina ella misma por ser la causante de la mala suerte de ambos. A pesar de su corta extensión, el relato revela la falta de valores del bandolerismo, ya que Guinart trata de explicarle al deslumbrado don Quijote cuán rigurosa es su vida: "Nueva manera de vida le debe de parecer al señor don Quijote la nuestra, nuevas aventuras, nuevos sucesos, y todos peligrosos; y no me maravillo que así le parezca, porque realmente le confieso que no hay modo de vivir más inquieto ni más sobresaltado que el nuestro" (II, 60, 501). Admite que sus deseos de venganza lo impulsan a llevar esa vida, cayendo en lo que Pérez i Conill llama la "trampa social" que imponen la marginación y la única alternativa de la delincuencia (121). El paralelismo de Guinart con Claudia Jerónima es evidente, pues dejándose dominar por sus pasiones, la joven se condena a sí misma, encerrándose en un convento, mientras que el Guinart de la novela seguramente aceptará el exilio en Roma del personaje histórico.

Aunque el episodio pone énfasis en la generosidad del bandolero con sus víctimas, don Quijote es consciente del nivel de criminalidad de la vida de los bandoleros. Como muchos otros, sin embargo, idealiza a Guinart, considerándolo su igual según los valores tergiversados que ha querido leer en las novelas de caballerías. La admiración que siente por él lo ciega ante la violencia y verdadera crueldad con que reacciona cuando se queja uno de su bando: "echando mano a la espada, le abrió la cabeza casi en dos partes, diciéndole:—Desta manera castigo yo a los deslenguados y atrevidos" (II, 61, 504).

Una vez en Barcelona, don Quijote sigue sin percatarse de las fechorías de los catalanes que ha conocido. Entre otros disturbios, la regencia de los virreyes forasteros había dado lugar a malestares sociales entre el pueblo catalán, cuyas arraigadas características étnicas distaban de las castellanas. No obstante, sus marcadas diferencias no afectan las relaciones del hidalgo con los catalanes, al contrario de las demás etnias que se prestaban a una visión despectiva del "otro".

Desde su entrada en Barcelona, los dos forasteros quedan asombrados por la grandeza de la urbe. Si bien se conoce el gran apego del autor por la ciudad, vale cuestionar los propósitos de los personajes que reciben a don Quijote (Aladro 316-17). Aunque el amigo de Guinart, Antonio Moreno, es un "caballero rico y discreto y amigo de holgarse a lo honesto y afable" (II, 62, 508), no pierde la ocasión de mofarse de la fijación del hidalgo por el mundo de la caballería. Halagado por el trato de caballero andante con que lo recibe Moreno, don Quijote no capta su postura burlona. El escándalo que arma el cuatralbo en la visita a las galeras es otro gesto burlón, así como el maltrato que sufre Sancho en manos de los remeros. Sin embargo, don Quijote queda absorto en su mundo de caballerías. Al ver cómo azota el cómitre a la chusma, piensa solo en que Sancho debería dejarse azotar para cumplir con el desencanto de Dulcinea. La actitud insensible del hidalgo convierte a Sancho en uno de la chusma, los forzados en la embarcación que corrían condenas de no menos de dos años. Como el maltrato físico y la falta de alimentación los envejecía o acababa, la pena máxima no pasaba de los diez años (Martínez Martínez 88-89). En vez de considerar la escena una visión infernal, como la ve Sancho, don Quijote la interpreta sin ninguna lástima o compasión por su escudero.

Así como el hidalgo no alcanza los conocimientos necesarios de los demás grupos étnicos con los cuales se enfrenta, interpretándolos como una otredad ajena a su propia existencia, tampoco logra comprender la lógica-en-uso de su encuentro con los catalanes Roque Guinart y Antonio Moreno, quienes lo imbrican cada vez más en su mundo ficticio. Es, en cambio, Sancho quien da el primer paso hacia su autoconocimiento cuando descubre su reacción ante las experiencias con don Quijote y sus encuentros con la otredad. Ha salido al mundo y lo ha interpretado. Las lecciones aprendidas de sus interacciones con su amo y con la otredad lo han preparado para el retorno a su hogar, retorno en que recobrará su identidad, pero que nunca será la misma de antes. La lectura que ha sabido dar a la narrativa del "otro" comprueba que, pese a ser analfabeto, ha comprendido cómo interpretar no solo a su mundo, sino al mundo de los demás. Sancho, lector, etnógrafo y sujeto, comparte el conocimiento etnográfico que, como lectores externos, aprendemos de sus lecturas internas de la novela.

Bibliografía

Aladro, Jordi. "Cervantes y el bandolerismo catalán en el origen de la novela". *eHumanista/Cervantes*, vol. 2, 2013, pp. 316-39.

Álvarez Barrientos, Joaquín, y Pilar García Moutón. "Bandolero y bandido: Ensayo de interpretación". *Revista de Dialectología y Tradiciones Populares*, vol. 42, 1986, pp. 7-58.

Armas Wilson, Diana de. *Allegories of Love: Cervantes's Persiles and Sigismunda*. Princeton University Press, 1991.

———. "Cervantes and the New World". *The Cambridge Companion to Cervantes*. Editado por Anthony Cascardi, Cambridge University Press, 2002, pp. 206-25.

———. *Cervantes, the Novel, and the New World*. Oxford University Press, 2001.

Atkinson, Paul. *For Ethnography*. Sage, 2015.

Barroso Cabrera, Rafael, y Jorge Morín de Pablos. "A propósito de un 'descuido cervantino': La alternancia yangüeses/gallegos en el *Quijote*". *Cervantes: Bulletin of the Cervantes Society of America*, vol. 29, núm. 1, 2009, pp. 221-29.

———. "De nuevo sobre los yangüeses del *Quijote*". *Anales Cervantinos*, vol. 43, 2011, pp. 145-61.

Certeau, Michel de. *Heterologies: Discourses on the Other*. Traducido por Brian Massumi, University of Minnesota Press, 1986.

Cervantes, Miguel de. *El ingenioso hidalgo don Quijote de la Mancha*. 2 vols., editado por Luis Andrés Murillo, Castalia, 1987.

Garcés, María Antonia. *Cervantes in Algiers: A Captive's Tale*. Vanderbilt University Press, 2002.

Graff, Eric C. *Cervantes and Modernity: Four Essays on Don Quijote*. Bucknell University Press, 2007.

Guerrero Arjona, Melchor. "El caballo en la cultura de la sociedad lorquina del siglo XVI: Su especial valoración social y los problemas de su cría". *Alberca*, vol. 27, 2019, pp. 111-39.

Herrero García, Miguel. "Ideología española del siglo XVII. Concepto de los vascos". *Revista Internacional de los Estudios Vascos*, vol. 18, núm. 4, 1927, pp. 549-69.

Johnson, Carroll B. "A Gallery of Decadents: Society in *Don Quijote*, Part II". *Indiana Journal of Hispanic Literatures*, vol. 5, 1994, pp. 195-211.

Johnson, Paul Michael. *Affective Geographies: Cervantes, Emotion, and the Literary Mediterranean*. University of Toronto Press, 2021.

Martínez Martínez, Manuel. "Los forzados de la escuadra de galeras del Mediterráneo". *Revista de Historia Naval*, vol. 30, núm. 117, 2012, pp. 87-110.

Pérez i Conill, Jordi. "Bandolerisme i bandositats al Quixot". *Grup de Recerques de les Terres de Ponent: Actes de la Jornada de Treball XXXVIII*, 2008, pp. 115-26.

Presberg, Charles. *Adventures in Paradox: Don Quixote and the Western Tradition*. The Pennsylvania State University Press, 2001.

Rock, Paul. "Symbolic Interactionism and Ethnography". *Handbook of Ethnography*. Editado por Paul Atkinson et al., Sage, 2001, pp. 26-38.

Sieber, Diana E. "Mapping Identity in the Captive's Tale: Cervantes and Ethnographic Narrative". *Cervantes: Bulletin of the Cervantes Society of America*, vol. 18, núm. 1, 1998, pp. 115-33.

Stoopen, María. *Los autores, el texto, los lectores en el* Quijote *de 1605*. Universidad Nacional Autónoma de México, 2005.

Thomas, Jim. *Doing Critical Ethnography*. Sage, 1993.

Una experiencia cervantina apócrifa: La casa del Caballero del Verde Gabán

Conxita Domènech
University of Wyoming, USA

En 2015, después de enseñar un curso y de programar un congreso sobre la segunda parte del *Quijote*, organicé un viaje de estudios titulado "La ruta del *Quijote*" para los estudiantes de la University of Wyoming.[1] La ruta comenzó en Barcelona con una estancia en la ciudad de quince días; después, nos trasladamos a Alcalá de Henares y, de ahí, a La Mancha. No seguimos ninguna ruta establecida, sino que más bien visitamos lugares relacionados con la novela de Miguel de Cervantes (1547-1616). En Villanueva de los Infantes—municipio en el que permanecimos tres días—nos esperaba un guía para llevarnos a la iglesia de San Andrés, los patios de varias casas, la cárcel de la Inquisición y la celda donde murió Francisco de Quevedo (1580-1645). Sin embargo, cuando pasábamos por la calle Cervantes de camino hacia la plaza Mayor, y en concreto en el número 12 de esa calle, nuestro guía se paró y aseguró que nos encontrábamos ante la casa del Caballero del Verde Gabán (figura 1). Mis estudiantes me miraron desconcertados, y yo—incluso más desconcertada—le pregunté al guía: "Pero ¿cómo?, si el Caballero del Verde Gabán es un personaje ficticio. ¿Cómo un personaje ficticio puede tener una casa?". El guía rápidamente pasó a explicarles a la profesora y a los estudiantes ignorantes que el personaje literario del Caballero del Verde Gabán se basaba en un personaje histórico que vivió en esa misma casa. No muchos

---

[1] El congreso mencionado se realizó en Denver, Colorado, y en Laramie, Wyoming, y se tituló "Don Quixote in the American West: A Fourth-Centenary Celebration (1615-2015)", Diana de Armas Wilson presentó una conferencia magistral sobre Cervantes y los piratas de la Berbería. Aunque Diana y yo nos conocíamos de antes, los lazos de amistad entre nosotras se forjaron a raíz de ese congreso.

más datos nos fueron dados ni tampoco pudimos entrar en la casa por ser propiedad privada. No obstante, la casa del Caballero del Verde Gabán se convertiría en una de las imágenes más vívidas de aquel verano de 2015.

FIGURA 1. La supuesta casa del Caballero del Verde Gabán. Calle Cervantes número 12, Villanueva de los Infantes. Fotografía tomada por Conxita Domènech.

Una casa novelada: La descripción de Cervantes

Según Francisco Márquez Villanueva, en el *Quijote* el Caballero del Verde Gabán es el personaje explorado más a fondo por parte de Cervantes (155). Esa exploración minuciosa no ha llevado a desenmascarar al personaje histórico escondido tras el gabán verde—si es que hay un personaje histórico, lo que a mi parecer no es probable—. Varias han sido las hipótesis poco convincentes. Por una parte, Luis Astrana Marín lo relaciona con el Diego de Miranda encarcelado con Cervantes en 1605 (167). Por otra parte, Luis Beltrán Guerrero afirma que Diego de Miranda era uno de los pobladores de la Nueva Cádiz primitiva: "Hay quienes juzgan que el Caballero del Verde Gabán de Cervantes era hijo del Diego de Miranda de Nueva Cádiz y su casa se levantó con el producto de la venta de perlas" (25). Por su parte, Alberto Sánchez nos proporciona la hipótesis más acertada, el Caballero del Verde Gabán podría ser el propio Cervantes:

> el Caballero del Verde Gabán. Tiene, como Cervantes, el *rostro aguileño*, es decir, la cara alargada; 'canas pocas' y cabello castaño pudieran coincidir, ... *alegres ojos* en el primero, 'la vista, entre alegre y grave' en el segundo. Resumiendo: los tres únicos rasgos físicos que se nos proporcionan ... corresponden con bastante exactitud con los homogéneos del repetido autorretrato cervantino. (182-83; énfasis original)

Sánchez concluye su ensayo asegurando que Cervantes proyecta en el Caballero del Verde Gabán lo que él mismo quiso ser y no fue: "Vivir una medianía dorada, fugaz anhelo de un genio maltratado por la vida" (33).[2] Por consiguiente, si don Diego de Miranda es todo aquello que Cervantes hubiera querido ser, ¿es la casa del Caballero del Verde Gabán una proyección de la casa en la que hubiera querido residir Cervantes?

Cervantes solo nos proporciona tres rasgos físicos del Caballero del Verde Gabán—rostro alargado, cabello castaño con pocas canas y ojos alegres—y es igual de escueto en la descripción de su casa: "Halló don Quijote ser

---

[2] Azorín ofrece detalles precisos de Diego de Miranda: "Vive en Madrid, en un hotel rodeado de ameno jardín. Reinan en él la limpieza, el orden y el silencio. Los criados no se permiten familiaridades, y no se comete con ellos ninguna injusticia. Fue ministro, por casualidad, una vez, y antepuso la Justicia a la Ley, con gran escándalo de senadores y diputados. No cree que un catedrático sea superior a un labriego; si el labriego es inteligente, lo considera superior al catedrático. Escribe las cartas cortas. No lee los libros difusos" (cit. Sanz Cuadrado 292-93). Para otros personajes reales relacionados con el Caballero del Verde Gabán, véase "Posibles modelos homónimos de don Diego de Miranda" de Helena Percas de Ponseti.

la casa de don Diego de Miranda ancha como de aldea; las armas, empero, aunque de piedra tosca, encima de la puerta de la calle; la bodega, en el patio; la cueva, en el portal, y muchas tinajas a la redonda, que, por ser del Toboso, le renovaron las memorias de su encantada y transformada Dulcinea" (II, 18, 168). La casa del Caballero del Verde Gabán es descrita como cualquiera vivienda de hidalgo de aldea, con escudo de armas, bodega y cueva. Es decir, se trata de una casa que no tiene nada de particular. Con todo, lo más particular resulta que se haya identificado la casa del Caballero del Verde Gabán con tan poca información. Para Ignacio Henares Cuéllar y Rafael López Guzmán, la descripción literaria anterior (o la cita anterior) coincide con los rasgos generales de esta edificación en Villanueva de los Infantes, y la que pasan a describir así:

> La portada presenta estructura adintelada con ménsulas sobre las jambas que reducen la luz y cruz de la Orden de Calatrava, elemento extraño en la ciudad, sobre la entrada. Columnas adosadas enmarcan la portada y soportan un entablamento completo. En la parte superior se repite el esquema aunque se reduce la proporción de los elementos arquitectónicos. Su situación casi en esquina permite el desarrollo de un balcón angular cubriéndose el conjunto con un alero de madera con canecillos de perfil partido. El patio tiene pórticos sobre columnas toscanas con zapatas. Las galerías superiores conservan la estructura de madera con pies derechos, zapatas y balaustrada. La caja de la escalera se cubre con bóveda de media naranja.

Aunque Henares Cuellar y López Guzmán aseveran que la descripción de Cervantes y la descripción de la supuesta casa del Caballero del Verde Gabán coinciden, encuentro pocas semejanzas entre las dos descripciones. De hecho, la casa descrita por Cervantes y la casa descrita por Henares Cuellar y López Guzmán parecen dos lugares distintos.

Debajo de la descripción realizada por Henares Cuellar y López Guzmán, hay otra que dudo mucho sea de estos autores, y que no se especifica quien la escribió: "En la parte exterior de la casa podemos encontrar una fachada de sillería y adintelada, con ménsulas sobre jambas y enmarcada por columnas adosadas que sujetan un entablamento completo. Esta casa perteneció durante mucho tiempo a la Compañía de Jesús, de ahí la cruz que se encuentra ubicada sobre la Puerta". Las dos descripciones, una detrás de la otra, se contradicen. La primera de Henares Cuellar y López Guzmán conecta la cruz con la Orden de Calatrava, y los autores añaden que este "elemento [es] extraño en la ciudad". En la segunda descripción, la cruz encima de la puerta no corresponde a la Orden de Calatrava sino a la Compañía de Jesús. Cabe clarificar que en la fachada de la casa se observa una cruz flordelisada y no el emblema de la Compañía de Jesús con las letras IHS, un sol radiante y una corona de espinas: "También es muy corriente incluir el IHS en un sol radiante, rodeado de una corona de espinas, o con otros complementos iconográficos. Ya era muy usado este signo antes de la Compañía, como expresión de la devoción al nombre de Jesús, y se esculpía sobre la portada de muchas casas, a modo de escudo heráldico" (Soto Artuñedo).[3] Queda claro que la cruz de la fachada no corresponde a la Compañía de Jesús, pero podría vincularse a la Orden de Calatrava o incluso a los dominicos: "la cruz flordelisada no es, aun así, privativa de los dominicos, ya que ha sido empleada por los cistercienses y por las órdenes militares de Calatrava y Alcántara" (Echarte y Montaner Frutos 394).

En general, los dominicos tuvieron escasa presencia en Ciudad Real, con excepción de Villanueva de los Infantes: "Pero es sin duda el de Villanueva de los Infantes el mejor de los conventos de esta orden [los dominicos] en la provincia. Fundado en 1526... vemos representados los símbolos y la heráldica de la Orden de Predicadores (perros con hachones encendidos y cruces de tipología de calatrava en blanco y negro)" (Herrero Casado 36). También la orden dominica tiene su convento femenino en Villanueva de los Infantes: "situado en la calle Mayor, entre las actuales calles Cervantes y Monjas" (Sánchez Molina 23). Es decir, el convento dominico femenino se ubica a pocos metros de la supuesta casa del Caballero del Verde Gabán. La cruz flordelisada de la fachada podría relacionarse con el patronazgo "sobre una iglesia o convento fue, durante el siglo del Barroco, una de las principales aspiraciones de las familias de la nobleza titulada y los poderosos en la Castilla moderna" (Carrasco Martínez 234). Esos poderosos vivían en la calle Mayor (ahora calle Cervantes, donde se ubica la supuesta casa del Caballero del Verde Gabán): "de las mejores que avía en la dicha villa de Villanueva de los Infantes" ("Ejecutoria de hidalguía"). Discrepo de la alegación de Henares Cuellar y López Guzmán; y no me resulta extraña la presencia de una cruz en la fachada que advierta sobre el patronazgo de una de las familias principales del municipio.

---

3   En el Dossier de prensa, Campo de Montiel, 2016, se repite erróneamente que fue casa de "la Compañía de Jesús, como atestigua la cruz existente sobre su puerta" (10). Si se busca la casa del Caballero del Verde Gabán en internet, esta información sobre la Compañía de Jesús aparece constantemente—con probabilidad la información copiada de un sitio web a otro—. No he hallado ninguna fuente fehaciente que atestigüe que la casa pertenecía a la Compañía de Jesús.

La geografía ficcional: La Mancha de Cervantes y la de Azorín

Javier Escudero e Isabel Sánchez no consideran posible que la casa del Caballero del Verde Gabán se encuentre en Villanueva de los Infantes: "Si el Quijote dice que sale de El Toboso y va hacia el norte, hacia la Justa de Zaragoza, ¿cómo puede encontrarse al caballero del verde gabán en Villanueva de los Infantes, que está hacia el sur? Es absolutamente ilógico" (García Luaces). Asimismo, un equipo multidisciplinar de la Universidad Complutense de Madrid, liderado por Francisco Parra Luna, está convencido de que "En un lugar de la Mancha" del comienzo de la novela se trata de Villanueva de los Infantes: "Esta hipótesis de establecer como el *'lugar de la Mancha'* a Villanueva de los Infantes . . . ha calado bastante en diversos medios. Gracias a la novedad de la técnica empleada de determinar 'el lugar' mediante estudios antropométricos, 'enfoques: literarios, sociológicos, geométricos . . .' y a que los autores están 'avalados' por su condición de catedráticos" (González Mujeriego 140; énfasis original). Aunque esta hipótesis ha sido muy contestada por diversos investigadores,[4] es evidente que Villanueva de los Infantes no puede ser a la vez el pueblo de don Quijote y el del Caballero del Verde Gabán. Por lo tanto, se han reconsiderado otros pueblos para ubicar la casa del Caballero del Verde Gabán: "Como conclusión, creo que es una opción bastante verosímil que la casa del Caballero del Verde Gabán esté situada en Santa María del Campo Rus (Cuenca)" (Arias); "Mota del Cuervo, como el lugar de don Diego de Miranda, el Caballero del Verde Gabán" (Román Alhambra, "Los escenarios"); y "Las segundas jornadas literarias Cervantinas

---

[4] A continuación, incluyo tres de las muchas argumentaciones en contra de la hipótesis de Parra Luna: "Aun cuando fueran, en su caso, más de siete, cada una de las localidades que reivindican el honor de haber sido su cuna aspira, ante todo, a sacar provecho de los beneficios turísticos y económicos que le proporcionaría un reconocimiento oficial. Por consiguiente, no es ninguna sorpresa que el más ardiente defensor de Villanueva de los Infantes, Francisco Parra Luna, sea oriundo de esta villa" (Canavaggio 251); "el lugar 'elegido' por el señor Parra Luna, es suficiente para entender que no podía estar pensando Cervantes en este lugar para hacer vecino de él a don Quijote de la Mancha, ya que no se sentían sus vecinos como manchegos, es más, delimitan muy precisamente estar entre la Mancha y Sierra Morena" (Román Alhambra, "El lugar elegido"*);* y "cuando un texto describe un sitio como 'aldea', no se puede llegar a la conclusión de que la aldea referida, dentro del sistema literario en cuestión, es, en realidad, una pequeña ciudad; que cuando la aldea se describe como una que tiene un solo cura, no se le puede asociar con un poblado con muchos monasterios y conventos, amén de ser una sede de la Inquisición. En definitiva, lo que ha hecho el equipo de la Complutense es mostrarnos exactamente donde *'el lugar de la Mancha' no está y lo que no es*" (Iffland 203-04; énfasis original).

reivindicaron en Villarrobledo a 'un paisano' el Caballero del Verde Gabán, Diego de Miranda." (Jiménez), entre otros.[5]

La búsqueda incesante para encontrar la casa del Caballero del Verde Gabán y los lugares del *Quijote* es una idea romántica que valora la literatura en función de su cabal correspondencia con la realidad: "Si llegamos a conocer el linaje de don Quijote [es decir, de donde es realmente], podemos evitar no darnos cuenta de ciertos aspectos de su personalidad y forma de vida que nuestras propias circunstancias impiden percibir. El saber por análisis geográfico... nos da la fascinante posibilidad de cotejar la vida allí con lo que tenemos reelaborado en la novela" (Fernández Nieto et al. 133). Aunque el afán de identificar los lugares por los que habrían pasado don Quijote y Sancho han sido motivo de interés desde la publicación de la novela, el primer trazado de la ruta del *Quijote* se publicó en 1780. Esta ruta trazada por Tomás López, cartógrafo del rey Carlos III, y publicada por la Real Academia Española sigue considerándose la más fidedigna (figura 2):

> el más fiable. Se trata, sin duda alguna, del primer trazado de la Ruta, y mi credulidad se basa en las siguientes razones: PRIMERA, que su confección fue encargada de forma expresa por el propio Rey de España. SEGUNDA, que fue delineado por D. Tomás López, geógrafo de S.M., según las observaciones hechas sobre el terreno por D. Joseph de Hermosilla, Capitán de Ingenieros. TERCERA, que el trabajo se realizó cuando apenas habrían transcurrido 149 años desde la muerte de Cervantes, o 160 desde la primera edición del "Quijote". Y CUARTA, que tanto el mapa como la Ruta (*"Mapa de una porción del Reyno de España que comprehende los parages por donde anduvo Don Quijote, y los sitios de sus aventuras"*), fueron oficialmente adoptados por la Real Academia Española ya en el año 1780. (Romagosa Gironella; mayúsculas originales)

En el trazado de López, don Quijote y Sancho no pasan ni por Villanueva de los Infantes ni, claro está, por la casa del Caballero del Verde Gabán. Por el contrario, los protagonistas parten de Argamasilla de Alba hacia El Toboso, Villamayor y Osa de la Vega, lugares donde suceden el encantamiento de Dulcinea, el encuentro con el carro de las Cortes de la Muerte y el victorioso combate con el Caballero del Bosque. Pasado El Pedernoso, hidalgo

---

5   No solo la casa del Caballero del Verde Gabán ha cautivado la imaginación de investigadores, a Diego de Miranda se le ha encontrado una hija (Eisenberg 5); se ha camuflado y convertido en criptojudío (Arias); y su vestimenta delata la raigambre mora (Redondo 516).

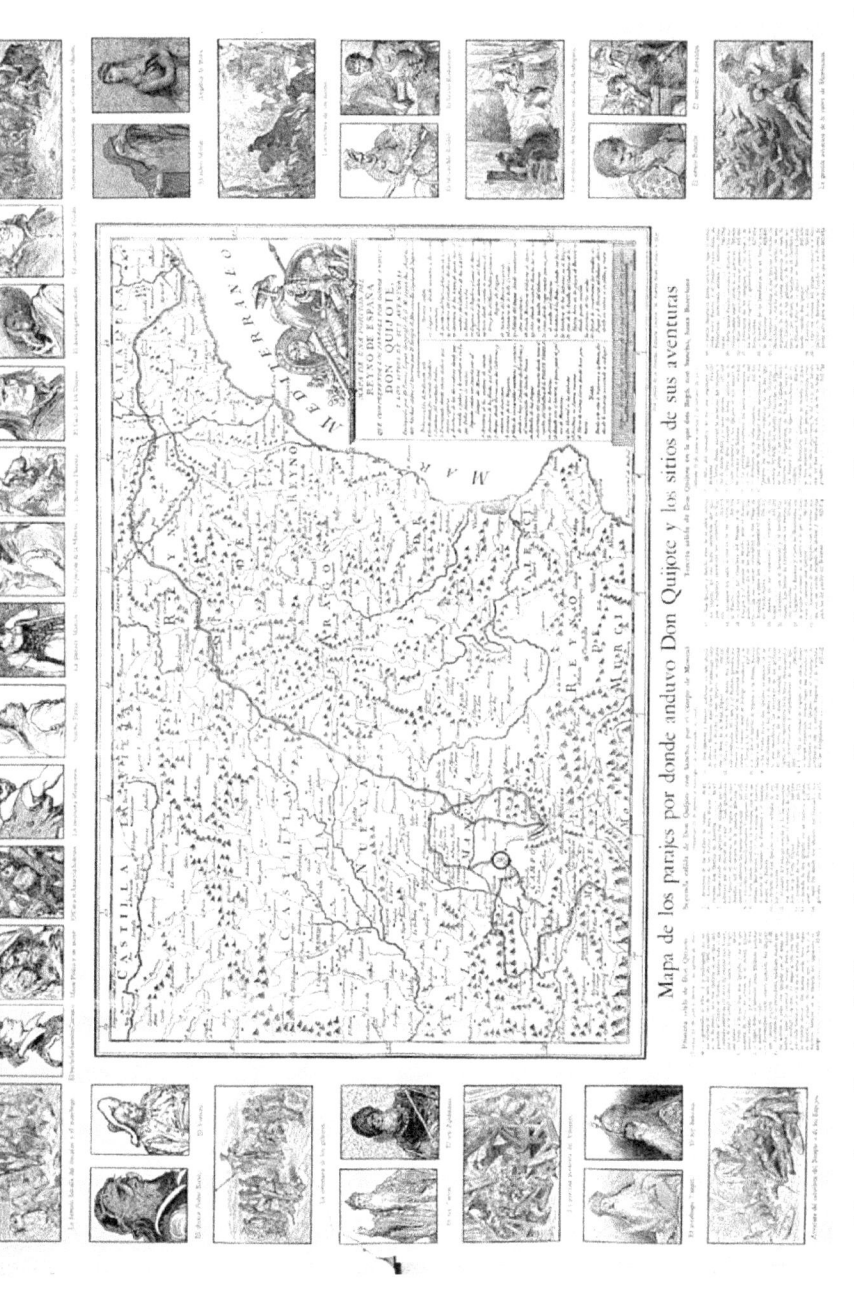

FIGURA 2. *Mapa de una Porcion del Reyno de España que Comprehende los Parages por Donde Anduvo Don Quijote, y los sitios de sus Aventuras*. Este mapa es una reproducción del que realizó Tomás López. Alrededor del mapa se incluyen treinta y una viñetas de Gustavo Doré, en las que se reflejan diversos personajes y episodios de la novela. Cortesía de la Biblioteca Nacional de España, Madrid.

y escudero descienden, en dirección sur, hasta las Lagunas de Ruidera y la cueva de Montesinos. De ahí se dirigen al norte, adentrándose en la serranía de Cuenca y pasan por Villar del Saz y Priego, al oeste de Cuenca. A partir de entonces, don Quijote y Sancho se adentran en tierras aragonesas (Líter Mayayo 31-32).

Aunque el mapa de López data de 1780, la ruta del *Quijote* se popularizó con la conmemoración del tercer centenario de la primera parte del *Quijote*. En marzo de 1905, el diario *El Imparcial* recurrió a un enviado especial, Azorín (1873-1967), para que realizara el itinerario de don Quijote: "Provisto de maleta, armado con un revólver y en compañía de dos libros, ... el escritor salió una mañana en tren desde Madrid para alcanzar su primer destino: Argamasilla de Alba. Durante quince días visitó varios pueblos, transitó por sus calles, conversó con quien pudo y alquiló un carro, para sus desplazamientos" (Ferrándiz Lozano).[6] El resultado del itinerario fue una serie de quince crónicas que Azorín reuniría ese mismo año en el libro titulado *La ruta del Quijote*. El libro gozó de una buena difusión en España, Europa y América, e incluso llegó a ser lectura escolar en Argentina. Mario Vargas Llosa (1936-), en su discurso de ingreso en la Real Academia Española de 1996, lo definió como "uno de los más hechiceros libros" (11-12) que había leído. Por un lado, *La ruta del* Quijote de Azorín se convierte en una obra en la "que se alían la fantasía y la observación, la crónica de viaje y la crítica literaria, el diario íntimo y el reportaje periodístico" (Vargas Llosa 12); por otro lado, la ruta del *Quijote* o el recorrido que siguió el protagonista de la novela se convierte en una experiencia en la que se aúnan la fantasía, la observación, el viaje, la literatura, la interiorización y la periodicidad.

REALIDAD O FICCIÓN: INTERIORIZACIÓN Y APROPIACIÓN DE UNA EXPERIENCIA CERVANTINA

En *La imaginación dialógica* (1975), Mijaíl Bajtín explica que las imágenes novelescas continúan desarrollándose incluso después del momento de su creación y se reciclan palabras, ideas y conceptos con el fin de crear nuevas realidades artísticas:

> the list of all subsequent re-accentuations of images in a given novel—say, the image of Don Quixote—takes on an enormous heuristic sig-

---

6   Azorín no sería el único que recorrería La Mancha: "Muchos viajeros románticos como Augusto Jaccaci o Teófilo Gautier pusieron de relieve esta tradición literaria conformada ya en torno a La Mancha, pero es quizás José Martínez Ruiz "Azorín" el más conocido de los que recorrieron estos parajes" (Prada Trigo).

nificance, deepening and broadening our artistic and ideological understanding of them. For, we repeat, great novelistic images continue to grow and develop even after the moment of their creation; they are capable of being creatively transformed in different eras, far distant from the day and hour of their original birth. (422)

La reacentuación bajtiniana constituye un reciclaje de discursos, de personajes y de trabajos. Según Slav N. Gratchev y Howard Mancing, el mejor ejemplo de reacentuación se encuentra en la obra cervantina ya que la imagen de don Quijote es conocida hasta por aquellos que no han leído la novela: "It has appeared in literature, art, and music more than any other. If one wants to meditate on the concept of re-accentuation, there is no better place to begin than with Don Quixote" (2). El reciclaje de palabras, ideas y conceptos no crea solamente realidades artísticas, también crearía experiencias. Cabe destacar el caso de Roy H. Williams, fundador de la Wizard Academy, quien construyó una capilla en Texas llamada Dulcinea, donde las parejas se casan sin costo alguno. En la página web de la capilla, se explica cómo "Become a Dulcinea Darling" o se puede leer el "Gospel of Quixote".[7] Casarse en la Chapel Dulcinea convierte en realidad el imposible amor de un personaje ficticio: un don Quijote texano logra casarse con su Dulcinea. Esa reacentuación se produciría de igual manera en la ruta del *Quijote* y en la casa del Caballero del Verde Gabán.

Las reacentuaciones que propongo en estas páginas son diversas. Primeramente, la novela de Cervantes se ha reacentuado en un trazado cartográfico, o sea, el mapa de López. Añado a la reacentuación cartográfica, una vívida: el viaje que llevó a cabo Azorín. Es decir, el propio Azorín se reacentuó vitalmente en don Quijote al recorrer los mismos parajes que el hidalgo manchego. La reacentuación va más allá cuando Azorín escribe las crónicas y, posteriormente, su libro *La ruta del* Quijote. El mapa de López y la divulgación de los escritos de Azorín llevaron a desarrollar una ruta organizada y real, para que cualquier persona pueda reacentuarse ella misma en don Quijote. En otras palabras: si recorro la ruta del *Quijote*, me convierto yo mismo en don Quijote.[8] Ese recorrido nos lleva a Villanueva de los Infantes y a la casa

---

7   https://chapeldulcinea.org/ es la página web de la capilla Dulcinea. Véase también el ensayo de Williams titulado "The Visionary's Quixote: What Does Quixote Mean for Businesspeople?".

8   La página web oficial de Castilla-La Mancha ofrece dos rutas posibles, la ruta literaria del *Quijote* y la ruta turística del *Quijote*: "está basada en la novela, contemplando escrupulosamente el orden de las salidas de don Quijote y los itinerarios

del Caballero del Verde Gabán, la cual también se convertiría en una reacentuación de la casa literaria—la que aparece en la novela—. Dejando de lado la autenticidad de la vivienda, la casa literaria se ha reacentuado en la casa de la calle Cervantes número 12. De esta manera, cuando una persona hace la ruta del *Quijote* se reacentúa en don Quijote y cuando entra en la casa del Caballero del Verde Gabán interioriza y se apropia de una experiencia cervantina.

Esa experiencia privada no es única del *Quijote*, pues ocurre con otros autores, obras y personajes. El caso de William Shakespeare (1564-1616) sería uno más que cabría mencionar y, en concreto, su obra *Romeo y Julieta* (c. 1597). El balcón de la casa de Julieta en Verona—un balcón que no aparece en la obra de Shakespeare—[9] se ha convertido en el lugar de peregrinaje de miles de enamorados que llegan a la ciudad italiana para recrear su amor en una experiencia personal reacentuada. Los enamorados se prometen amor en el lugar romántico *par excellence* y se convierten ellos mismos en Romeo y en Julieta: "The half million visitors who flock to Verona each year can even act it out for themselves on a pseudo-balcony that was constructed by adding an old sarcophagus to the exterior of a building dubiously christened 'Casa di Giulietta' in the early 20th century, specifically to satisfy the hordes of tourists seeking an authentic *Romeo and Juliet* experience" (Leveen). El hecho de que las parejas de enamorados recreen la escena del balcón para declararse su amor demuestra que la cultura popular ha sometido a Shakespeare y sus obras a la ideología del consumo privado (Muresan 69). Mientras podemos comprar una taza u otro cualquier souvenir con la imagen de don Quijote para recordar que estuvimos en los lugares de la novela, también podemos recorrer sus salidas y experimentar su viaje. Asimismo, podemos comprar el vino que "seguramente" Sancho bebió: "Bodega Campos de Dulcinea se encuentra en un enclave privilegiado … En concreto situada en la localidad de El Toboso,

---

seguidos dentro de los límites de Castilla-La Mancha y que denominamos RUTA LITERARIA DEL QUIJOTE. Para poder plantear una ruta lo más fidedigna posible y con arreglo a las distintas aventuras, queremos acercar al viajero a recorrer los territorios de Castilla-La Mancha en los que suceden cada una de ellas siguiendo los planteamientos, ya expuestos en el S. XVIII en dos mapas: el trazado por Tomás López, … La segunda Ruta que proponemos, y que denominamos RUTA TURÍSTICA DEL QUIJOTE, es un itinerario que recorre los espacios donde suceden las aventuras y otros cercanos que tienen en la actualidad un interés cultural, patrimonial, artístico, paisajístico, gastronómico … y que merecen ser visitados" ("Ruta"; mayúsculas originales).

9   Para más información sobre el balcón de Julieta, véase *What's in a Balcony Scene? A Study on Shakespeare's* Romeo and Juliet *and its Adaptations*, de Luminita Frentiu.

pueblo mundialmente conocido gracias a ser la única localidad real de la famosa obra *Don Quijote* . . . Aparte de numerosas menciones a Dulcinea del Toboso, . . . hace muchas referencias al vino . . . llegando a nombrarlo en su obra en 43 ocasiones".[10] Comprando y consumiendo este vino hacemos propia igualmente una experiencia cervantina.

Visitar la casa del Caballero del Verde Gabán constituiría también una interiorización y una apropiación de una experiencia cervantina o, como explica uno de los actuales dueños de la propiedad en "Cinco momentos para sentirse Don Quijote", se convierte en una experiencia un tanto quijotesca:

> La casa . . . pertenece ahora a la familia Santos . . . Pero si uno quiere visitarla, puede llamar a la Oficina de Turismo de Villanueva de los Infantes, donde dan el número del teléfono del dueño para concertar la visita. Si este no responde, queda la opción de llegar a la puerta de la casa y llamar al timbre. Y entonces, si uno tiene la suerte de encontrar a Ignacio, puede pasar dentro. Pero claro, se trata de una casa en la que habita gente normal que tiene que hacer su vida, y eso suele casar mal con grupos de turistas . . . Ignacio Santos lo explica con su socarronería manchega y uno se lo imagina tal cual. "Ha ocurrido que mi padre, de 89 años, ha abierto la puerta y luego se ha ido a su rinconcito a descansar. Y entonces algún turista le ha dicho: 'Pero oiga, levántese y enséñenos la casa'. Y entonces mi padre se puesto hecho un basilisco y los ha echado. Y también me ha pasado a mí salir de la ducha en el piso de arriba y encontrarme allí con turistas: 'Pero ¿quiénes son ustedes?'. 'No, que como estamos de visita'". . . Por eso los periodistas piensan que esta familia se merece un monumento en el pueblo, y más cuando cuentan que tener esta casa a veces causa más problemas que satisfacciones. "No estamos exentos de ningún impuesto ni recibimos ninguna ayuda, y además, no podemos hacer ninguna obra en la casa porque está protegida". Escuchar al hijo del dueño de la casa del Caballero del Verde Gabán es un placer: "Cuando yo era niño, venía muy poca gente, dos japoneses y dos canadienses. Cuando cayó el Telón de Acero, empezaron a venir los rusos; les daban unas vacaciones en La mancha por todo lo que trabajaban en las fábricas. Ahora ya viene gente de todo el mundo". Ignacio se despide con una sonrisa, a la espera del siguiente allanamiento. (Soto)

---

10 Véase la página web de Bodega Campos de Dulcinea: https://www.camposdedulcinea.es/la-bodega/.

A pesar de que las visitas a la casa del Caballero del Verde Gabán no fastidian demasiado al hijo del propietario, Ignacio Santos, estos allanamientos plantean, eso sí, "el debate sobre la ontología de lo visitable y sus problemáticas internas" (Vergés Gifra 209). Sobre estas visitas a lugares "auténticos", Joan Vergés Gifra se pregunta "¿Es posible visitar experiencias? ¿Cómo deberíamos trazar el límite de lo visitable: mediante criterios morales, criterios estrictamente patrimoniales, criterios económicos, de acuerdo con una concepción más amplia de carácter ideológico?" (209). La casa del Caballero del Verde Gabán apócrifa molesta a aquellos que les interesa por encima de todo la autenticidad—como le molestó al propio Cervantes la segunda parte apócrifa de Avellaneda—; en cambio, a aquellos que buscan una experiencia íntima relacionada con la novela, les importa poco si la casa es auténtica o no lo es. La experiencia no es generada por el lugar único, sino por la negociación entre la novela y el lugar (Watson 223). El visitante de la casa del Caballero del Verde Gabán trata de verificar lo que ha aprendido de su experiencia previa: ya sea la lectura total o parcial de la obra; o, incluso, la lectura o el visionado de otras obras o textos relacionados con la novela, por ejemplo, la serie de dibujos animados de RTVE titulada *Don Quijote* (1979) o el filme *The Man Who Killed Don Quixote* (2018) de Terry Gilliam—recordemos que muchos han visto el musical *Man of La Mancha* (1965) de Dale Wasserman, por ejemplo, pero que no todos necesariamente han leído la novela de Cervantes—. Por mucho que pese a algunos, la realidad que genera la ruta del *Quijote* o la visita a la casa del Caballero del Verde Gabán no difiere, en cierta medida, de la experiencia de lectura de la obra: una interiorización y una apropiación cervantina—o quijotesca—.

Bibliografía

Arias, José. "El del verde gabán". *Diario de Castilla La Mancha*, 7 abr. 2016, https://www.dclm.es/opiniones/2409/el-del-verde-gaban.

Astrana Marín, Luis. *Vida ejemplar y heroica de Miguel de Cervantes Saavedra*. Vol. 7, Instituto Editorial Reus, 1951.

Bakhtin, M. M. *The Dialogic Imagination: Four Essays*. Editado por Mikhail Holquist, traducido por Caryl Emerson y Mikhail Holquist, University of Texas Press, 1982.

Beltrán Guerrero, Luis. *Ensayos y poesías*. Biblioteca Ayacucho, 1993.

Bodega Campos de Dulcinea. https://www.camposdedulcinea.es/la-bodega/. Acceso 13 en. 2023.

Canavaggio, Jean. "Un lugar de la Mancha de cuyo nombre no cabe acordarse". *Edad de Oro*, vol. 40, 2021, pp. 247-53.
Carrasco Martínez, Adolfo. "Los Mendoza y lo sagrado: Piedad y símbolo religioso en la cultura nobiliaria". *Cuadernos de Historia Moderna*, vol. 25, Universidad Complutense de Madrid, 2000, pp. 233-69.
Cervantes, Miguel de. *El ingenioso hidalgo don Quijote de La Mancha*. Vol. 2, editado por Luis Andrés Murillo, Castalia, 1983.
Chapel Dulcinea. https://chapeldulcinea.org/. Acceso 12 en. 2023.
Dossier de prensa. Campo de Montiel. 2016, https://www.gastroystyle.com/wp-content/uploads/2016/07/CAMPO-MONTIEL-DOSSIER.pdf.
Echarte, Tomás, y Alberto Montaner Frutos. "Los emblemas de la Orden de Predicadores: El *stemma liliatvm* y el *stemma formatvm*". *Emblemata*, vol. 3, 1997, pp. 393-434.
Eisenberg, Daniel. "La hija de Diego de Miranda". *Cervantes: Bulletin of the Cervantes Society of America*, vol. 20, núm. 1, 2000, pp. 5-6.
"Ejecutoria de hidalguía de don Francisco Fernández Buenache y sus primos contra el concejo de Génave (Jaén)". Archivo de la Real Chancillería de Granada, 1679, legajo 4626, pieza 18.
Fernández Nieto, Manuel, et al. "El lugar de la Mancha y la génesis del *Quijote*: ¿Choque, o confluencia de letras y ciencias sociales?". *Cervantes: Bulletin of the Cervantes Society of America*, vol. 36, núm. 1, 2016, pp. 123-55.
Ferrándiz Lozano, José. "La ruta de Don Quijote, un clásico de Azorín en el III Centenario". *El Salt: Revista del Instituto Alicantino de Cultura Juan Gil-Albert*, vol. 4, 2005, http://www.joseferrandiz.com/salto504.htm.
Frentiu, Luminita, editora. *What's in a Balcony Scene? A Study on Shakespeare's Romeo and Juliet and its Adaptations*. Cambridge Scholars, 2016.
García Luaces, Pedro. "Sobre el lugar de la Mancha y otras incertidumbres del Quijote". *Frontera D*, 30 abr. 2015, https://www.fronterad.com/sobre-el-lugar-de-la-mancha-y-otras-incertidumbres-del-quijote/.
González Mujeriego, José Manuel. *Lo que Cervantes calló*. Cultiva Libros, 2014.
Gratchev, Slav N., y Howard Mancing. Don Quixote*: The Re-Accentuation of the World's Greatest Literary Hero*. Bucknell University Press, 2017.
Henares Cuéllar, Ignacio, y Rafael López Guzmán. "Casa del Caballero del Verde Gabán". *Los 23 del Campo de Montiel*, https://www.los23delcampodemontiel.com/Casa%20del%20Caballero%20del%20Verde%2Gab%C3%A1n,%20Infantes.html. Acceso 3 en. 2023.
Herrero Casado, Antonio. *Monasterios y conventos de Castilla-La Mancha*. Aache, 2005.

Iffland, James. "Donde el lugar de la Mancha no está: Reflexiones sobre la interdisciplinaridad como diálogo de sordos". *Cervantes: Bulletin of the Cervantes Society of America*, vol. 38, núm. 1, 2018, pp. 165-205.

Jiménez, Teresa. "Caballero del Verde Gabán". *La Tribuna de Albacete*, 22 abr. 2017, https://www.latribunadealbacete.es/Noticia/ze81507d8-a873-978f-aae46245763a6454/201704/Caballero-del-Verde-Gaban.

Leveen, Lois. "*Romeo and Juliet* Has No Balcony". *The Atlantic*, 28 oct. 2014, https://www.theatlantic.com/entertainment/archive/2014/10/romeo-and-juliets-balcony-scene-doesnt-exist/381969/.

Líter Mayayo, Carmen, editora. *Los mapas del* Quijote. Biblioteca Nacional de Madrid, 2005.

López, Tomás. *Mapa de una Porcion del Reyno de España que Comprehende los Parages por Donde Anduvo Don Quijote, y los sitios de sus Aventuras*. Real Academia Española, 1780, http://bdh-rd.bne.es/viewer.vm?id=0000193763.

Márquez Villanueva, Francisco. *Personajes y temas del* Quijote. Taurus, 1975.

Muresan, Valetina. "Sweeping Her off Her Feet: Courting Moves and Language". *A Study on Shakespeare's* Romeo and Juliet *and Its Adaptations*, edited by Luminita Frentiu, Cambridge Scholars, 2016, pp. 53-64.

Percas de Ponseti, Helena. "Posibles modelos homónimos de don Diego de Miranda". *Cervantes y su concepto del arte: Estudio crítico de algunos aspectos y episodios del "Quijote"*. Gredos, 1975, pp. 41-47.

Prada Trigo, José. "La formación de la identidad castellano-manchega y la Ruta de don Quijote: Componentes espaciales, culturales y económicos". http://ftpmirror.your.org/pub/wikimedia/images/wikipedia/commons/e/ec/La_formaci%C3%B3n_de_la_identidad_castellanomanchega_y_La_Ruta_de_Don_Quijote._Componentes_espaciales,_culturales_y_econ%C3%B3micos.pdf. Acceso 14 en. 2023.

Redondo, Augustin. "Nuevas consideraciones sobre el personaje del 'Caballero del Verde Gabán' (*D.Q.*, II, 16-18)". *Actas del II Congreso Internacional de la Asociación de Cervantistas*, editado por Giuseppe Grilli, Istituto Universitario Orientale, 1995, pp. 513-33.

Romagosa Gironella, José. "Ruta de don Quijote". http://quixote.tv/RUTA2.htm. Acceso 6 en. 2023.

Román Alhambra, Luis Miguel. "Los escenarios del Quijote en la Mancha". Sociedad Cervantina de Alcázar, 24 may. 2021, https://sociedadcervantinadealcazar.home.blog/2021/05/24/2757/.

———. "El lugar elegido por Francisco Parra Luna (2)". *Alcázar de San Juan: Lugar de Don Quijote*, 27 jul. 2014, https://alcazarlugardedonquijote.wordpress.com/2014/07/27/el-lugar-elegido-por-francisco-parra-luna-2/.

"Ruta de don Quijote". Castilla-La Mancha. http://www.turismocastillalamancha.es/folletos-digitales/ruta-don-quijote/. Acceso 13 en. 2023.

Sánchez, Alberto. "El Caballero del Verde Gabán". *Anales Cervantinos*, vol. 9, 1961, pp. 169-201.

Sánchez Molina, Carlos. "Patronazgo y poder en la Castilla del siglo XVII: El patronato sobre el convento de las Dominicas de la Encarnación (Villanueva de los Infantes), 1602-1660". *Revista de Estudios del Campo de Montiel*, vol. 5, 2017, pp. 13-51.

Sanz Cuadrado, Mª Antonia. "Doce opiniones sobre el *Quijote*". *Cuadernos de Literatura*, vol. III, núms. 8-9, 1948.

Soto, Álvaro. "Cinco momentos para sentirse Don Quijote". *Ideal*, 20 abr. 2016, https://www.ideal.es/jaen/culturas/cuarto-centenario-muerte-cervantes/201604/15/cinco-momentos-para-sentirse-20160415152646-rc.html?ref=https%3A%2F%2Fwww.google.com%2F.

Soto Artuñedo, Wenceslao. "IHS el emblema o logo de la Compañía de Jesús". *Zenit*, 19 mar. 2013, https://es.zenit.org/2013/03/19/ihs-el-emblema-o-logo-de-la-compania-de-jesus/.

Vargas Llosa, Mario. *Las discretas ficciones de Azorín: Discurso leído el día 15 de enero de 1996. Contestación de Camilo José Cela Trulock*. Real Academia Española, 1996.

Vergés Gifra, Joan. "La autenticidad en el turismo: Concepción y dificultades de un ideal". *Araucaria: Revista Iberoamericana de Filosofía, Política, Humanidades y Relaciones Internacionales*, vol. 24, núm. 51, 2022, pp. 207-28.

Watson, Nicola J. *Shakespeare and Popular Culture*. Cambridge University Press, 2007.

Williams, Roy H. "The Visionary's Quixote: What Does Quixote Mean for Businesspeople?". Don Quixote*: The Re-Accentuation of the World's Greatest Literary Hero*, editado por Slav N. Gratchev y Howard Mancing, Bucknell University Press, 2017.

Tres imágenes claves de lo femenino en el *Persiles*

Ruth El Saffar
University of Illinois, USA

Aunque tratar aquí principalmente de *Los trabajos de Persiles y Sigismunda* (1617) será necesario, el propósito general del presente trabajo consiste en comenzar destacando que no hay ningún estudio en las primeras novelas acerca de la figura de la madre.[1] Y esto a pesar de los estudios del mismo Cervantes sobre la humanidad. Resulta sorprendente—y pienso que pocas veces observado—es el hecho de que está ausente casi por completo en dichas obras la mujer en el papel que simboliza su poder creador. El problema parece centrarse siempre en casar a la mujer, de ahí que la acción

---

[1]   Ha sido voluntad de Diana de Armas volver a publicar este ensayo en español de la cervantista Ruth El Saffar. De Armas Wilson quiere, así, agradecerle y rendirle un homenaje a su entrañable amiga. En el obituario titulado "In Memoriam Ruth Anthony El Saffar (1941–94)", de Armas Wilson comienza por recordar la presencia rutilante de El Saffar para los Estudios Cervantinos en los Estados Unidos de América: "Ruth El Saffar was among the most pervasive influences on the Cervantes Society of America, both as a particularly articulate member of the Executive Council and as a working Associate Editor of *Cervantes* from the very first number we produced in 1981" (5). Y estas palabras condensan la cercanía afectiva de las dos amigas: "I have always seen her face and heard her voice when I read her words, and I always will" (6). Los editores quedamos en deuda con la profesora Odile Cisneros. En su calidad de *Editor-in-Chief* de la *Revista Canadiense de Estudios Hispánicos* nos mostró su deferencia al autorizarnos reproducir aquí, de El Saffar, su ensayo titulado "Tres imágenes claves de lo femenino en el *Persiles*". La entrada bibliográfica respectiva aparece al final de este ensayo. Algo más: por lo general conservamos la puntuación y la ortografía del manuscrito publicado, salvo en el caso del *Quijote*. Ruth El Saffar acostumbraba a escribir *Don Quijote* para el título de la novela de Cervantes.

general verse sobre las fuerzas masculinas contendientes: padres, amantes y rivales. Recordemos brevemente el caso de las novelas anteriores al *Persiles*, comenzando con la primera de todas, *La Galatea*, publicada en 1585.

En *La Galatea* no hay madres. Mientras que tienen padres que intervienen en los destinos de muchos de los personajes femeninos—especialmente como negociadores de matrimonios—, ninguno de estos personajes femeninos tiene una madre que merezca la pena mencionar. Aunque la tradición de la novela pastoril es en parte culpable de esta ausencia de la madre, ese género de novela gira en torno del problema del noviazgo y de los efectos del amor erótico sobre el amante, Cervantes tuvo muchas oportunidades en su novela pastoril para ajustar la tradición a sus propias inclinaciones. Pero si intentó hacer algo en *La Galatea* acerca de lo creativo femenino, fue para disminuir su influencia. Tanto Jorge de Montemayor, en *Los siete libros de la Diana* (1559), como Gaspar Gil Polo, en *Diana enamorada* (1564), recurren a la imagen de la adivina para establecer armonía dentro del caos producido cuando las relaciones amorosas parecen ir por mal camino. En *La Galatea* intervienen dos viejos sabios, pero la única voz femenina con autoridad es la de Calíope, que pertenece a otro plano de la realidad y a la que únicamente ven los amantes más refinados. Parece tratarse tan solo de una experiencia mística, hacia el final de la novela.

En la primera parte del *Quijote*, la presencia de la madre es también poco frecuente. Don Quijote se evade de una familia integrada por una sobrina soltera y una ama de llaves solterona, para recorrer un paisaje salpicado de vírgenes y de prostitutas—no de madres—. Hay una excepción: la mujer de Juan Palomeque, que juega un papel mínimo y ni siquiera tiene nombre. Sancho, aunque casado y con hijos, se siente más que dichoso al abandonar a Juana, o Teresa, o como quiera que se llame, para seguir a don Quijote.

La ausencia de la figura femenina en su papel de esposa y madre se manifiesta en la primera parte del *Quijote*, incluso en el retrato de los personajes secundarios. En todos los casos de personajes femeninos secundarios, las madres, o no aparecen, o carecen de importancia: Marcela, que prefiere la libertad al matrimonio, se cría con un tío célibe, pues su madre murió al alumbrarla; Dorotea habla de la condición social de su padre y de cómo él la enseñó a administrar los negocios familiares; el padre de Lucinda figura en el arreglo del matrimonio de su hija; el padre de Zoraida es un personaje fundamental en el cuento del Cautivo; doña Clara se encuentra viajando con su padre cuando aparece por primera vez en la novela; y Leandra, en la historia de Eugenio, no tiene madre y esta aparece únicamente en relación con la riqueza y la posición social de su padre. Frente a la constante mención de los padres, la de las madres brilla por su ausencia. No solo en la imaginación delirante de don Quijote sino a lo largo de la narración, la mujer se presenta como un objeto que se ha de conseguir o proteger, algo que se ha de convenir entre dos hombres.[2] Puede superar este papel, como lo hacen de diferentes formas Marcela, Dorotea y Zoraida, pero todas ellas parecen estar atrapadas en los problemas creados por el esfuerzo del varón por poseerlas.

La situación cambia ligeramente en la segunda parte del *Quijote*. Por un lado, el nombre de la esposa de Sancho queda establecido como Teresa, y hasta resulta que ella tiene cosas importantes que decir. Sancho está todavía ansioso por lanzarse a los caminos, pero está igualmente interesado en hacer un esfuerzo para conseguir que ella entienda por qué se marcha. Y en tanto que en la primera parte no habla nunca de sus hijos, en la segunda parte ocupan buena parte de sus pensamientos. En la segunda parte, Teresa se dispone a ocupar su puesto y participar en todos los honores obtenidos por su marido, mientras que en la primera parte, Sancho temía que ella no fuera digna de ello y que habría que reemplazarla.

En general, se concede más atención a la casa en la segunda parte. Don Quijote pasa ocho capítulos completos allí antes de emprender camino, mientras que en la primera parte se escabulle de sus confines en el segundo capítulo antes de que su sobrina y el ama de llaves puedan decirle una sola palabra. Más tarde, en la segunda parte, va a la elegante y bien ordenada casa de Diego Miranda, donde lo reciben Cristina, la mujer de don Diego, y su hijo don Lorenzo. Aunque don Quijote se siente inquieto después de permanecer allí unos pocos días, en el ínterin ha hallado un paraíso de paz. Permanecerá en varias otras casas a lo largo de su viaje en la segunda parte, pero encontrará pocas madres además de las mencionadas. El hecho es, sin embargo, que en la segunda parte del *Quijote* se presentan por vez primera en las novelas largas de Cervantes, mujeres que actúan como algo más que meros reflejos de las confusiones eróticas del hombre. La Duquesa juega un papel importante al

---

2 Esto corresponde a una situación aparentemente universal entre sociedades humanas, tal como ha señalado Claude Lévi-Strauss. Véase de Lévi-Strauss, por ejemplo, el artículo "Language and Kinship", que constituye el capítulo 2 en el volumen 1 de su *Structural Anthropology*: "In human society, it is the men who exchange the women, and not vice versa. It remains for further research to determine whether certain cultures have not tended to create a kind of fictitious image of this symmetrical structure [in which women exchange men]. Such cases would surely be uncommon" (47). El punto central de este ensayo mío apunta a que Cervantes, en sus últimas obras, llega más allá del consciente humano para indagar en el dominio de la realidad supramaterial.

disponer los engaños con los que ella y el Duque se divierten a costa de don Quijote. Su camarera, doña Rodríguez, irrumpe en la historia muchas veces para discutir con Sancho, para reaccionar a la historia de Trifaldi, para murmurar sobre la Duquesa, para lanzar a don Quijote a un torneo por su hija y para narrar la historia de su vida. En la isla de Sancho, las mujeres protagonizan, también, papeles enérgicos. Y si bien hay todavía muchas jóvenes involucradas en el problema del amor y del matrimonio, otras muchas se muestran comprometidas en unos intereses totalmente diferentes.

Ahora debo indicar que a lo largo del presente trabajo identificaré lo inconsciente con lo femenino. Gran parte del simbolismo tradicional acerca de lo inconsciente se asocia también con lo femenino en su aspecto creador. Algunos elementos tales como la luna y, por extensión, la noche, se relacionan con lo inconsciente y con lo femenino por su participación en un proceso cíclico y por ser lo opuesto al sol y al día, que tradicionalmente se asocian con lo masculino y lo racional. La naturaleza, los bosques, el nacimiento y la muerte representan también lo inconsciente y lo femenino, ya que representan el proceso creador autónomo, que escapa al mundo del tiempo, del orden, del control y de lo predecible. La cueva, en su oscuridad y encerramiento, es otro símbolo de lo inconsciente y de lo femenino. Los esfuerzos de don Quijote por llegar a un acuerdo con estos factores escondidos se hacen patentes en la segunda parte de la novela, no solo en su bajada a la cueva y en su preocupación por el sueño que tuvo en ella, sino asimismo en su esfuerzo por encontrar a la Dulcinea de carne y hueso, creación de su imaginación en la primera parte. Edward Said ha tratado de mostrar en su obra reciente, *Beginnings: Intention and Method*, cómo la novela moderna expone su propia contingencia a través de los personajes principales que son típicamente célibes. Estos se proponen crear una existencia alternativa para reemplazar su origen perdido o rechazado.[3] Esta descripción encaja perfectamente con el

---

3   *Beginnings: Intention and Method* (1975), especialmente pp. 81-100. Said extiende sus observaciones básicas a una discusión de la expresión más radical de ellas en los novelistas, tales como Charles Dickens y Herman Melville, de finales del siglo XIX (143-45). Sin embargo, no encuentro nada en la descripción de la búsqueda de Moby Dick que no está ya presente en la de don Quijote: "a beginning that replaces the obscurity of ordinary life; . . . a willed effort the character exerts thereafter to live exclusively in search of his projected aims; and . . . a discovery that at the beginning of the quest there stands an unwelcome cipher, that the quest itself is an attempted impregnation of life by sterile self-will and by a written record, and that the end of the quest is decipherment, by which I mean the effacement of the cipher with its elucidation by death" (144-45).

Quijote y con muchas de las más conocidas novelas de Cervantes. La dificultad estriba en que la novela, por su estructura lineal, representa un rechazo de lo femenino en su aspecto materno.[4] Hemos visto cómo esta resistencia básica a la casa y a la familia, por parte de don Quijote, se duplica y se multiplica en la novela a todos los niveles, de suerte que lo que parece ser una ausencia incidental de la madre entre los personajes secundarios femeninos, pertenece en realidad a la visión que genera toda la obra. No es solo el argumento, claro está, lo que resulta afectado cuando se escribe una obra desde un estado consciente que rechaza lo femenino como creador. Las resonancias se sentirán a través de la estructura entera. Por consiguiente, cuando vemos una vuelta a un compromiso con lo femenino, como ocurre en la segunda parte, podemos esperar, asimismo, encontrar cambios básicos en la estructura. El principio de madre, aun cuando ficticiamente representado, debe interrumpir la visión auto-genérica, lineal y de causa a efecto, del héroe masculino solitario en la novela. En la segunda parte del *Quijote* y en el *Persiles* encontramos junto con un elevado interés por los personajes femeninos, como independientes y activos, un cambio en la orientación temporal, en el desenlace y en la caracterización, así como un uso cada vez mayor de los símbolos de lo inconsciente ya mencionados. Toda la segunda parte se ocupa de desbaratar la persona creada por el *Quijote* de 1605. El ser en su totalidad solo existe por implicación en la segunda parte del *Quijote*. Lo vemos por lo que don Quijote no es, por lo que vislumbra al final de su vida. Este ser completo aparece como una presencia positiva, por vez primera en las novelas largas de Cervantes, en el *Persiles*. Mientras que el proyecto de don Quijote de auto-creación en realidad llega a su fin cuando él abandona toda esperanza de encontrar a Dulcinea, Persiles empieza su viaje acompañado por su amada. En el examen de las tres historias intercaladas del *Persiles* que vamos a realizar a continuación, encontra-

---

4   Esto no se dice de forma explícita en el estudio que Said hace de la novela, pero puede sobrentenderse claramente en frases como esta: "yet the history of the nineteenth century novel documents the increasing awareness of a gap between the representations of fictional narrative and the fruitful, generative principle of human life. . . . The awareness, therefore, is that narrative cannot represent, cannot truly mime, marriage and be original fiction at the same time" (146). Mi opinión es que se trata de una condición fundamental de la novela y no de algo que se desarrolle en la evolución de la forma. Cervantes se propone, en el *Persiles*, representar en el texto tanto la verdad como la desviación necesaria de ella que caracteriza el viaje del héroe. Esta superposición de ficción y realidad en la narración despoja al texto y a los héroes de su estado de aislamiento y destruye así la ironía que da al *Quijote* su puesto innegable de prototipo de la novela.

remos un comentario sobre la diferencia entre Dulcinea y Auristela que nos dirá por qué Persiles triunfa donde don Quijote fracasa. El viaje de Persiles se inicia con un espíritu muy diferente del de don Quijote. Ya no existe aquí una pugna entre la voluntad del personaje y la del narrador como la había en la primera parte del *Quijote*. En el *Persiles*, el narrador controla la situación completamente. La historia no empieza cuando el héroe decide abandonar su casa, que señala el despertar de lo consciente, sino *in medias res*, en el momento en que, de forma simbólica, el protagonista se halla profundamente sumergido en el mundo de lo inconsciente.

De este modo, vemos que el autor traslada a su personaje desde una situación de caos y confusión totales a un estado de plenitud que coincide con su retorno simbólico a la familia y a su herencia legítima, tanto espiritual como material. Periandro, que es el nombre que escoge Persiles para ocultar su origen mientras viaja, no puede compartir con el autor la visión del significado de los acontecimientos por los que pasa. La prueba de que Periandro acepta su condición de relativa ignorancia estriba no solo en su renuncia al papel de autor de su propia vida, sino en la reiteración, a lo largo de la novela, de su confianza en que la providencia le está guiando.

Las alternativas conscientes que catapultan a Periandro al caos en que se encuentra al principio de la novela se revelan solo al final, cuando al azar, oye, a su antiguo sirviente, Serfido, que le cuenta a Rutilio (de quien hablará más tarde) la historia de su vida prenovelística. El hecho de que Periandro no cuente sino que escuche la historia, refuerza más aún la idea de que, en el *Persiles*, estamos tratando el anverso de la vida de don Quijote. El viaje de Periandro lo lleva a través de una serie de pruebas en las que el origen y el destino se encubren pero no se olvidan. Auristela, la amada y fingida hermana de Periandro, permanece al lado de él como un constante recuerdo de que el viaje tiene por objeto la expansión del ser para incluir al otro. Don Quijote, por el contrario, rechaza origen y destino y hace del viaje un fin en sí mismo. Lo que quiere decir que su objetivo no es otro que autocrearse de nuevo y encerrarse en sí mismo, en directo desafío a cualquier poder superior.

Periandro, en el momento en que oye la historia de su vida en boca de Seráfido, está en peligro de perder de vista su origen y de renunciar a su destino. Se siente desesperado porque, después de tantas pruebas sufridas y vencidas, Auristela le ha comunicado en Roma su decisión de ingresar en un convento. Periandro se marcha de Roma de noche y se detiene junto a un arroyo, en el bosque, al lado del camino. Desde allí, percibe las voces de Seráfido y Rutilio, que están hablando en noruego. Periandro no les revela su presencia, sino que se oculta detrás de un gran árbol para escuchar a Seráfido contar la narración completa de los hechos que le impulsaron a dejar su casa. El final de la parte de la conversación que le interesa coincide con el amanecer y, justo en ese momento, Periandro regresa a Roma.

El escenario y las circunstancias de la historia—su naturaleza aparentemente fortuita, el que se efectuó durante la noche, el que suceda en el bosque y el que Periandro no intervenga en ella—induce a pensar que se trata de un sueño. Es el sueño lo que le salva, ya que en este punto Periandro está amenazado con perder de vista su origen y su destino, debido a la intensidad de su compromiso con el momento transitorio. La recuperación de sus orígenes perdidos le permite cumplir con su destino y nos revela que el éxito implica la integración del estado consciente con el inconsciente. Si se olvida de dónde viene y adónde va, volverá a estar a la deriva.

La historia que relata Seráfido descubre la procedencia regia de Periandro y Auristela. Periandro es el príncipe de Tile, Auristela la princesa de Frislanda. Sin embargo, lo realmente interesante es que los gobernantes de ambos reinos no son reyes sino reinas madres. La madre de Auristela (originalmente Sigismunda) es la reina Eusebia que gobierna en Frislanda. Eusebia envió a Sigismunda a la corte de la recientemente viuda Eustoquia, reina de Tile, con el doble propósito de proteger a su hija mayor de los peligros de la guerra en su propio país y arreglar el matrimonio entre ella y Magsimino, el primogénito de Eustoquia y su sucesor en el trono. Aunque Magsimino había manifestado su deseo de casarse con Sigismunda, se halla ausente en la guerra. Entretanto su hermano menor, Persiles, se enamora de Sigismunda. Cuando Persiles se entera de que su hermano piensa regresar y casarse con Sigismunda, cae en un gran abatimiento. Quien interviene entonces es la madre, que alaba a su hijo menor ante Sigismunda y anima a la pareja para que vayan en peregrinación a Roma.

Estos breves antecedentes muestran que el viaje de Persiles incluye lo femenino, no solo porque introduce al compañero de viaje y el alter ego en figura de mujer sino porque revela que el viaje en sí fue organizado por otra mujer, que es madre y reina. La reina Eusebia es asimismo responsable de fomentar la unión entre Persiles y Sigismunda, pues fue ella quien envió a la princesa Sigismunda a casa de Persiles. La iniciativa tomada por ambas madres estaba encaminada a contrarrestar la amenaza que toda guerra llevada a cabo por reyes y príncipes suscita. De este modo, lo femenino en su papel de madre incita la acción que lleva a la unión, en contraste con lo masculino, que es representado en su aspecto marcial, destructivo y divisivo.

Esta novela, la única de las novelas largas de Cervantes donde el protagonista principal consigue su objetivo, se distingue de las anteriores porque aparta el sentido de lo femenino como una fuerza activa. Una madre inicia la acción, y el recuerdo de su memoria en la narración onírica, al final, permite a Periandro superar la última prueba y volver a Roma para casarse con Auristela. Sin embargo, Periandro no hace nada, ni siquiera al final, para alcanzar su objetivo consciente de matrimonio. La historia que por casualidad oye le permite situarse en una posición idónea para que los acontecimientos actúen de forma mágica hasta llevarlo a los resultados deseados. La fe de Periandro en la intervención de fuerzas superiores a su propio control origina los resultados—una cooperación entre él y los demás, personaje y autor, viaje y destino, estado consciente e inconsciente—que permiten la epifanía del final de la novela.

Aunque Periandro y Auristela comparten una posición central, yo diría que el principal problema que se explora en el *Persiles* es el del esfuerzo del consciente masculino de integrarse con lo inconsciente, simbolizado por el alter ego del sexo opuesto. En cualquier caso, esta sería la conclusión natural, ya que el *Persiles* se puede considerar, en algunos aspectos, como una respuesta al problema planteado en el *Quijote*, y porque don Quijote, como Cervantes, es varón y por eso contempla el mundo desde una perspectiva masculina. Aun así, Cervantes, ya en *La Galatea*, realizó un gran esfuerzo para presentar un punto de vista tanto femenino como masculino.[5] En la primera parte del *Quijote* las mujeres a menudo demuestran valer más de lo que son consideradas por los hombres. Cervantes tuvo sin duda una amplia percepción que nunca le permitió identificarse con los personajes masculinos a costa de los femeninos. No obstante, un análisis cuidadoso de sus primeras obras revela una limitación en la representación de la mujer que se aproxima al estereotipo. La limitación se manifiesta, precisamente, en la ausencia de mujeres como madres, según dijimos antes. Es la integración de este aspecto de su inconsciente lo que constituye la tarea de Periandro en el *Persiles*. La situación de Auristela, aunque desempeña un papel destacado en la novela, no es el foco de la historia. No relata pasajes extensos de las aventuras de su viaje como hace Periandro y, en general, es mucho más pasiva que él.

Un examen del libro I revelará que la visión de lo inconsciente allí ofrecida es masculina. El libro comienza cuando Periandro es extraído de una oscura cavidad para afrontar la muerte a manos de sus salvajes captores. Los

---

5 La única simetría existente en *La Galatea* es la que se da entre los personajes masculinos y los femeninos. Tanto Elicio como Galatea tienen alter egos (Erastro y Florisa). De las cuatro historias intercaladas en la narración dos son narradas por hombres y dos por mujeres. Sobre esto tengo un artículo que aparece en *Dispositio* a fines de 1978. Véase la bibliografía final de este ensayo.

bárbaros deben representar seguramente al hombre en su forma más primitiva. Aunque carecen de todo autocontrol y, en última instancia se aniquilan a sí mismos y a su isla en un incendio, después de sucumbir a pasiones tales como la lujuria, la codicia y la cólera, los bárbaros declaran que matan a sus prisioneros no por odio hacia ellos, sino en una búsqueda desatinada de poder y control que evidentemente no tienen. Los bárbaros creen que la unión de uno de los suyos con una hermosa mujer extranjera engendrará a un niño que les guiará a la gloria y a la prosperidad. El bárbaro que desee ser padre del futuro rey deberá acreditar su derecho a este honor ingiriendo, sin vacilar, el corazón de un prisionero. Cuando comienza la historia Periandro se encuentra a punto de morir al servicio de este empeño sublime aunque extraviado.

Está claro que esta primera representación de deseo brutal de unión con una mujer extranjera como un medio para alcanzar poder, se origina en el consciente masculino. En este momento todos los bárbaros representados son varones. El padre del futuro rey ha de ser uno de ellos. Por otra parte, la mujer que dé a luz al niño milagroso debe ser una extranjera, es decir, ajena al estado consciente del ego. No obstante, este sistema de alcanzar el objetivo deseado implica asimismo llevar consigo la destrucción del estado consciente masculino más desarrollado, representado por Periandro. Periandro, gracias a su buena apariencia física, logra escapar de los bárbaros. Casi se ahoga en el mar de donde le rescata Arnaldo, un príncipe también enamorado de Auristela. Arnaldo representa el consciente masculino a un nivel más elevado, pero sigue siendo, tanto como los bárbaros, una amenaza para Periandro. Para no incurrir en la enemistad de Arnaldo, Periandro finge ser hermano de Auristela. Según veremos, esta transformación será un paso esencial en el proceso de integración con lo femenino que Periandro ha emprendido. Como hermano de Auristela, Periandro consigue la cooperación de Arnaldo en un plan para salvar de los bárbaros a Auristela en cuyas manos ha caído. El proyecto consiste en vestir a Periandro como una mujer para que Arnaldo lo venda a los bárbaros.

Hasta ahora todos los artilugios para poseer a la mujer proceden del estado consciente masculino, sea de los bárbaros, de Arnaldo o de Periandro. Sin embargo, lo diferente en el método de Periandro es que él intenta liberar a Auristela de los bárbaros disfrazándose de mujer. En la isla se encuentra con que Auristela, prefiriendo la muerte al deshonor, se ha disfrazado a su vez, de hombre. De ahí que Periandro y Auristela se den su primer abrazo disfrazados del sexo opuesto. Se trata de una representación perfecta de lo que Periandro tiene que ser capaz de conseguir en el mundo "real" si quiere unirse con Auristela. Tendrá que asumir, conscientemente, un papel femenino (pasivo) y permitir a lo inconsciente femenino que se comporte de forma masculina (activa). Carl G. Jung, quien postuló un inconsciente femenino para el hombre y un consciente masculino para la mujer, seguramente vería en este primer abrazo de Periandro y Auristela una señal de que el proceso de unión del ser total, que saldrá a la luz al final, se ha iniciado en lo inconsciente aquí, al principio de la novela.

Poco después de que Periandro halla a Auristela, ellos se encuentran con un ejemplo de amor que culmina en matrimonio, que se lleva a cabo mediante la inversión del programa que los bárbaros habían trazado. Periandro, acompañado ahora por Auristela, es salvado del fuego de la isla y de la pasión indomable de los bárbaros por un adolescente, hijo de padre español y de madre nativa, que milagrosamente acude a su rescate. El muchacho los lleva hasta una gruta donde se reúne con sus padres, Antonio y Riela. La prosperidad y la felicidad de Antonio y Riela contrasta fuertemente con el fracaso y la confusión de los bárbaros. Como la historia de Antonio revela pronto, su matrimonio representa la unión del estado consciente masculino, representado por el origen español de Antonio, y la productividad femenina, encarnada en la presencia salvadora de Riela en una isla de exuberancia. Es justo el plan opuesto al de los bárbaros, que habría unido por la fuerza lo primitivo masculino con lo extranjero femenino. Antonio y Riela salvan a Periandro y Auristela tanto material como simbólicamente, y su presencia perdura en gran parte de las aventuras del héroe y de la heroína.

La atmósfera en que se desenvuelve el libro I semeja el primer contacto con el mundo de lo inconsciente por sus paisajes poco familiares e inhóspitos, la casi obsesiva presencia de un mar circundante y la aparición de seres extraños y amenazadores. No menos importantes como expresiones de lo inconsciente son las historias que los peregrinos oyen cuando inician el proceso de hallar tierra firme y refugio seguro después de escapar de los bárbaros.

Entre los capítulos cinco y diez se insertan tres historias narradas por hombres que, como Periandro, han perdido sus principios católicos. Acaban de escapar de una muerte cierta y de la prisión, que representa la isla de los bárbaros. Todos los relatos se hacen de noche, después de cenar, en un momento en que lógicamente los viajeros deberían estar durmiendo. En todos ellos se pueden observar semejanzas con la situación de Periandro que sugerirán tanto los problemas de su pasado, de los que está huyendo, como las dificultades del viaje que todavía están por superar.

Antonio, desde la cueva, cuenta la primera historia. Es la única de las tres narrada en un ambiente de abundancia, y la única que muestra el modo de integrar lo masculino con lo femenino y lo consciente con lo inconsciente. Antonio explica que tendía a comportarse de forma violenta e impulsiva. Después de servir unos años como soldado en Italia, regresó a España solo para caer en una reyerta con un vecino sobre una cuestión de clase y costumbre social. La disputa desembocó en un duelo a espada y, como consecuencia de ello, Antonio tuvo que abandonar su patria. En Lisboa se embarcó en un buque que se dirigía hacia Inglaterra. Allí se encontró de nuevo con problemas a causa de su vivo genio. Como consecuencia de ello, los marineros lo dejaron en un bote, abandonado a su suerte. Pronto se encontró en una situación desesperada, falto de agua, víveres y una nave segura. Estuvo a punto de ahogarse varias veces. Desembarcó, en más de una ocasión, en zonas inhóspitas antes de alcanzar la orilla de la isla de los bárbaros. Allí lo encontró Riela, quien le ofreció comida, lecho e incluso a sí misma como esposa. Todo fue natural y sin ceremonia.

El encuentro de Antonio con lo inconsciente representado en la mujer bárbara es puro: es el único de los tres narradores cuyo yerro en el país de origen no involucraba a mujeres. Este primer despertar es paradisíaco en su perfección. Andando el tiempo, Antonio le enseña a Riela el español y la doctrina católica, de suerte que entre ellos se produce una verdadera unión: la mujer asociada con el cultivo de los productos de la naturaleza, y el varón con la enseñanza de la doctrina e idioma. Antonio y Riela sirven como una especie de guía para Periandro/Auristela. No solo los rescatan sino que les proporcionan el modelo para la transformación que están llevando y llevarán a cabo, al presentárseles en los aspectos de padre/madre y marido/mujer; así como, a través de sus hijos, en el de hermano/hermana. Su importancia en la novela consiste en que proporcionan el lugar estable a partir del cual empieza el viaje y, además, los acompañan a lo largo de una gran parte del recorrido. El feliz regreso de Antonio a España es un buen augurio para las aventuras de Periandro/Auristela si se llegan a casar. La presencia continua de los hijos de Antonio y Riela con los peregrinos durante el viaje a Roma, enlaza muy estrechamente a esta familia con Periandro.

Sin embargo, como Virgilio para Dante, Antonio es únicamente un guía parcial. Antonio y Riela, que representan una versión más primitiva de lo que Periandro y Auristela llegarán a ser, se sienten satisfechos con retornar al hogar de Antonio en España.

Aunque Antonio procede de una familia de bien y de relativa alcurnia, el casamiento de su hija con un conde incrementa tanto su fortuna como su posición social. Antonio demuestra que la vuelta a lo inconsciente, aunque primitivo en apariencia, puede ser lo que restaura y vivifica, conduciendo no a un retroceso, como parece a primera vista, sino a un avance que lo enriquece en salud, posición social y vida.

Aunque Antonio no alcanza las alturas a que Periandro está destinado, es el salvador y guía en el tenebroso mundo de lo inconsciente. Después de contar su historia, su familia y los peregrinos emprenden el viaje que los regresa a la civilización (lo consciente). Pero mientras que se hallan aún sumidos en un ambiente hostil, entre zarandeos en el mar y desembarcos ocasionales en islas heladas, escuchan las historias de Rutilio, de Italia y Manuel Sosa de Coitiño, de Portugal.

Al igual que Antonio, Rutilio y Manuel dejan su casa en medio de grandes zozobras. Su huida de la civilización los arrastra al océano, a la oscuridad y al peligro de los bárbaros. Pero mientras Antonio encuentra un paraíso en la isla de los bárbaros, Rutilio se ve obligado allí a hacerse pasar por medio loco y Manuel cae en sus manos como prisionero. Estas circunstancias externas unen a los narradores entre sí y con Periandro. Veremos, al analizar las historias, lo bien que se ajustan con toda la vida de Periandro—su pasado, presente y futuro—. Puesto que en todos los casos es la relación con la mujer lo que parece determinar su éxito o fracaso, debemos considerar las historias minuciosamente, tanto por la teoría de lo femenino que estamos examinando, como por su relación con la historia principal de la que ellas forman parte.

Rutilio es un italiano que ayuda a escapar a los cautivos apresados en la isla. La totalidad de los prófugos abandona la isla en cuatro barcas que Riela provee. La primera noche desembarcan en una isla helada. Después de una ligera comida, se agrupan unos a otros para protegerse contra el frío mientras Rutilio cuenta su historia. Es un profesor de danza de Siena, ni noble ni rico de nacimiento. Un caballero le encomienda la tarea de enseñar a bailar a su hija, que es bella pero ligera de cascos. A pesar de que la muchacha está ya prometida, ella y Rutilio se enamoran y deciden huir juntos a Roma.

Al punto podemos ver aspectos de la historia/sueño que relacionan la situación de Rutilio con la de Periandro. El modesto origen de Rutilio puede ser una exageración del sentimiento de inferioridad de Persiles por ser el hijo menor en Tile, su patria. El énfasis en la historia de Rutilio, del desarrollo físico sobre el intelectual o espiritual, alude a la posibilidad de que la atracción entre Persiles y Sigismunda pueda no ser otra cosa que deseo físico. El hecho de que la mujer en la historia de Rutilio tenga un rango social más elevado que el hombre refleja la ligera ventaja que Sigismunda tiene sobre Periandro, ya que es la hija mayor en su familia y la primera en la línea de sucesión al trono. Igual que ocurre con la mujer de la historia de Rutilio, Sigismunda encuentra a Persiles cuando ya estaba prometida a Magsimino, el hermano mayor de Persiles. Su decisión de ir en peregrinación a Roma con Persiles está reflejada en la historia de Rutilio.

Despojada de las apariencias más externas, la historia de Rutilio es la de Persiles. La diferencia está en las actitudes tomadas sobre las que se basan las acciones. La historia de Rutilio muestra que Persiles se destruye a sí mismo y a Sigismunda si deja que el impulso del deseo material llegue a controlarle en el viaje que queda por delante. En la historia de Rutilio la pareja es apresada y él condenado a muerte. En la cárcel surge una hechicera que promete liberar a Rutilio con sus sortilegios a condición de que se case con ella. Su magia lo transporta a Noruega, que está sumergida en la oscuridad del invierno. Los propósitos lascivos de la hechicera lo abruman allí de tal manera que Rutilio la imagina transformada en una loba a la que, preso de pánico, mata.

En el onírico mundo del cuento intercalado, buscamos en vano la secuencia de causa y efecto que aceptamos en la vida cotidiana. La historia de Rutilio no solo se refiere explícitamente a la magia y a la transformación de los seres humanos en animales, sino que incluye una extraña yuxtaposición de acontecimientos que requieren interpretación. Después que Rutilio mata a la hechicera, aparece un hombre, no se sabe de dónde, que habla italiano. No se da ninguna explicación acerca de su irrupción ante el aterrado Rutilio. El hombre sabe italiano porque uno de sus bisabuelos se casó con una noruega. Las generaciones siguientes aprendieron de él italiano y la religión católica, aunque todos permanecieron en Noruega. El misterioso salvador de habla italiana se lleva a Rutilio a su casa y le enseña un oficio. Los comentarios de Rutilio sobre la bondad de esa familia tan acogedora establecen un paralelismo ineludible con la historia del rescate de Periandro por Antonio.

Si nos fijamos en los puntos culminantes de las dos historias, la de Rutilio y la de Periandro, vemos que en ambos casos, después de destruir o escaparse de las fuerzas de la violencia y de la posesión diabólica, el solitario extranjero es rescatado por un nativo que, sin embargo, conoce su lengua materna. El salvador lo libera del peligro y lo pone bajo la protección del hogar y la familia donde recupera las fuerzas necesarias para reemprender el viaje. Como ya he dicho, nada de esto tiene sentido si se considera cada historia por separado o si se impone una correlación de secuencias en los hechos narrados. Nuestra interpretación se basa en la observación de las yuxtaposiciones de las historias y de los acontecimientos a lo largo de la narración. El esquema establecido hasta ahora parece mostrar que el error engendra terror, aislamiento y peligro de muerte. Si en los momentos de máximo pavor las fuerzas del mal son aniquiladas, el rescate se produce automáticamente. El rescate reúne al que se encuentra perdido con símbolos de su origen: su lengua y el modelo de una

vida estable de familia, mediante los cuales se recupera para salir en busca de otra nueva aventura. Puesto que este esquema se repite una y otra vez durante toda la novela, vemos que la historia que Rutilio cuenta nos permite juzgar los hechos a la luz del eterno presente. Su historia vuelve a reflejar el pasado de Periandro aunque también, como hemos visto, hace alusión al futuro. La imagen de la mujer como hechicera/demonio/prostituta se reitera a lo largo de la novela y en el libro IV encontramos a Periandro, no ya observando los problemas de lo femenino en otros, sino teniendo que enfrentarse él mismo directamente con ellos.

Rutilio, después de permanecer por algún tiempo con la familia ítalo-noruega, embarca en una misión comercial y termina naufragando en la isla de los bárbaros. Allí sobrevive vistiendo pieles de animales y saltando como un salvaje, aparentando ser sordo y mudo. Simbólicamente, se ha convertido en un animal. Es una representación perfecta del error que lo ha llevado a la desgraciada situación en que se encuentra. Pero, más importante aún, se establece un paralelo con el destino de la mujer que en un principio le causó problemas.

En la historia de Rutilio la mujer es una imagen perfecta de su propio ser. Carece de cualidades espirituales y solo se la anima a desarrollar habilidades físicas. Sus apariciones sucesivas entrañan un alejamiento de lo humano. Primero se muestra como una atractiva, aunque indiscreta jovencita, después como una hechicera y por último como una loba. Que esto refleja el destino de Rutilio lo demuestra el hecho de que él también degenera al pasar de Roma a Noruega y, finalmente, a las islas de los bárbaros donde, para sobrevivir, tiene que renunciar a todo atributo humano.

La imagen de la mujer como un ser sexual agresivo y como hechicera aparece en varias historias de Cervantes. Don Quijote, como ya hemos indicado, suele encontrar en sus viajes mujeres de conducta ligera. El igualmente letrado licenciado Vidriera se ve atormentado por una de estas mujeres que está a punto de destruirlo. Que la mujer como prostituta/bruja es creación del hombre que la teme está claro en todos los casos, pues tanto el solazarse con ella como el huir de ella conduce a la destrucción del hombre, aunque no necesariamente a la de la mujer. La historia donde este aspecto de lo femenino se examina con más intensidad es el casamiento-coloquio. La mujer a quien el alférez Campuzano espera explotar aparece primero como una mujer coqueta, luego como una prostituta y en la alucinación final que ocasiona *El coloquio*, reina en el semi-mundo del relato de los perros como una bruja. Pero quien se arruina en esa transformación es el propio Campuzano, primero al ser reducido a la enfermedad y la pobreza por la mujer y después al convertirse, como Rutilio, en un animal.

En la obra de Cervantes, el temor a la mujer lasciva separa al hombre inevitablemente, tanto de las mujeres en general como de sí mismo. Que este problema es una creación del carácter masculino está claro en historias tales como *El Curioso impertinente*, que se encuentra interpolada en la primera parte del *Quijote*, y *El celoso extremeño* de las *Novelas ejemplares*. En estas narraciones, el hombre, intentando protegerse de los estragos de la imaginaria mujer voluptuosa que lleva dentro de sí, convierte a la exterior en un objeto que luego trata de manipular a su antojo.

Resulta igualmente destructiva, aunque no es tan evidente, la creación de una mujer tan excelsa que queda completamente fuera del alcance del hombre. La razón por la que esta idealización de la mujer es destructiva para el hombre es que representa también un esfuerzo del ego por evadir el encuentro con lo inconsciente. Tanto la degradación de la mujer como su idealización son consecuencias que emanan de la misma falta de habilidad para afrontar lo femenino como algo vivo e independiente del control del ego. El mundo de don Quijote se halla así en equilibrio entre Dulcinea, por un lado, y las prostitutas de la venta, por otro. Concibe a aquella para que le salvaguarde de las exigencias de estas y se encuentra suspendido en un estado permanentemente célibe.

Si Rutilio representa la figura masculina entregada de lleno al mundo material y capaz de considerar a la mujer solo como un objeto físico, Manuel Sosa de Coitiño, en la historia que se intercala a continuación, representa al hombre espiritual por excelencia que concibe a la mujer como algo digno de veneración. La historia de Manuel, como la de Rutilio, se cuenta por la noche, después de la cena, con el paisaje estéril de las islas heladas como telón de fondo. El ambiente de hielo, frío y nieve es una analogía física de los cuentos de amor insatisfecho que allí se han contado, de la misma manera que la fértil isla donde Antonio relata su historia capta la plenitud que él ha logrado. Aunque Manuel se considera a sí mismo un ser apasionado, completamente entregado al amor, muere en las frías islas del norte, porque el amor que profesa procede de su propio ego y no de la vida misma. Tanto él como Rutilio han creado a la mujer a su imagen. No se dieron cuenta de que el hombre y la mujer son creados a imagen y semejanza de Dios y de que por consiguiente son, uno respecto del otro, hermanos y hermanas en lugar de ángeles y demonios.

Manuel se da a conocer cantando una canción de amor y desesperación en una de las barcas. Es interesante destacar que Antonio no entiende cuál es el problema de Manuel, mientras que Periandro y Auristela en seguida se dan cuenta de que sufre de amores, lo que ellos llaman una aflicción. Periandro y Auristela apremian a Manuel para que pase a su barca. Esa tarde, después del desembarco, Manuel inicia su historia. Su caso es el opuesto al de Rutilio. Procede de una familia rica. Ama a Leonora, una mujer de su misma posición, hasta la adoración, aunque ella nunca le anima a ello. Leonora es la esencia de la discreción, al contrario de la mujer de Rutilio que carecía de dicha virtud. Manuel acepta esperar dos años mientras que Leonora decide si se casa o no con él. En el ínterin va a la guerra. A su regreso, el padre de Leonora le comunica que están dispuestos a darle a su hija en matrimonio. Respetuosamente, Manuel va a la iglesia de la Madre de Dios, el día señalado, y encuentra a Leonora bellamente engalanada, de pie en una plataforma en el centro de la iglesia. Repite una y otra vez que es más digna de ser adorada que desposada. Manuel se arrodilla ante ella como si fuera la misma Madre de Dios.

En ese preciso momento Leonora le confiesa que, si fuera a casarse con un simple mortal, lo haría con él, pero lo cierto es que ha elegido entrar en el convento con el fin de tomar a Jesucristo como esposo. A duras penas Manuel se las arregla para balbucear algunas palabras de elogio hacia su decisión y dejar la iglesia desesperado y humillado. Está a punto de perder el juicio; después se embarca. Ha decidido, incluso antes de contar su historia, que su vida está llegando a su fin. Al pronunciar las últimas palabras de su historia, muere. En el libro III sabemos que Leonora también muere poco después de entrar en el convento.

La historia de Manuel, como la de Rutilio, tiene muchos puntos en común con la parte suprimida de la historia aún no relatada de Periandro. Al final del libro IV vemos que Magsimino, el hermano mayor de Persiles, se ha enamorado de un retrato de Sigismunda y ha comunicado que tiene intención de casarse con ella. Le ruega que espere dos años mientras está en la guerra. Al igual que Manuel, Magsimino da por cierto que todo sucederá sin necesidad de una intervención activa por parte suya. Sin embargo, su falta de atención a Sigismunda no significa sino que, aislados el uno del otro, varón y hembra, consciente e inconsciente, están destinados a perecer. Auristela se salva de semejante fin dejándose convencer para ir en peregrinación a Roma, acompañada de Persiles. No obstante, según veremos, se siente en cierto modo comprometida por la petición formulada por Magsimino. Después de impregnarse de doctrina católica en Roma, repite la acción de Leonora diciéndole a Periandro que prefiere una vida de devoción a Jesucristo a casarse con él. Sin embargo, a diferencia de Leonora, se libra de dar semejante paso.

Cuando combinamos las dos historias/sueños de Rutilio y Manuel, al principio de la novela, con la información que poseemos al final sobre la historia previa de Periandro y Auristela, vemos que la historia de Rutilio representa la acción del hermano joven, el impetuoso Persiles, mientras que la de Manuel refleja la pasividad del hermano mayor, Magsimino. La mujer que ambos hermanos aman, se presenta bajo una doble imagen: de un lado próxima a mostrarse indiscreta, al huir a Roma con Persiles y, de otro, inaccesible, al estar a punto de hacerse monja.

Podemos pues concluir, que los dos hermanos, como los personajes de las dos historias, son aspectos de un único ser que actúa sobre la base de un temor a lo femenino. El miedo se origina en una separación tal de lo material y lo espiritual que la mujer, como representación del alma del hombre o de su ser esencial, es concebida por el hombre como demasiado ruin o demasiado excelsa. El problema se resuelve mediante una yuxtaposición de lo espiritual y lo material. Periandro consigue tal integración manteniéndose físicamente al lado de Auristela en el papel de hermano. Así anula la reverencia de Manuel/Magsimino con respecto a la mujer, a la vez que evita sumirse en lo sensual cuyo peligro se estableció claramente en la historia de Rutilio. La única forma de llevar a cabo este equilibrio de proximidad sin intimidad sexual consiste en adoptar la apariencia de hermano y hermana entre amante y amada.[6] Esto pone fin al desequilibrio de ángel/demonio antes mencionado y sitúa al hombre y a la mujer en un plano de igualdad ante los ojos del creador, que es quien está por encima de ellos. Además, reemplaza una perspectiva del ego por la más amplia del ser interior, donde hombre y mujer coexisten como compañeros en la empresa de la creación, y libera al personaje de la carga de crear su propia vida, dejándola en cambio, en su lugar, en manos del autor que dispone la acción según su propio plan.

En el libro IV, Periandro afronta pruebas que reflejan las imágenes falsas de lo femenino presentadas en las historias de Rutilio y Manuel. Su primera lucha es con la seductora Hipólita, que introduce a Periandro en un mundo

---

6   A este respecto, *La gitanilla* y *La ilustre fregona* ofrecen soluciones similares al problema de la lujuria frente a la indiferencia. En ambas novelas, el joven enamorado debe pasar por un aprendizaje cerca de la amada, aun cuando no se le ofrece ninguna garantía del interés de ella hacia él. En *La gitanilla*, Juan/Andrés lucha con los celos, mostrando la íntima relación que hay entre los celos y el deseo de controlar lo femenino. La intolerancia de Preciosa hacia ese sentimiento demuestra que el matrimonio solo puede triunfar si aquellos se superan. Esto nos da una visión de la preocupación de Cervantes por los celos, que aparecen como un problema incluso en el *Persiles*.

de belleza y opulencia. Periandro, al rechazar los requerimientos amorosos de Hipólita se halla enfrentado, al igual que Rutilio y el joven Antonio, con la mujer en su aspecto de bruja. Apenas se han esfumado los sortilegios de la hechicera, Periandro se encuentra con la mujer como ángel. Auristela, tras recuperarse de la enfermedad que Hipólita ha arrojado sobre ella con sus malas artes, anuncia a Periandro su decisión de entrar en un convento. Es en este momento cuando Periandro, desesperado, abandona Roma y escucha la conversación ya mencionada entre Seráfido y Rutilio. Aun cuando Rutilio representa los problemas que Periandro tiene con lo femenino y Manuel revela los de Magsimino, vale le pena anticipar el final de la novela recordando que, a lo largo de la narración, Rutilio continúa su viaje de pecado y penitencia, mientras que Manuel muere. Un examen más detallado de la historia de Rutilio confirma su identidad con Periandro.

La conversación que Periandro escucha fortuitamente invierte la experiencia de Rutilio en Noruega. Simbólicamente Periandro ha matado a la hechicera que amenazaba la vida de Auristela en el libro IV. Ahora, en Roma, oye voces de su pasado noruego del mismo modo que Rutilio, que en verdad había matado a una hechicera, se encuentra con la voz de su pasado italiano en Noruega. De hecho, el viaje de Rutilio—desde Roma a Noruega, las islas y Roma de nuevo—traza el círculo que su nombre sugiere. Es el mismo círculo que realiza Periandro en sentido inverso, pues este empieza y acaba en el norte. Su encuentro e intersección sugieren tanto la naturaleza circular incluso de movimientos aparentemente lineales, como la unión última del norte con el sur, la oscuridad con la luz, el invierno con el verano y el hombre con la mujer, lo que representa la expansión del estado consciente del ego para incluir la otra parte no racional del ser. Cuando Rutilio termina su viaje, prepara el camino para que Periandro proceda a su transformación final.

El gran desenlace tiene lugar delante de la iglesia de San Pablo en Roma, donde se reúnen los personajes principales. Allí encontramos, representados de nuevo, los finales de las dos historias/sueños que Periandro y Auristela habrán oído en el libro I. Periandro, que se ha dejado llevar de las tentaciones de la coqueta Hipólita, está a punto de morir a manos de Pirro, celoso amante de Hipólita. Cuando Periandro yace herido, aparece un carruaje en el que viene Magsimino. Sin embargo, Magsimino ha sido atacado por la fiebre de Roma y se encuentra moribundo. La muerte inminente de Magsimino relaciona estrechamente su historia con la de Manuel y reafirma la idea de que Magsimino es un aspecto del estado consciente de Persiles que este ha superado. La última acción de Magsimino es la de unir las manos de Persiles y Sigismunda declarándolos marido y mujer. Magsimino entonces muere, como lo hizo

Manuel y como murieron todos los personajes de Cervantes que trataron de eludir lo femenino. Periandro se casa por fin con Auristela. Pero ellos dejan ya sus nombres ficticios de Periandro y Auristela. Son Persiles y Sigismunda, rey y reina del ya unido reino de Tile y Frislanda que no están en guerra.[7] Con este final, Persiles y Sigismunda completan la promesa de la historia de Antonio. Tras haber superado la creación por el ego de la mujer como objeto, Persiles se asocia ahora con ella en una unión fructífera. Sus días, nos dice el autor al final, son largos, su prosperidad grande y su descendencia fecunda hasta la siguiente generación.

Como ha observado Alban K. Forcione, el *Persiles* se presta a una interpretación basada más en analogía y correspondencia que en secuencia de causa y efecto, a pesar del esfuerzo de Cervantes por mantenerse fiel a las posibilidades del mundo material.[8] La estructura circular de la novela y los esquemas cíclicos que contiene, aluden a un presente atemporal que sostiene el fluir que aparece en la superficie. Esta afirmación de dos niveles de realidad, uno estético y otro en constante movimiento, se repite en todos los planos de la novela. Persiles es el fundamento de Periandro y, en lo más hondo del conflicto entre Persiles y Periandro, descansa la unidad potencial de los trabajos del *Persiles* constituyendo un todo. Los caminos entrecruzados de Periandro y Rutilio así como el regreso planeado al norte por Periandro revelan que por debajo de la geografía de norte y sur, de antípodas y centro, hay un centro eterno que está en todas partes.

Creo que no es coincidencia que los desplazamientos en la presentación estructural que acabamos de mencionar sean parte del cambio que observamos al principio de este trabajo, hacia la presentación de la mujer en sus aspectos creativo y autónomo, realizada por Cervantes en sus últimas obras. Cuando la madre penetra en el mundo de la ficción, se descubre una dimensión completamente nueva que arranca a la novela de su estructura lineal y la dota de símbolos de lo consciente por ella representados.

Si bien nos resulta difícil estimar *Los trabajos de Persiles y Sigismunda* como una novela, debemos no obstante considerarla como un triunfo no solo de Cervantes sino también de su personaje principal. Juntos, protagonista y autor, han descubierto de nuevo la unión creativa de la vida con las letras y han confirmado la existencia del ser cabal que trasciende tiempo y muerte. En

---

7   El simbolismo del rey y la reina y el sentido psicológico de su unión es el tema de extensas discusiones en numerosos trabajos de Carl Jung. Véase especialmente su artículo "The Psychology of the Transference".

8   *Cervantes' Christian Romance: A Study of Persiles y Sigismunda*. Véanse especialmente las páginas 29-51.

este sentido, el hecho de que Cervantes termine su última novela "puesto ya el pie en el estribo" es especialmente conmovedor.

Bibliografía

Armas Wilson, Diana, de. "In Memoriam Ruth Anthony El Saffar (1941–1994)". *Cervantes: Bulletin of the Cervantes Society of America*, vol. 14, núm. 2, 1994, pp. 5-8.

El Saffar, Ruth. "*La Galatea*: The Integrity of the Unintegrated Text". *Dispositio*, vol. 3, núm. 9, 1978, pp. 337-51.

———. "Tres imágenes claves de lo femenino en el *Persiles*". *Revista Canadiense de Estudios Hispánicos*, vol. 3, núm. 3, 1979, pp. 219-36.

Forcione, Alban K. *Cervantes' Christian Romance: A Study of Persiles y Sigismunda*. Princeton University Press, 1972.

Jung, Carl G. "The Psychology of the Transference". *Practice of Psychotherapy*, vol. 16, editado por Herbert Read et al., Princeton University Press, 1966, pp. 306-20.

Lévi-Strauss, Claude. *Structural Anthropology*. Traducido por Claire Jacobson y Brooke Grundfest Schoepf, Basic Books, 1963.

Said, Edward. *Beginnings: Intention and Method*. Columbia University Press, 1975.

Viaje del Parnaso de Cervantes: Autobiografía y testamento literario

María Antonia Garcés
Cornell University, USA

Durante los últimos tres años de su vida, Cervantes produjo una avalancha de obras literarias, entre las que se encuentran el poema burlesco *Viaje del Parnaso* (1614), las *Novelas ejemplares* (1613), la segunda parte del *Quijote* (1615) y las *Ocho comedias y ocho entremeses nunca representados* (1615). Un año después de su muerte, asimismo, aparecería su novela póstuma *Los trabajos de Persiles y Sigismunda* (1617). En estas obras, el autor toma una clara posición crítica respecto al mundo literario que lo rodeaba, como revelan sus revolucionarios prólogos y sus textos de compleja dimensión metaliteraria. Si estas obras comparten muchos aspectos creativos con la anterior producción artística de Cervantes, también incluyen una sofisticada reflexión teórica y una dura impugnación del panorama literario contemporáneo (Ruiz Pérez 59). Entre esos escritos, el poema *Viaje del Parnaso* ha suscitado recientemente la creciente atención de los críticos, como sugiere la amplia bibliografía incluida en la brillante edición crítica, preparada por José Montero Reguera y Fernando Romo Feito.[1]

Viaje del Parnaso se construye en gran parte sobre el espacio metafórico del Mediterráneo, espacio poético que pone en escena, una vez más, las vivencias marineras del soldado de Lepanto. Tanto el mar como las memorias mediterráneas del autor adquieren un protagonismo especial en esta obra que constituye una "autobiografía reivindicadora", legada por Cervantes a la posteridad (Cervantes, *Poesías completas* 38-42). En este ensayo aspiro a estudiar la autobiografía poética presentada por Cervantes en el *Viaje* desde

---

1 Una previa versión de este ensayo apareció como "La despedida de Cervantes en el *Viaje del Parnaso*", *MLN*, vol. 136, núm. 2, 2021, pp. 374-90.

la perspectiva de la reivindicación artística del escritor. Esta apelación a sus lectores representa una despedida imaginaria que encarna uno de los últimos gestos de asunción del yo en la extensa obra literaria cervantina. Justamente, el adiós de Cervantes (autor/narrador) a Madrid en el *Viaje* anticipa su último adiós a los lectores en el Prólogo al *Persiles*: ¡*Adiós gracias, adiós donaires, adiós regocijados amigos, que yo me voy muriendo*!". En este poema satírico, el mar aparece como el telón de fondo sobre el que el autor, narrador y personaje Cervantes traza su orgullosa reivindicación personal como creador.

Comienzo por esbozar brevemente la trama de *Viaje del Parnaso*. Compuesto en *terza rima* (tercetos encadenados), el *Viaje del Parnaso* contiene ocho capítulos en verso y una Adjunta o apéndice en prosa, añadido en 1614. Este largo poema, escrito en primera persona, traza el viaje fantástico de un poeta desterrado (pronto identificado como Cervantes) hasta el Monte Parnaso en busca de la fama que le ha sido negada por sus coetáneos. No obstante, el Monte Parnaso se encuentra sitiado por escuadrones de poetas "infieles". Cervantes es invitado por Mercurio a evaluar a un listado de poetas españoles escogidos para defender al Parnaso de la invasión enemiga. Como en un sueño, el personaje Cervantes se embarca entonces con algunos poetas en una galera "toda hecha de versos" y lleva a cabo un viaje burlesco por el Mediterráneo. Al llegar al Monte Parnaso, surgen figuras mitológicas estrambóticas mientras los dioses se ven sometidos a la burla corrosiva. Luego tiene lugar una tremenda batalla naval, donde los libros funcionan como armas. Tras la victoria de Apolo y de los buenos poetas, Cervantes retorna a Madrid, después de haber pasado por Nápoles en sueños, sin saber cómo regresó a su "antigua y lóbrega posada" madrileña (*Viaje*, VIII, 455).

"Desde mis tiernos años amé el arte / dulce de la agradable poesía"

No obstante, es difícil orientarse en una obra que combina aspectos tan diversos. En tanto narrativa autobiográfica, escrita en verso, el *Viaje* no solo mezcla la burla y la sátira literaria con el encomio, sino que, a la vez, discurre sobre poética y poesía. Por lo demás, el poema se clausura con una Adjunta satírica en prosa. Pese a su complejidad, las apariciones del yo que hilvanan el poema con su marcado enfoque crítico permiten abarcarlo en una sola mirada, ora desde el discurso autobiográfico que se explaya en el *Viaje*, ora desde el espacio textual en el cual se sitúa (Canavaggio). Si bien la línea autobiográfica del poema se enmascara al principio con el acervo del género satírico, el hilo conductor que ordena la escritura se encadena a través de las secuencias autobiográficas que puntean la obra (Roca Mussons 592). Por encima de todo, sin embargo, habría que decir que "el *Viaje del Parnaso* es una obra de escritor sobre escritores y para escritores" (Cervantes, *Poesías* 57).

Siguiendo esta introducción, quiero sobrepasar la calificación de Cervantes como excelso narrador y recordar que el autor del *Quijote* fue también reconocido en su tiempo por su talento como poeta. Entre otros testimonios contemporáneos, Alonso Jerónimo de Salas Barbadillo, en su libro *Coronas del Parnaso y platos de las Musas* (1635), ubica a Miguel de Cervantes a la misma altura que los poetas Garcilaso de la Vega y Francisco de Figueroa (Cervantes, *Viaje del Parnaso y poesías sueltas* 244). Y pese a la conocida descalificación de Lope en la famosa carta escrita en el verano de 1604 desde Valladolid, recordemos que el mismo Fénix elogia a Cervantes en su *Laurel de Apolo* (1630), donde alaba sus "versos de diamantes / ... / que, por dulces, sonoros y elegantes / dieron eternidad a su memoria" (vv. 491-94). Desde luego, como sugirió Ricardo Rojas en su importante estudio de la poesía cervantina, resulta difícil resumir las numerosas y contradictorias valoraciones esbozadas a través del tiempo sobre Cervantes como poeta. Basta enfatizar, "la abundancia y persistencia con que Cervantes cultivó la versificación", la inmensa diversidad de temas que manejó, la exuberancia de su inspiración, así como "la variedad de metros" dentro de la producción literaria cervantina (XXXIV).

En efecto, como afirma el propio narrador Cervantes *Viaje del Parnaso*, "desde mis tiernos años amé el arte / dulce de la agradable poesía" (IV, vv. 31-32). La poesía, entonces, fue la expresión artística practicada y estudiada por el autor de forma más continua desde sus años banderizos hasta su último adiós a sus lectores en el *Persiles* (Rivers, "¿Cómo leer el *Viaje del Parnaso?*" 114; Cervantes, *Viaje del Parnaso y poesías sueltas* 245). Por otra parte, la altísima consideración en que Cervantes tenía a la poesía como actividad propia de ingenios superiores (II, 16) se destaca también en obras como *La gitanilla* y *El licenciado Vidriera*, además del extenso poema narrativo *Viaje del Parnaso*, con su Adjunta en prosa. En ese sentido, me permito recordar las conocidas palabras de Vicente Gaos sobre la dramaturgia de Cervantes y el gran número de versos incluidos en sus obras dramáticas:

> Es en sus *Comedias* donde nos ofrece su más abundante y claro caudal. El genio primordialmente narrativo y dramático de nuestro autor se derrama y explaya aquí a sus anchas.... En las composiciones de tipo tradicional cuando acierta, y es casi siempre, Cervantes sostiene la comparación con los máximos maestros del género: Lope, Góngora, Quevedo.... El teatro de Cervantes encierra un repertorio admirable de composiciones

como sólo podría haberlas escrito un verdadero, un gran poeta. (*Poesías completas* 18-19)

"Uno de los relatos más desnudamente autobiográficos de su vida"

Este preámbulo sirve para situarnos en el entorno poético del *Viaje del Parnaso*. Como viaje imaginario y epopeya burlesca, el *Viaje* desarrolla un complejo enjuiciamiento de la literatura española a comienzos del siglo XVII, invadida como estaba por el "amaneramiento académico que había llegado a pasar por humanismo" (Márquez Villanueva, *Cervantes en letra viva* 684). En relación con el poema cervantino, varios críticos han señalado que el mundillo literario de Madrid en los albores del siglo XVII estaba marcado por la actividad de las academias, como la de Saldaña o la Academia Selvaje, cuya existencia entre 1612 y 1614 coincidió con la época de composición del *Viaje* (Márquez Villanueva, *El retorno del Parnaso* y *Cervantes en letra viva*; Ruiz Pérez 62). Asimismo, la inundación de poetas que asolaba a España en estos años, junto con la ausencia de una crítica justa, llevaron a la trivialización de la poesía. Entre la lisonja y la ofensa, la poesía del siglo XVII terminó convertida en práctica de relieve social, encaminada a alcanzar posiciones de poder a costa de la declinación de la verdadera poesía (Gracia, "*Viaje del Parnaso*"). El *Viaje* alude al desprestigio contemporáneo del quehacer poético mediante la crítica de seis poetas eclesiásticos y otros nobles, que practicaban el doble juego de la escritura y el enmascaramiento vergonzoso. Por ello, y "por guardar decoro", estos personajes ocultan sus nombres en el poema (IV, vv. 236 y ss.). Efectivamente, en los ocho capítulos en verso que constituyen *Viaje del Parnaso*, Cervantes se erige en crítico literario que pasa revista en tono jocoserio a más de un centenar de poetas, entre los que destacan nombres como Lope, Góngora y Quevedo. Vale resaltar que el autor del *Quijote* sería de los primeros en valorar la obra poética de Góngora, a quien alaba como el más aplaudido, querido y amable de los poetas, elogiado, junto con el divino Herrera, por su gravedad, gracia y agudeza (II, vv. 59-60; VII, vv. 256-58, 322-27). En el *Viaje*, empero, Cervantes no solo ofrece su valoración de la producción poética coetánea en un momento de crisis y de transformación social y poética. También presenta "uno de los relatos más desnudamente autobiográficos" de su vida—son palabras de Jordi Gracia—(*Miguel de Cervantes* 344). Precisamente, el entramado de discursos autobiográficos en el *Viaje* alude al presente personal de Cervantes en torno a 1614 frente a su marginación en el mundo literario del que hacía parte.

Las circunstancias históricas que indudablemente generaron la creación del *Viaje* son bien conocidas desde que Francisco Rodríguez Marín las detallara en 1935 (*Viaje* IX y ss.). Resumo los hechos. En 1608, Felipe III nombró a don Pedro Fernández de Castro, séptimo conde de Lemos, como virrey de Nápoles, oficio que el conde asumió en 1610. Aficionado a las letras, Lemos nombró al poeta Lupercio Leonardo de Argensola como secretario y le encomendó, junto a su hermano Bartolomé, la selección de hombres de letras que ocuparían cargos en palacio durante su virreinato en Nápoles. Los Argensola marginalizaron a un ilustre elenco de poetas, entre los que se encontraban Góngora y Cervantes. En 1611 el poeta cordobés alude con sorna del ultraje recibido a través de un conocido soneto:

> El Conde, mi señor, se fue a Nápoles,
> el Duque, mi señor se fue a Francia;
> príncipes buen viaje, que este día
> pesadumbre daré a unos caracoles.
> Como sobran tan doctos españoles,
> a ninguno ofrecí la pluma mía.

Cervantes, por su parte, se lamenta claramente de este desprecio en el *Viaje*, incorporando en el poema su decepción ante las promesas incumplidas:

> Pues si alguna promesa se cumpliera
> de aquellas muchas que al partir me hicieron,
> lléveme Dios si entrara en tu galera.
> Mucho esperé, si mucho prometieron,
> mas podía ser que ocupaciones nuevas
> les obligue a olvidar lo que dijeron. (*Viaje* III, vv. 184-89)

Aunque otros hechos seguramente también incidieron en la génesis del poema, no hay duda de que esta obra satírica representa una forma de desquite personal que expresa la desilusión del autor en sus aspiraciones de regresar a Nápoles, la mejor ciudad "de Europa y aun de todo el mundo", como sugiere en *El licenciado Vidriera* (II, 50). Elogiada por sus encantos naturales, por su diseño urbanístico y por el esplendor de sus edificios, la bella Nápoles no solo representaba para Cervantes el retorno al paraíso perdido de su juventud. En su edad madura, esa famosa ciudad ítalo-española le habría proporcionado una vida honrada de escritor, arropada por el mecenas a quien había dedicado sus *Novelas ejemplares*, el segundo *Quijote*, sus *Ocho comedias y ocho entremeses*, y a quien también dedicaría su *Persiles*.

En este orden de ideas, Jordi Gracia plantea que el *Viaje* refleja "la herida abierta pero irónica y festiva, resignada y a la vez combativa... de quien siente que no ha sido apreciado como ingenio importante" (*Miguel de Cervantes* 347). Pese al éxito indiscutible de *La Galatea* (1585) y de la primera parte de del *Quijote* (1605), que revelan la presencia de un fino crítico literario y creador de materia teatral (I, 48), Cervantes no disfrutaba de la fama que merecía en el Madrid de comienzos del siglo XVII. Cierto es que *Las flores de poetas ilustres* (1605), compiladas por Pedro de Espinosa en el mismo año en que apareció el *Quijote*, omiten el nombre de Cervantes, aunque incluyen poemas de un jovencísimo Quevedo y de otros escritores hoy olvidados. A este destierro simbólico se añadieron los renovados ataques contra el poeta y dramaturgo Cervantes por parte de Lope de Vega y de su círculo (Cervantes, *Viaje del Parnaso y poesías sueltas* 261). La exclusión de la corte de Nápoles recalcaba así el exilio de Cervantes de la República de las Letras, exacerbado por la precaria situación económica que arruinaba su vejez. Su soneto preliminar "Del autor a su pluma" es una muestra del aislamiento en que se hallaba:

> Pues veis que no me han dado algún soneto
> que ilustre deste libro la portada,
> venid vos, pluma mía mal cortada,
> y hacedle, aunque carezca de discreto.
> Haréis que excuse el temerario aprieto
> de andar de una a otra encrucijada,
> mendigando alabanzas, escusada
> fatiga e impertinente, yo os prometo.
> Todo soneto y rima allá se avenga
> y adorne umbrales de los buenos,
> aunque la adulación es de ruin casta.
> Y dadme vos que este *Viaje* tenga
> de sal un panecillo por lo menos,
> que yo os lo marco por vendible, y basta. (*Viaje* 12)

En tono muy personal, Cervantes expone la sórdida realidad del escritor marginado frente a la competencia de otros poetas y la estrechez del mercado editorial. Justamente, las prácticas literarias de 1600, al hacer de la literatura algo "vendible", obligaba a los autores a mercadearse a sí mismos (Profetti 429). Para esta época, comenzaba a imponerse ya la categoría de lo "vendible", de modo que los autores debían promocionar su imagen en sus obras mediante elogios y/o retratos, o incluso anunciando en un libro los siguientes. Esto lo haría Cervantes en el prólogo a sus *Novelas ejemplares* y en la "Adjunta al Parnaso", y también Lope lo efectuaría en sus obras. El creciente dominio del mercado del libro en la España del siglo XVII llevó a la imprenta a reproducir, difundir y convertir en dinero la producción de los escritores. Estos se veían así forzados a cultivar los géneros de consumo masivo, representados por la comedia de Lope, a la que Cervantes se opuso sin rodeos (Ruiz Pérez 63).

Precisamente, el poema de Cervantes alude a la precaria situación del mercado editorial, con su enfoque populista, que obligan al autor a humillarse, pese a su valía, buscando mecenas y adeptos que lo protejan. Carente de mecenazgo, y asqueado por la ignorancia de los malos poetas que desfilan por los mentideros, Cervantes emprende entonces un viaje de evasión, que será también una creación poética, dedicada a otros creadores, donde exhibe sus mejores armas: la parodia y el humor, aunados a su maestría narrativa, desarrollados en el *Quijote* y en otras obras. Así, el autor se retrata en el espacio físico y urbano de la metrópolis, mientras insiste en varias despedidas de Madrid:

> Adiós—dije a la humilde choza mía—;
> adiós, Madrid; adiós, tu Prado y tus fuentes,
> Que manan néctar, llueven ambrosía;
> adiós conversaciones suficientes
> a entretener un pecho cuidadoso
> y a dos mil desvalidos pretendientes;
> . . .
> adiós, teatros públicos, honrados
> por la ignorancia que ensalzada veo
> en cien mil disparates recitados;
> adiós, de San Felipe el gran paseo,
> donde, si baja o sube el turco galgo,
> como en gaceta de Venecia leo;
> adiós hambre sotil de algún hidalgo,
> que, por no verme ante tus puertas muerto,
> hoy de mi patria y de mí mismo salgo. (*Viaje* I, vv. 115-32)

La crítica ha asociado estos adioses y los que pronuncia Cervantes en su lecho de muerte al despedirse de sus lectores—"Adiós, gracias; adiós, donaires; adiós, regocijados amigos, que yo me voy muriendo" (*Persiles* 123-24)—con la Égloga II de Garcilaso. Esta proporciona la estructura básica de estas despedidas:

Adiós, montañas; adiós, verdes prados;
adiós, corrientes ríos espumosos:
vivid sin mí con siglos prolongados. (Égloga II, vv. 638-640; Garcilaso,
Obra poética 173; Cervantes, *Viaje del Parnaso y poesías sueltas*)

"Hoy de mi patria y de mí mismo salgo"
Así se despide el poeta alcalaíno, al alejarse ficticiamente de Madrid y emprender su viaje metafórico hacia el Monte Parnaso. Justamente, fuera de sus prólogos, el *Viaje del Parnaso* es la única obra cervantina en que narra un *yo*: en todo el corpus literario de Cervantes, esta es la única evidencia de narrativa personal (Cervantes, *Viaje del Parnaso y poesías sueltas* 280). En este poema, Cervantes es autor, narrador y personaje, lo que establece una identidad entre estas tres instancias literarias, es decir, entre el sujeto de la enunciación y el del enunciado. El *Viaje* multiplica así las instancias del yo, "en un juego de espejos de autor, narrador y personaje que responden todos ellos a los mismos rasgos... del escritor real Cervantes" (Ruiz Pérez 65). Desde esta perspectiva, el largo poema cervantino cumple con el pacto autobiográfico definido por Philipe Lejeune (1975). Este pacto se expresa ora mediante el nombre del autor, que puede leerse en la cubierta del libro y que toma a su cargo la enunciación del texto publicado; o, explícitamente, en el nombre del narrador-personaje en el texto mismo (Lejeune 27). El pacto autobiográfico debe estar acompañado por un "pacto referencial", que no solo alude a la pretensión de referirse a una realidad extratextual, sino que puede someterse a la prueba de la verificación de la realidad.

En relación con el desdoblamiento del yo que anuncia este pacto, Jean Canavaggio aduce que "este yo existencial se revela constantemente desdoblado, entre un autor-narrador que, en el modo del deseo, se proyecta hacia una odisea mítica, y un narrador personaje que transmuta esa proyección en un relato retrospectivo" (12). De modo que la trayectoria temporal del *Viaje* va alternando entre la supuesta remembranza de un periplo fantástico—que evoca las experiencias muy reales del soldado de Lepanto—y la auténtica reconstrucción de un pasado de escritor. Esta personificación novelesca del personaje "Cervantes" en el poema, se representa en un *yo* y un nombre que actúan como hilo conductor entre la realidad histórica que describe el *Viaje* y la construcción de la travesía imaginaria. En efecto, el narrador Cervantes inicia su autorepresentación en el capítulo 1, y esta continúa en los capítulos 3 y 4, para culminar en la Adjunta. La representación del personaje Cervantes en el poema siempre alterna entre la construcción de un retrato físico y las referencias a su producción literaria y poética. Vale reparar en algunos ejemplos: "Yo, socarrón, yo poetón ya viejo" (VIII, v. 109); "Soy un poeta desta hechura: / cisne en las canas y en la voz un ronco / y negro cuervo" (I, vv. 102-04); "Yo he dado en *Don Quijote* pasatiempo / al pecho melancólico y mohíno" (IV, vv. 22-24).

Las complejidades del discurso autobiográfico en el *Viaje del Parnaso* me llevan a sugerir, siguiendo a Derrida en otro contexto, que "este texto es autobiográfico, pero de una manera diferente de lo que se creía antes". Aquí "se abre un campo en que la 'inscripción' de un sujeto en su texto es también una condición necesaria para la pertinencia y la función del texto, para su valor más allá de lo que se llama subjetividad" (135). De hecho, Jean Starobinski planteaba que nadie soñaría en narrar los acontecimientos de su propia vida si no hubiera ocurrido algo fundamental en ella, apto a provocar un cambio radical en el curso de la existencia (261). Ese planteamiento puede aplicarse a los dos textos más autobiográficos de Cervantes, a saber: la "Epístola a Mateo Vázquez", compuesta en 1577 desde su cautiverio en Argel, donde el soldado relata su participación en la batalla de Lepanto y sus sufrimientos de cautivo; y el *Viaje del Parnaso*, que rememora las experiencias bélicas de Cervantes y encarna las desdichas de su senectud.

Itinerario marítimo de *Viaje del Parnaso*

Con todo, es preciso destacar la importancia que cobran los temas del mar y de la navegación en esta obra, donde abundan pasajes líricos memorables, como la magnífica descripción de la "galera hermosa" en que se inicia la travesía, "de la quilla a la gavia, ¡oh, extraña cosa!, / toda de versos era fabricada" (I, vv. 244-45). Aquí el personaje Cervantes demuestra tanto su experiencia como marino en la descripción de la galera que zarpa hacia alta mar, como sus conocimientos de poética y poesía. Los pormenores de la narración en verso y el uso preciso de términos náuticos, solo conocidos por un soldado-marino, experto en el gobierno de las galeras mediterráneas, subrayan el tono emotivo de estos pasajes que evocan el pasado marinero del escritor. Luego, en el capítulo 3, el narrador describe la espléndida galera real en que se embarca el poeta con Mercurio:

> Eran los remos de la real galera
> de esdrújulos, y dellos compelida
> se deslizaba por la mar ligera.
> Hasta el tope la vela iba tendida,
> hecha de muy delgados pensamientos,
> de varios lizos por amor tejida.
> Soplaban dulces y amorosos vientos,
> todos en popa, y todos se mostraban

al gran viaje solamente atentos.

...

Semejaban las aguas del mar cano
colchas encarrujadas, y hacían
azules visos por el verde llano. (III, vv. 1-15)

Esta imagen idealizada de la festiva galera que se hace a la "mar ligera", impulsada por "dulces y amorosos vientos", recuerda los pasajes líricos que narran el encuentro de don Quijote y Sancho con el mar Mediterráneo en la segunda parte del *Quijote*, y la alegre representación de las galeras, con sus "flámulas y gallardetes que tremolaban al viento y besaban... el agua" (II, 63). En efecto, tanto en el *Viaje* como en otras obras cervantinas, la construcción del espacio mediterráneo se acentúa con la espléndida descripción de las galeras que por varios años sirvieron de hábitat al joven Cervantes. En ese sentido, las alusiones líricas al Mediterráneo en el *Viaje* sugieren que este es otro protagonista del poema, que engendra bellísimos pasajes poéticos, como los antes citados. Más importante aún, la mención de la "real galera" en que se embarca Mercurio con el poeta Cervantes, remite a la galera La Real de Don Juan de Austria, la mayor galera de su tiempo y el buque insignia de la Armada Española en la batalla de Lepanto (1571), batalla en la que participó Cervantes como arcabucero.

Quisiera enfocar ahora la geografía concreta del itinerario marítimo proyectado en *Viaje del Parnaso*. El punto de partida de esta travesía comienza en el puerto de Cartagena (I, 133-35) para luego desarrollarse con minucia en el capítulo 3 del *Viaje*. La galera Real hace primero escala en "la escombrada playa de Valencia" (III, v. 44); pasa por el golfo de Narbona (León), "que de ningunos vientos se defiende" (III, v. 105); atisba las costas de Génova (III, vv. 131-32) y luego, las bocas del Tíber, junto a la "ancha romana y peligrosa playa" (III, 136); cruza el archipiélago de las islas Eolias (III, 140); recorre la costa de Gaeta (III, 145-47); alcanza la ciudad de Nápoles, "de castillos y torres coronada" (III, 148-65); atraviesa el estrecho de Mesina (III, 229-30); descubre la costa del Epiro (III, 280-81); pasa cerca de Corfú, "la isla inexpugnable" (III, 295) y de las riberas de Grecia, "adonde el cielo su hermosura muestra" (III, 299). Hacia el oriente, al fin, los pasajeros acceden a la visión del monte Parnaso, a cuya vista gritó un grumete: "¡el Monte, el Monte / el Monte se descubre!" Desde el Parnaso, entonces, baja Apolo a recibir a los poetas (III, vv. 310-11).

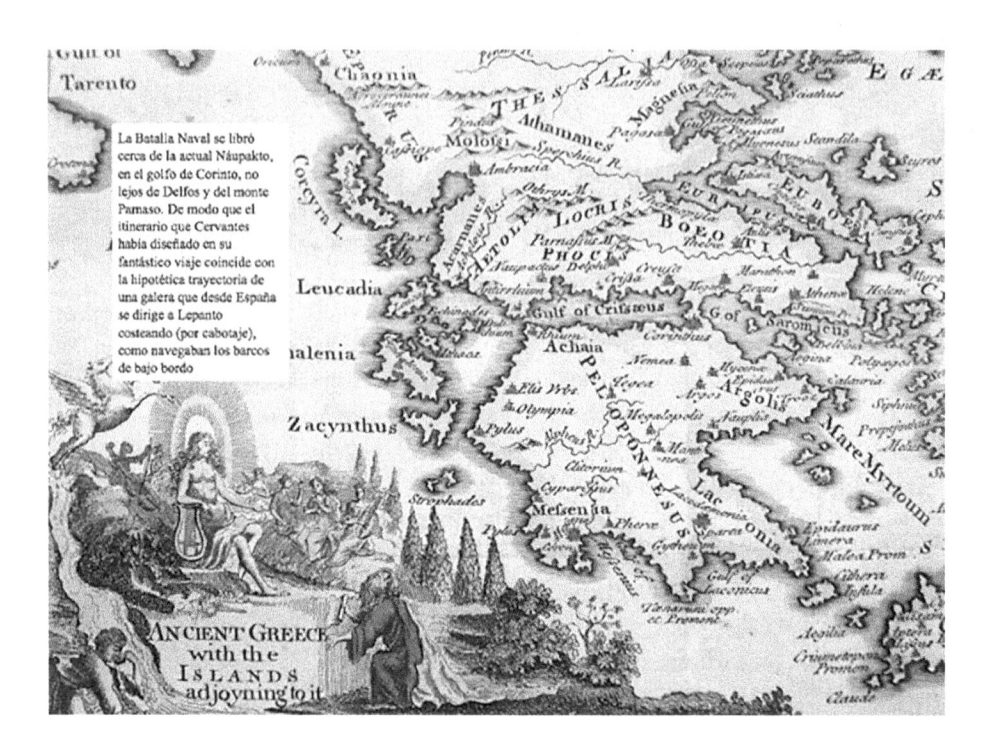

La Batalla Naval se libró cerca de la actual Náupakto, en el golfo de Corinto, no lejos de Delfos y del monte Parnaso. De modo que el itinerario que Cervantes había diseñado en su fantástico viaje coincide con la hipotética trayectoria de una galera que desde España se dirige a Lepanto costeando (por cabotaje), como navegaban los barcos de bajo bordo.

Figura 1. Mapa del Mediterráneo que dibuja el derrotero que sigue el *Viaje*.

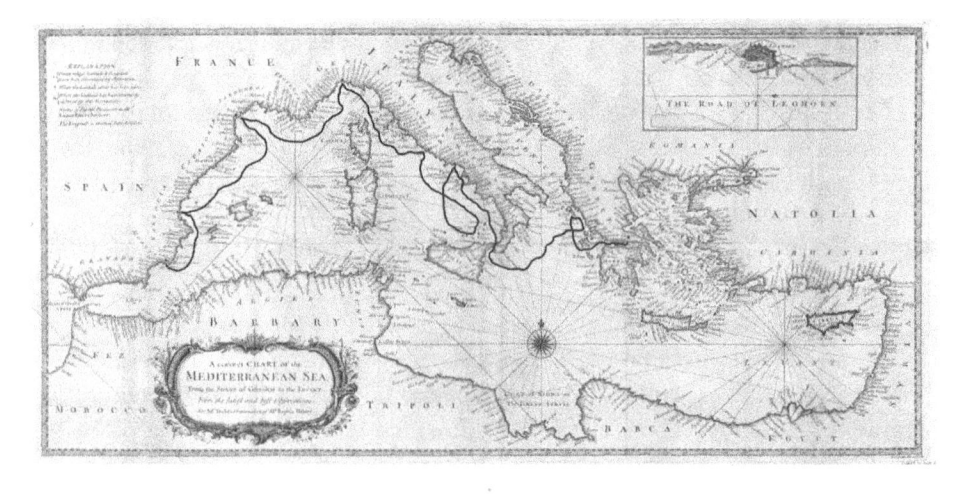

Figura 2. Mapa del Mediterráneo que dibuja el derrotero que sigue el *Viaje*.

Esta toponimia remite inicialmente al periplo italiano de Cervantes, donde comenzaría su formación vital como escritor y como soldado. Empero, la cartografía marítima esbozada en el *Viaje* también evoca insistentemente las memorias del soldado de Lepanto, primero como el modelo alegórico de la burlesca batalla naval donde el "bando católico" (VII, v. 22) y "escuadrón cristiano" (VII, v. 185), conformado por los buenos poetas, se enfrenta a la "turbamulta" de "lóbrego estandarte" (VII, vv. 205, 241). En este viaje imaginario puntuado por una geografía real estrechamente vinculada a la vida de Cervantes, aparece de nuevo la referencia obligada a Lepanto, donde la Monarquía hispánica libró un combate decisivo contra el Imperio otomano (1571). El paralelismo entre ambas batallas se despliega en el campo alegórico: los malos poetas vencidos en el combate simbolizan a los turcos otomanos y el monte Parnaso representa al Imperio cristiano liderado por España y su gran héroe miliar don Juan de Austria (Ruiz Pérez 61). De hecho, si la mención de la galera Real remite a la suntuosa nave de don Juan en la batalla de Lepanto, también la brillante arenga de Apolo, que anima a "cada cual, como guerrero experto / acudir a su deber como valiente / hasta quedar o vencedor o muerto" (VI, vv. 296-300) pone en escena de nuevo las vivencias bélicas de Cervantes y las exhortaciones del Generalísimo de la Santa Liga contra los turcos. Cabe anotar que la batalla de Lepanto se libró cerca de la actual Náupakto, en el golfo de Corinto, no lejos de Delfos y del monte Parnaso. De modo que el itinerario que el poeta-narrador Cervantes esboza en la fantástica travesía descrita en el *Viaje* coincide con la hipotética trayectoria de una galera que desde España se dirigiese a Lepanto costeando por cabotaje—como navegaban los barcos de bajo bordo—(Cervantes, *Viaje del Parnaso y poesías sueltas* 278). El poema *Viaje del Parnaso*, entonces, traza una travesía hacia el Mediterráneo oriental, donde se libra un combate decisivo que evoca la celebrada batalla naval. A la vez, este viaje imaginario sirve como antítesis de un doloroso presente, en el que la victoria histórica alcanzada por las armadas de don Juan de Austria, en Lepanto, se opone a la adversidad producida por los Argensola (Schmidt 1996).

En efecto, la aparición del mar en Cartagena (*Viaje*, cap. I), revive en el narrador Cervantes la visión de la batalla de Lepanto, que irrumpe en estos versos junto con los méritos del soldado:

Arrojose mi vista a la campaña
rasa del mar, que trujo a mi memoria
del heroico don Juan la heroica hazaña;
donde con alta de soldados gloria,

> y con propio valor y airado pecho
> tuve, aunque humilde, parte en la vitoria.
> Allí, con rabia y con mortal despecho,
> el otomano orgullo vio su brío
> hollado y reducido a pobre estrecho. (*Viaje* I, vv. 139-47)

En palabras de Montero Reguera y Romo Feito, "por vez primera vez en toda su producción literaria, aparece Cervantes como su propio héroe.... Héroe de Lepanto, en primer lugar y héroe de la poesía, en segundo" (280). En efecto, en *Viaje del Parnaso*, Cervantes construye un personaje heroico fundado en las figuras del valiente guerrero y del poeta que es "raro inventor"—así lo llama Mercurio cuando se embarca en su galera: "pasa raro inventor, pasa adelante"—(I, v, 223). Mercurio también alaba al narrador al confirmar: "tus obras los rincones de la tierra / ... descubren" (*Viaje* I, vv. 220-22). El poema revalida así lo que Cervantes expresa por medio de algunos personajes en los primeros capítulos de la segunda parte del *Quijote* (1615).

"Yo soy aquel que en la invención excede a muchos"
La apología de sí mismo que surge en el *Viaje del Parnaso* emerge ora en boca ajena—como vimos en el pasaje de Mercurio—ora como respuesta a la injuria que sufre el poeta en el capítulo 3 cuando, estando ya en el monte Parnaso, no encuentra asiento: "Y así en pie quedeme, / despechado, colérico y marchito" (III, vv. 470-71). Recordemos que, en latín, *injuria* significa "negación de justicia", por lo que el agravio recibido lleva al poeta a afirmar su propio valer:

> *Yo* corté con mi ingenio aquel vestido,
> con que al mundo la hermosa *Galatea*
> salió para librarse del olvido.
> *Soy* por quien *La Confusa*, nada fea,
> pareció en los teatros admirable,
> si esto a su fama es justo se le crea.
> *Yo,* con estilo en parte razonable,
> he compuesto comedias que, en su tiempo,
> tuvieron de lo grave y de lo afable.
> *Yo* he dado en *Don Quijote* pasatiempo
> al pecho melancólico y mohíno,
> en cualquiera sazón, en todo tiempo.
> *Yo* he abierto en mis *Novelas* un camino,

por do la lengua castellana puede
mostrar con propiedad un desatino.
Yo soy aquel que en la invención excede
a muchos, y, al que falta en esta parte,
es fuerza que su fama falta quede.
 Desde mis tiernos años amé el arte
dulce de la agradable poesía,
y en ella procuré siempre agradarte.
. . .
 Por esto me congojo, y me lastimo
de verme solo en pie, sin que se aplique
árbol que me conceda algún arrimo. (*Viaje*, IV, vv. 13-45; énfasis añadido)

Este es, como plantea Jordi Gracia, "el alegato más feroz, apasionado, conmovedor e inaudito" de toda la obra de Cervantes. En efecto, los tercetos "en defensa de sí mismo, con su propio nombre y con el título explícito de sus obras y sus méritos, echan por tierra . . . todo el ritmo narrativo del *Viaje*" (403). En ese sentido, el capítulo 4, donde aparece este conmovedor autorretrato, es el más extenso del libro. Aquí Cervantes reivindica el *Quijote* junto con las *Novelas ejemplares* y las comedias, así como los romances infinitos que ha escrito, mediante un *yo* que abre cada terceto con fuerza demoledora—"*Yo corté*", "*yo con estilo*", "*Yo he abierto*", "*Yo soy aquel que*"—. Este yo que narra y que se identifica como Miguel de Cervantes aparece cuarenta y dos veces en el *Viaje* (Roca Mussons 588), enfatizando así la dimensión autobiográfica del poema.

De esta suerte el personaje Cervantes responde al mundillo literario de 1600, marcado por un mercantilismo naciente que el autor rechaza. El orgulloso reconocimiento de su pasado de escritor, punteado por el recuerdo de sus miserias, aquí intensificado por los desdenes de otros poetas, confirma que el narrador es consciente de su condición de "raro inventor" y del valor de sus creaciones. No obstante, un impulso vital lleva al autor de del *Quijote* a superar su propio desencanto para comunicar a sus lectores sus proyectos inmediatos, como las obras que le quedan en el taller—el *Persiles*, y sus comedias y entremeses (*Viaje* y Adjunta 399)—.

Viaje del Parnaso: ¿Registro obituario o acto de nacimiento?
La autobiografía es un género imposible porque la palabra congrega tres términos, cada uno de los cuales es problemático: *auto, bio, grafía*. Sobre cada uno de estos términos el pensamiento moderno, comenzando por el psicoa-

nálisis, ha proyectado suspicacias. Reunirlos en un solo concepto complica aún más las cosas. No obstante, tanto la sospecha que genera la autobiografía, como su imposibilidad misma, animan la empresa del autobiógrafo. Pese al descrédito del género autobiográfico—con el que también comulgaba Cervantes—cabe preguntar si las autobiografías no responden siempre al deseo de redefinirnos, de descubrir nuestro ser, contra la posibilidad de ser definidos por otros. Cuando Milan Kundera estudia la historia de la novela en sus múltiples variaciones, desde Richardson, a Proust y a Joyce, afirma: "todas las novelas de todos los tiempos se orientan hacia el enigma del yo". Se trata siempre de lo mismo: "del asombro ante la incertidumbre del yo y de su identidad" (Kundera 39).

En un ensayo bellísimo sobre la autobiografía, el psicoanalista Jean Bertrand-Pontalis preguntaba: "la autobiografía: ¿es un registro obituario y/o un acto de nacimiento?" (52). En efecto, la autobiografía aparece a menudo en el psicoanálisis "como una necrología anticipada, como un gesto último de apropiación del yo, y, por tanto, tal vez, como un medio de desacreditar lo que los sobrevivientes podrían decir de nosotros, de conjurar el riesgo de que no digan nada" (Pontalis 52; mi traducción). Ser el autor de su propia oración fúnebre, ser el testigo de su propia muerte, poder decir, como lo hace Cervantes en su lecho de muerte, "*adiós regocijados amigos, que yo me voy muriendo*", es quizá el deseo de muchos. Pero quién sabe si también podría haber un deseo de decir *sobre uno mismo* las *primeras palabras*, satisfaciendo así la aspiración que subyace en toda autobiografía, junto con su contradicción interna: hacerme autor de mi vida (padre de mi biografía), en palabras de Cervantes, "hijo de mis obras".

¿Y a quién habla la autobiografía, cuando es el poeta quien la escribe? Esa "sutil y bien cortada pluma" de Cervantes, que el poeta también describe como "la espada mía" en el *Viaje del Parnaso*, se dirige a un lector ideal desconocido: "Tú, lector que me escuchas" (*Viaje*, VIII, 145). A este amigo soñado, posible poeta, también llamado "lector dulce" o "lector curioso" ("si por ventura lector curioso eres poeta", Prólogo, *Viaje*), Cervantes dirige su carta a la posteridad. Empero, como sugiere el psicoanálisis, toda autobiografía está marcada por la sombra de la muerte. Por ello quisiera proponer, a partir de los lineamientos anteriores, que el *Viaje del Parnaso* es un registro obituario anticipado que funciona también como reivindicación y, en ese sentido, como acto de renacimiento. De ahí que podamos vincular el adiós de Cervantes en *Viaje del Parnaso*—*Adiós –dije a la humilde choza mía–; / adiós, Madrid; adiós, tu Prado y tus fuentes; /... hoy de mi patria y de mí mismo salgo*" (I, 115-32)—a su último adiós a sus lectores en el *Persiles*: "*¡Adiós gracias, adiós* *donaires, adiós regocijados amigos, que yo me voy muriendo, y deseando veros presto contentos en la otra vida*!".

José Montero Reguera ha glosado con finura la despedida final que Cervantes dirige a sus lectores en el prólogo al *Persiles*. El crítico destaca la firmeza de las palabras cervantinas, acrecentada por el diseño trimembre que produce la repetición del "adiós". Su lectura subraya el acentuado ritmo del pasaje con los acentos que reiteran insistentemente el término clave (*Adiós*) y la mención de expresiones muy cervantinas ("gracias", "donaires", "regocijados amigos"). También resalta la solemnidad del último *adiós* que el autor relativiza con un donoso sesgo irónico ("deseando veros presto contentos en la otra vida"). Por último, el crítico recalca el encuentro valeroso con la muerte ineludible. Todo ello conforma el extraordinario final del último prólogo de Cervantes. Esa despedida, como hemos visto, está entrañablemente ligada al adiós literal que surge en *Viaje del Parnaso*, donde Cervantes presenta su reivindicación literaria y, a la vez, una necrología imaginada, en uno de sus últimos gestos de apropiación del yo.

Viaje del Parnaso constituye, entonces, un testamento literario de gran aliento poético. Mediante el entramado de ironía y afirmaciones del yo que constituye el hilo narrativo del *Viaje*, el autor reivindica su originalidad como creador y el lugar que le corresponde en la República de las Letras. En este poema satírico, el mar aparece como el telón de fondo imprescindible sobre el que el autor, narrador y personaje Cervantes recrea su pasado soldadesco y poético, en una reconstrucción autobiográfica que discurre desde su juventud en el Mediterráneo hasta la crisis de la senectud. Justamente, cuando se trata de subsanar mediante la creación artística las desilusiones sufridas, las cicatrices encubiertas y las glorias olvidadas, el retorno al mar de sus años de soldado-marino constituye uno de los recursos cervantinos más utilizados. Lo comprobamos en el *Viaje del Parnaso*. Sobre el lienzo azul del Mediterráneo, Cervantes traza su orgullosa reivindicación personal como creador. Autobiografía poética y registro obituario, el *Viaje del Parnaso* anuncia el legado inmortal del escritor.

Bibliografía

Canavaggio, Jean. "La dimensión autobiográfica del *Viaje del Parnaso*". *Cervantes* vol. 1, 1981, pp. 29-41.

Cervantes, Miguel de. *Viaje del Parnaso*. Editado por José Montero Reguera y Fernando Romo Feito. Real Academia Española, 2016.

———. *Poesías*. Editado por Adrián J. Sáez, Cátedra, 2016.
———. *Poesías completas*. 2 vols., editado por Vicente Gaos, Castalia, 1974.
———. *Los trabajos de Persiles y Sigismunda*. Editado por Carlos Romero Muñoz, Cátedra, 1997.
———. *Viaje del Parnaso y poesías sueltas*. Editado por José Montero Reguera y Fernando Romo Feito, Real Academia Española, 2016, pp. 242-312.
Derrida, Jacques. "Coming into One's Own". *Psychoanalysis and the Question of the Text*. Editado por Geoffrey Hartman, The Johns Hopkins UP, 1978, pp. 114-48.
Garcilaso de la Vega. *Obra poética*. Editado por Bienvenido Morros, Crítica, 1995.
Gracia, Jordi. *Miguel de Cervantes: La conquista de la ironía*. Taurus, 2016.
———. "*Viaje del Parnaso*: ensayo de interpretación". *Actas del I Coloquio Internacional de la Asociación de Cervantistas*, 1990, pp. 333-48.
Jerez-García, Jesús David. "Naumaquia mediterránea y parodia en el *Viaje del Parnaso*". *eHumanista/Cervantes*, vol. 2, 2013, pp. 227-44.
Kundera, Milan. *El arte de la novela*. Tusquets, 1987.
Lejeune, Phillipe. *Le pacte autobiographique*. Seuil, 1975.
Márquez Villanueva, Francisco. *Cervantes en letra viva: Estudios sobre la vida y la obra*. Reverso, 2005.
———. *El retorno del Parnaso: Trabajos y días cervantinos*. Centro de Estudios Cervantinos, 1995, pp. 191-240.
Montero Reguera, José. "*Entre tantos adioses*: Una nota sobre la despedida cervantina del *Persiles*". *Peregrinamente peregrinos: Actas del V Congreso Internacional de la Asociación de Cervantistas*, editado por Alicia Villar Lecumberri, 2004, pp. 721-35.
———. "*Poeta ilustre, o al menos magnífico*: Reflexiones sobre el saber poético de Cervantes en el *Quijote*", *Anales Cervantinos*, vol. 36, 2004, pp. 37-56.
Pontalis, Jean-Bertrand. "Derniers, premiers mots". *L'Autobiographie : VIes Rencontres psychanalytiques à Aix-en-Provence 1987*, editado por Michel Neyraut et al., Les Belles Lettres, 1990, pp. 49-65.
Profeti, Maria Grazia. "Cervantes enjuicia su obra: Auto-desviaciones lúdico-críticas". *Desviaciones lúdicas en la crítica cervantina*, editado por Antonio Bernat Vistarini y José María Casasayas, Universitat de le Illes Balears y Universidad de Salamanca, 2000, pp. 423-42.
Roca Mussons, María Rosa. "El yo autorial en el *Viaje del Parnaso*". *Actas del III Coloquio Internacional de la Asociación de Cervantistas*, 1993, pp. 587-93.

Rodríguez Marín, Francisco, editor. *Viaje del Parnaso de Miguel de Cervantes Saavedra*. C. Bermejo, 1935.

Rivers, Elias L. "Cervantes' Journey to Parnassus". *MLN*, vol. 75, 1970, pp. 243-48.

———. "¿Cómo leer el *Viaje del Parnaso*?". *Actas del III Coloquio Internacional de la Asociación de Cervantistas*, 1993, pp. 105-16.

———. "*Viaje del Parnaso* y poesías sueltas". *Suma Cervantina*, editado por Juan Bautista Avalle-Arce y E. C. Riley. Támesis, 1973, pp. 119-46.

Rojas, Ricardo. *Poesías de Cervantes*. Coni Hermanos, 1916.

Ruiz Pérez, Pedro, editor. *Cervantes: Los viajes y los días*. SIAL, 2006.

Schmidt, Rachel. "Maps, Figures, and Canons in the *Viaje del Parnaso*". *Bulletin of the Cervantes Society of America*, vol. 16, núm. 2, 1996, pp. 29-46.

Starobinsky, Jean. "Le style de l'autobiographie". *Poétique : Revue de Théorie et d'Analyse Littéraire*, vol. 3, 1970, pp. 257-65.

La historia editorial de la *Topographia, e historia general de Argel*

Pablo García Piñar
University of Chicago, USA

La publicación en 2011 de *An Early Modern Dialogue with Islam: Antonio de Sosa's* Topography of Algiers *(1612)* supuso, como afirma Michael Gerli en su reseña de la obra, un hito tanto en el hispanismo como en los estudios mediterráneos de la primera modernidad (239). La sutil traducción realizada por Diana de Armas Wilson de la *Topographia, e historia general de Argel* (Valladolid 1612)—obra compuesta por el clérigo portugués Antonio de Sosa durante su cautiverio en Argel—acompañada de la meticulosa edición y el extenso estudio introductorio de María Antonia Garcés, acercan al público anglosajón una obra clave para comprender la naturaleza porosa de las fronteras entre el cristianismo y el islam en el Mediterráneo del último tercio del siglo XVI. Vívido retrato de una ciudad sofisticada, diversa y multilingüe, encrucijada de las civilizaciones que pugnaban por la hegemonía en el Mare Nostrum, la *Topographia* representa, asimismo, un texto clave para la crítica cervantina, no solo porque en ella Sosa relata el segundo intento de fuga de su compañero de cautiverio, Miguel de Cervantes—convirtiéndose, de esta manera, en su primer biógrafo—sino porque, además, el texto sirvió para localizar en 1752 la partida bautismal del autor del *Quijote* en Alcalá de Henares.

En su introducción crítica, Garcés se vale de una profunda labor de investigación en archivos españoles, romanos y sicilianos para esclarecer las enigmáticas circunstancias que ocasionarían que la *Topographia* fuera llevada a estampa por el monje benedictino fray Diego de Haedo bajo la autoría de su homónimo tío, Diego de Haedo, arzobispo de Palermo. La singularidad de las circunstancias que concurrieron en su publicación ha ocasionado que especialistas como Aurelio Vargas Díaz-Toledo consideren la *Topographia* como obra de tres personas (32).

El clérigo portugués Sosa—recapitulemos—fue hecho cautivo a primeros de abril de 1577, cuando la galera en la que viajaba, la San Pablo, de la Orden de Malta, se encontraba junto a la isla de San Pedro, cerca de Cerdeña (Garcés, *Cervantes* 138). Sosa se había embarcado en Barcelona con destino a La Valeta, Malta, en un viaje que a la postre debía llevarle a Agrigento, a donde se dirigía para tomar posesión de la vicaría general de la archidiócesis y del decanato de la catedral, que le habían sido otorgados por Felipe II en octubre de 1576 (Garcés, Introduction 60). La San Pablo fue asaltada por una escuadra de bajeles y galeotas turcas, incursión en la que Sosa sería capturado junto al resto del pasaje y llevado a Argel. Allí sería adquirido por el renegado judío Caide Mahamet, de quien sería esclavo hasta julio de 1581, fecha en torno a la cual recobraría la libertad (Garcés, Introduction 63). Sosa compondría el grueso de la *Topographia* durante su cautiverio en Argel, entre 1577 y 1581, como demostraron en su momento las investigaciones de George Camamis y Emilo Sola (Garcés, Introduction 60). Poco menos de dos años después de haber sido liberado, en marzo de 1583, y ya residiendo en la corte, Sosa sería acusado de apostasía ante la vicaría de Madrid. En la denuncia, se le acusaba de abandonar ilícitamente el hábito agustino para poder acceder al puesto de vicario general de Agrigento, el cual estaba circunscrito a religiosos laicos. A estos cargos se sumaba vivir en concubinato con una mujer a la que llamaba su hermana (Garcés, Introduction 67-68). Después de pasar una temporada recluido en el convento de San Felipe el Real en Madrid, Sosa partiría a Roma para suplicar el perdón del Papa Gregorio XIII. Gracias a sus contactos en las altas esferas eclesiásticas, Sosa conseguiría que Gregorio XIII le ratificase como deán de la catedral de Agrigento, donde se desempeñaría desde finales de 1584 hasta su muerte en 1587 (Garcés, Introduction 68-71).

Sería probablemente en la rica biblioteca del palacio episcopal de Agrigento donde Sosa daría forma final a su manuscrito—argumenta Garcés—, vista la prolijidad de referencias eruditas que exhibe, por ejemplo, el "Diálogo de la cautividad" (72). En la archidiócesis de Agrigento Sosa coincidiría con el arzobispo Haedo, prelado a quien, nos dice su sobrino Diego en la dedicatoria de la *Topographia*, le preocupaban "los inmensos trabajos que los Christianos cautivos padecen en Argel" (Haedo 11). De acuerdo con lo que se dice en la dedicatoria, el arzobispo Haedo estuvo involucrado en la liberación de cautivos cristianos. Según fray Haedo, la conmiseración que el arzobispo mostraba para con ellos era tal "que para poder mejor . . . acudir al rescate de los Christianos cautivos de Argel . . . se desentraña, y lo quita V.S.I. del regalo de su persona, y ornato de su palacio Arzobispal" (Haedo 12). Los escritos de Sosa debieron pasar a manos del arzobispo Haedo después de que el primero falleciera. Debido a los escándalos anteriormente mencionados, presume Garcés, la publicación del libro bajo la autoría de Sosa era algo imposible, por lo menos mientras viviera Felipe II, a quien habían enfurecido tales transgresiones (73). Es posible que Sosa y el arzobispo Haedo conviniesen en publicar el manuscrito bajo el nombre del segundo una vez fallecido el monarca. El arzobispo Haedo confiaría la publicación del libro a su sobrino Diego, que había ejercido como su secretario personal tanto en el arzobispado de Agrigento como en el de Palermo, de 1593 a 1599 (Garcés, Introduction 51). Fray Haedo abandonaría el servicio de su tío en 1599 y, a su llegada a la península ibérica en junio, retornaría al monasterio de San Benito el Real de Valladolid, donde había sido prior. Una vez allí, fray Haedo editaría los manuscritos de Sosa "dándoles la última forma y esencia", tarea sin la cual, declara Haedo en la dedicatoria a su tío, "no se podían imprimir, ni sacar a luz" (Haedo 10-11).

Desde el fallecimiento de Sosa en 1587, hasta la publicación de la *Topographia* en 1612 pasarían veinticinco años—catorce desde la muerte de Felipe II y cuatro desde el deceso del arzobispo Haedo—. La gradual desaparición de los actores involucrados en el "asunto Sosa" debía haber disipado los recelos a que la publicación de la obra atrajese la ira regia o el rigor del Santo Oficio. ¿Por qué, entonces, se demoró tanto la publicación de la obra?

Basándose en la información contenida en los preliminares legales del libro y en la obtenida mediante trabajo de archivo, el presente trabajo traza el camino recorrido por el manuscrito de Sosa desde que Haedo lo pusiera en manos de los censores benedictinos hasta el momento de su publicación. Se consagran, de igual manera, dos secciones al rol desempeñado por Antonio Coello, librero costeador de la impresión, y por el impresor Diego Fernández de Córdoba y Oviedo.

El camino editorial de la *Topographia*

La trayectoria editorial de la *Topographia* se iniciaría, como era habitual en las órdenes religiosas, con la solicitud de autorización de impresión al superior de la orden. Este proceso, escrupulosamente estipulado en las Constituciones de San Benito (Barcelona 1575), requería que el texto a publicar pasase por el escrutinio de un miembro de la congregación docto en la materia:

> Que ningun religioso de nuestra congregacion saque aluz obra alguna para imprimir la, sin que primero lo consulte con nuestro reverendo padre, que vea la dicha obra, o la cometa a las personas doctas de nuestra congregacion, que a su Reuerendissima paternidad le paresciere, y con

esta aprouacion y licencia, que a de ponerse al principio, se podra la dicha obra imprimir, lo qual mandamos se cumpla, en virtud de santa obediencia, y el que lo contrario hiziere sea castigado con todo rigor. (101v)

El general de la Congregación de San Benito, fray Antonio Cornejo—que había sido elegido solo unos pocos meses antes en el capítulo celebrado en mayo (Zaragoza Pascual, 4, 221)—encomendaría el examen de la *Topographia* a fray Juan del Valle, prior mayor de San Benito el Real. Del Valle era un religioso de notoria reputación, dentro y fuera de la Orden. Como refleja el informe de méritos para su candidatura al obispado de Nueva Galicia, elaborado el 20 de febrero de 1606, del Valle había estudiado Derecho en Salamanca, además de Artes Liberales y Teología. Tenía, asimismo, el título de predicador y, debido a que era "persona docta de mucha virtud y gouierno", había sido también procurador general (Orozco y Jiménez 308). La documentación que se conserva en el Archivo Histórico Provincial de Valladolid y que registra las interacciones entre del Valle y el mercader de libros Antonio Coello, como veremos más adelante, da a entender que el prior mayor de San Benito estaba estrechamente vinculado a la publicación de los libros de la orden. En su censura, del Valle no encuentra "cosa contra nuestra santa Fé Católica o buenas costumbres", y califica la obra como "materia de mucha suavidad y gusto", de cuya lectura obtendría el lector "mucho fruto", otorgando, de esta manera, su aprobación (Haedo 8).

La aprobación de del Valle no está fechada, pero, como es natural, debió efectuarse con anterioridad al 6 de octubre de 1604, fecha en la cual el General de San Benito, fray Cornejo, confería a la obra la licencia de la orden para su publicación. En dicha licencia—rubricada por fray Gregorio de Lazcano, secretario de la Congregación (Zaragoza Pascual, 4, 222)—Cornejo reforzaba el dictamen de Valle, ordenando a Haedo publicar la obra "por santa obediencia" (Haedo 9). Por lo general, la orden se hacía cargo de financiar la publicación de obras escritas por sus miembros. En el capítulo general de 1607, por ejemplo, la congregación resolvió dar a imprimir la *Corónica general de la Orden de San Benito*, de fray Antonio de Yepes, y que se les entregasen a este doscientas copias del libro (Zaragoza Pascual, 4, 241). Los autores benedictinos solían solicitar ayuda económica para la impresión de sus obras, como haría fray Leandro de Granada en el Capítulo General de 1604, o el reembolso por una obra ya publicada, como fue el caso de fray Antonio Pérez, quien solicitó que se le reintegrara la impresión de su *Laurea Salmantina* (Amberes, 1604) (Zaragoza Pascual, 4, 221). En ese mismo capítulo se le otorgaron a fray Granada fondos para publicar su *Libro intitulado insinuación de la divina piedad* (Salamanca, 1605).

Tanto en la aprobación de del Valle como en la licencia del General de la Orden se alude a la obra con el título genérico de *Hystoria de las cosas de Argel*. Este título probablemente haga referencia al segundo libro, el "Epítome de los reyes de Argel". El hecho de que se manejara un título genérico, junto con que fray Haedo no haya firmado la dedicatoria a su tío hasta el 25 de diciembre de 1605, sugiere que, probablemente, Haedo continuó editando el texto durante más de un año después de que este hubiera pasado el examen de la Orden.

El examen de los preliminares legales sugiere, asimismo, que la Orden de San Benito de Valladolid no iniciaría inmediatamente los trámites para lo obtención de la licencia y privilegio de impresión del libro. Gracias a la labor de investigación realizada por Fernando Bouza—además del trabajo de síntesis realizado por José Manuel Lucía Megías sobre esta cuestión—se tiene un sólido conocimiento de los procesos administrativos requeridos por el Consejo de Castilla para la obtención de licencias y privilegios. Según consta en la resolución del Consejo impresa en los preliminares legales de la *Topographia*, la presentación del memorial de impresión sería realizada por fray Francisco de Valdivia y Mendoza, procurador general de la Congregación en Madrid. De acuerdo con Bouza, esta era la práctica habitual en las órdenes religiosas, que habitualmente delegaban las diligencias de licencia de impresión a sus procuradores (Bouza, *"Dásele"* 88). En cualquier caso, fray Haedo no hubiera podido gestionar las diligencias administrativas en persona debido a una nueva norma aprobada en el Capítulo General de San Benito de 1607, en la que se prohibía a los abades alejarse de sus abadías (Zaragoza Pascual, 3, 239). Este memorial presumiblemente incluiría, copiadas, las aprobaciones de fray del Valle y fray Lazcano. En el expedientillo resultante, hoy perdido, lamentablemente, Valdivia y Mendoza describía la *Topographia* como "muy útil y provechos[a]", además de no contener "cosas contrarias a las buenas costumbres", y solicitaba, asimismo, licencia de veinte años (Haedo 4).

Los escribanos de cámara—apunta Bouza—solían hacer constar dos fechas en el expediente que comprendía el memorial: la fecha en la que se había entregado la petición y el original de la obra, y la fecha en la que se encargaba el examen del censor designado por el Consejo de Castilla (Bouza, *"Dásele"* 81). Al no haberse conservado el memorial de petición, se desconoce la fecha exacta en la que Valdivia y Mendoza presentó el memorial ante el Consejo. Esta, sin embargo, debió ser con bastante anterioridad al día 18 de octubre de 1608, fecha en la que el censor, Antonio de Herrera y Tordesillas, Cronista Mayor de Castilla, expedía la aprobación de la obra. El proceso de evaluación del original—que llegaba a manos del censor con sus hojas signadas por un escribano de cámara (Bouza, *"Dásele"* 112)—podía retrasarse años. Según argumenta Hipólito Escolar Sobrino, "[l]os originales dormían en poder de los censores, que alegaban no tener tiempo para examinarlos, sin que el Consejo hiciera algo por remediar las largas demoras" (367). El hecho de que fuera el procurador general de la congregación en Madrid quien presentara el memorial de petición sugiere que la Orden de San Benito de Valladolid esperó al regreso de la corte de Felipe III a Madrid para solicitar la licencia y el privilegio de impresión.

Para cuando fray Haedo signó la dedicatoria de la *Topographia*, el 25 de diciembre de 1605, la ciudad de Valladolid se encontraba inmersa en los rumores del retorno de la Corte a Madrid, que habían comenzado a circular en la primavera (Alvar Ezquerra 154). Estos rumores se materializaron el 6 de febrero de 1606, fecha en la que se hizo público que el 21 de marzo se suspenderían las actividades de los Consejos y que en abril se reanudarían en Madrid (Alvar Ezquerra 163, 166). La operación para trasladar la corte de vuelta a Madrid fue diseñada por el duque de Lerma, quien, según recoge Alfredo Alvar Ezquerra, determinó que la mudanza debía ser escalonada "para excusar confusión y facilitar los medios" (154). Las primeras en trasladarse serían las casas reales y, a partir de ahí, los Consejos de Estado y Guerra, mudándose a continuación el Real, "para que no se interrumpan los negocios, y luego los demás, por su antigüedad, de tal manera que no vayan juntos sino dándose plazo entre unos y otros" (Alvar Ezquerra 155). El Consejo de Castilla llegaría a Madrid el 10 de abril de 1606, así que, de este modo, el memorial debió de presentarse entre esa fecha y el 18 de octubre de 1608 (Alvar Ezquerra 163).

La licencia se tramitaría en la escribanía de cámara de Miguel de Ondarza Zavala, una de las seis que funcionaban en el Consejo de Castilla. La documentación que se conserva perteneciente a esta escribanía se encuentra hoy en el Archivo Histórico Nacional, integrada en las escribanías de cámara de Valentín de Pinilla y de Manuel Eugenio Sánchez Escariche, sus últimos titulares (Lucía Megías, "Los documentos" 223 n. 15, 224 n. 19). He buscado el memorial de la *Topographia* en los legajos de expedientillos de ambas escribanías correspondientes a los años que interesan, lamentablemente sin obtener resultado.

La persona asignada para tramitar el expediente—figura conocida como el encomendero del expediente—sería el propio Ondarza Zavala, el cual comisionaría la censura del ordinario al cronista Herrera y Tordesillas. Este examinaría el original manuscrito de la obra, que Valdivia y Mendoza hubo de entregar adjunto con el memorial (Bouza, *"Dásele"* 80). Herrera y Tordesillas, como se ha dicho arriba, redactaría la aprobación de la obra el 18 de octubre

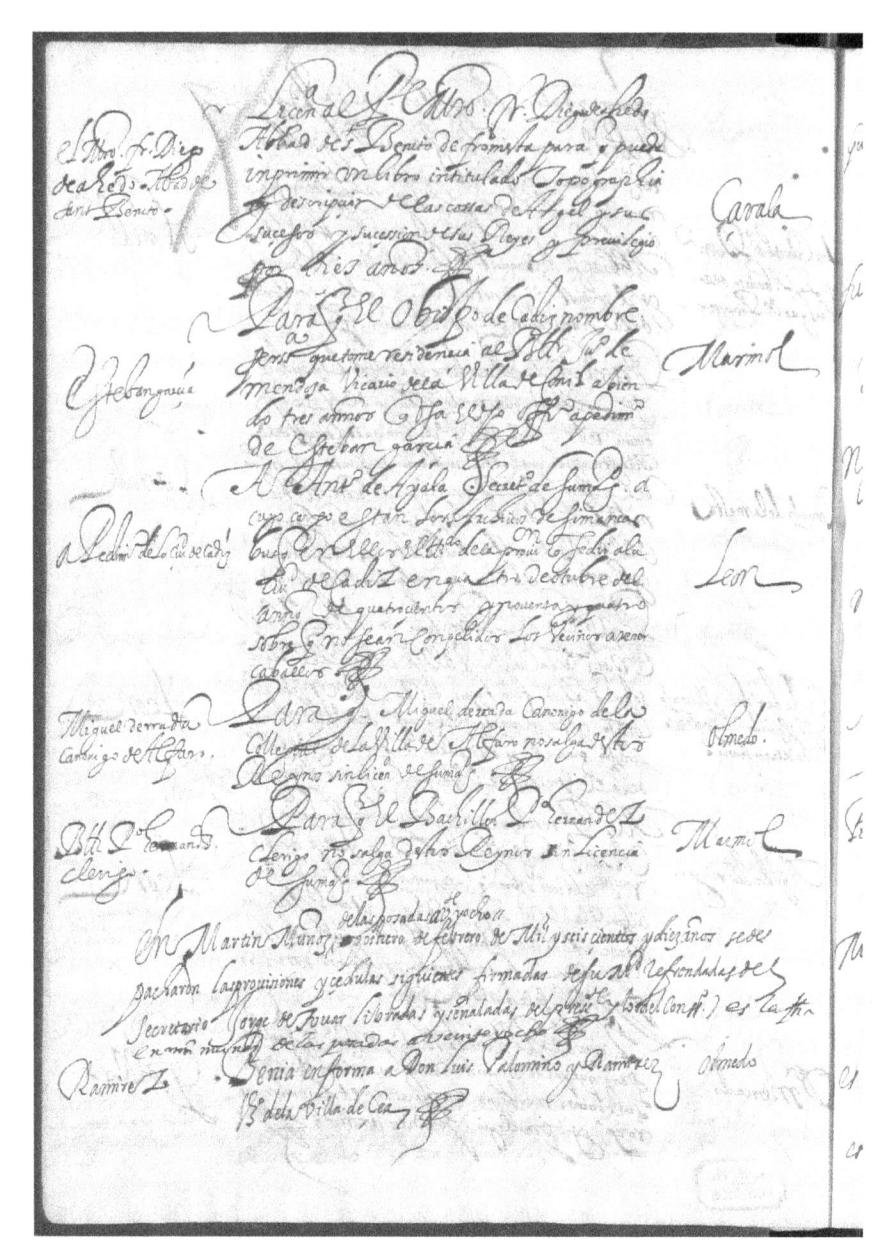

FIGURA 1. Registro de la licencia de la *Topographia e historia general de Argel* en el *Libro de Justicia de los años 1608 a 1614* (AHN.Consejos,L.643, fol. 93v).

de 1608 alabando su "mucha doctrina, y elegancia curiosa" y recomendando su publicación "por el mucho fruto que a la Cristiandad se le ha de seguir" (Haedo 7). En la aprobación de ordinario aparece el título con el que la obra se presentó para solicitar la licencia y privilegio de impresión: *Thopographia, y descripcion de Argel, y sus sucessos, y sucession de sus Reyes*, que hace referencia al primer y segundo libro, "Topographia o descripcion de Argel y sus habitadores y costumbres" y "Epítome de los reyes de Argel". Como se discutirá más adelante, los títulos que aparecen en las solicitudes de licencia no siempre coinciden con el que tendrán definitivamente (Bouza, *"Dásele"* 54).

A pesar de que la *Topographia* contaba con la censura de ordinario desde el 18 de octubre de 1608, la licencia y privilegio de impresión de la obra no se despacharía en el Consejo de Castilla sino hasta el 15 de febrero de 1610, como está reflejado en el *Libro de Justicia de los años 1608 a 1614* (AHN. Consejos, L.643, fol. 93v). Los Libros de Justicia, explica José Manuel Lucía Megías, servían para registrar las provisiones y cédulas que eran libradas por el Consejo (Lucía Megías, "Los documentos" 228). En el margen izquierdo de cada entrada se apuntaba el nombre del solicitante, y en el derecho, el escribano de cámara que lo había tramitado. Así, pues, consta la entrada de la *Topographia* (Fig. 1):

	Licencia al P^e Mtro. Fr. Diego de ahedo	
el Mtro. fr. Diego de	Abbad de St Benito de fromista para q pueda	
Ahedo. Abad de	inprimir un libro intitulado *Topographia*	Çavala
San Benito.	*y descripçion de las cossas de Argel y sus*	
	suçesos y suçession de sus Reyes y privilegio	
	por diez años.	

Como consta en la entrada, el Consejo aprobaba la licencia de impresión, aunque en lugar de conceder veinte años de privilegio, como solicitaba Valdivia y Mendoza, solo se otorgaron diez. La resolución del Consejo sería refrendada por Jorge de Tovar y Valderrama, secretario de Felipe III, tres días después, el 18 de febrero. En la licencia de impresión, publicada en los preliminares del libro, se ordenaba "al autor, o persona a cuya costa le imprimiere" que, antes que se pusiera el libro a la venta, se trajese ante el Consejo un testimonio de las erratas realizado "por corrector por nos nombrado" (Haedo 5). El Consejo mandaba asimismo al impresor que no entregase "más de un solo libro con el original" a la persona a cuya costa se imprimiera la obra hasta que "el dicho libro esté corregido y tasado por los del nuestro Consejo" (Haedo 5). Como apunta Lucía Megías, los originales manuscritos de cédulas como esta se conservaban en los cedularios de los escribanos de cámara. Desafortunadamente, solo se conserva un único libro de cédulas en el Archivo Histórico Nacional—de escribanía desconocida—que cubre los años que interesan a esta investigación, de 1578 a 1615, y que no puede consultarse al estar en mal estado de conservación (AHN.Consejos,41056,N.1).

Los dos últimos trámites administrativos, el testimonio de erratas y la solicitud de tasa, tendrían lugar en 1612, más de dos años después de la consecución de la licencia. Esta dilación pudo deberse a que la Orden de San Benito resolviera no costear la impresión de la obra y que aguardase a que un tercero lo hiciera. La prioridad de los benedictinos en ese momento, según recoge Ernesto Zaragoza Pascual, era la publicación del tercer tomo de la *Corónica General de la Orden de San Benito, patriarca de religiosos* de fray Antonio Yepes, una publicación monumental de cuatrocientos cincuenta folios. Así, pues, en el Capítulo General de 1610, celebrado en mayo—es decir, tres meses después de haber recibido la licencia—se acordaba cubrir los gastos de impresión de la *Corónica*, sin discutirse ningún otro libro en esa sesión (Zaragoza Pascual, 3, 268). Esta hipótesis cobra fuerza si se tiene en cuenta que, como explica Bouza, la tasa, además de fijar un precio de venta por pliego, es una licencia que autoriza a vender lo impreso (Bouza, *"Dásele"* 137). Como consta en el frontispicio de la *Topographia*, la persona que sufragaría la impresión de la obra sería el mercader de libros Antonio Coello—o Cuello, como él mismo firmaba—. Es razonable asumir que, como parte interesada, fuera él quien presentara al doctor Agustín de Vergara, corrector facultado por el Consejo de Castilla en la ciudad de Valladolid, el original signado por Ondarza Zabala junto con una copia del libro ya impreso—que él mismo había costeado— para que llevara a cabo la fe de erratas, la cual se firmaría el 3 de junio de 1612. De ser así, es probable que él fuera la enigmática "parte del dicho Maestro Diego de Haedo" a la que alude la tasa, fijada el 19 de octubre de 1612 y cuyo memorial, desafortunadamente, no se ha conservado (Haedo 1).

El título con el que se alude a la obra en la tasa, *Topographia, o descripción de Argel, y sus habitadores, y costumbres*, hace, de nuevo, referencia a los dos primeros libros. Dado lo anteriormente expuesto, es razonable atribuir a Coello esta pequeña alteración en el título con respecto al que consta en el memorial de licencia. Como explica Lucía Megías, era habitual entre los mercaderes de libros modificar el título de la obras que habían costeado (Lucía Megías, "Misterio" 32). Elizabeth R. Wright juzga el título impreso en el frontispicio—*Topographia, e historia general de Argel, repartida en cinco tratados, do se veran casos estraños, muertes espantosas, y tormentos exquisitos, que conuiene se entiendan en la Christiandad: con mucha doctrina, y elegancia curiosa*—"entre lo sensacionalista y lo moralizante" (570), mientras que Garcés considera las alusiones que se hacen en el subtítulo a los diálogos sobre el cautiverio "a sales pitch for the whole work" (6-7). Bouza lo denomina "dar golosina" al acto de adobar el título de la obra para captar la atención del público insinuando contenidos impactantes o escandalosos, explicando que esta era una práctica habitual entre autores, impresores, libreros y costeadores (Bouza, "*Da golosina*" 323).

Antonio Coello, costeador de la *Topographia*

No se ha conservado documentación que permita conocer los entresijos del concierto de cesión de privilegios y licencias alcanzado entre la Orden de San Benito—o quizá el propio fray Haedo—y Coello para la publicación de la *Topographia*, ni tampoco del acuerdo entre este y el impresor Fernández de Córdoba y Oviedo. Gracias a las investigaciones realizadas por Anastasio Rojo Vega se sabe que Coello era cliente habitual de la escribanía de Juan Ruiz, cuya documentación actualmente se encuentra en el Archivo Histórico Provincial de Valladolid, aunque su nombre aparece también ocasionalmente en los protocolos notariales de escribanías como las de Juan Bautista Martínez de Párraga o Pedro Rodríguez Muñiz. Lamentablemente, no se conservan los protocolos de la escribanía de Juan Ruiz correspondientes a los años 1611, 1612 y 1613, que son cuando probablemente se habrían registrado estos contratos. La documentación conservada nos ofrece, no obstante, un testimonio elocuente de la labor de Coello como mercader de libros.

El contexto de la producción material de la *Topographia*, como se ha señalado, es el del declive demográfico y financiero que sufrió la ciudad de Valladolid después del regreso a Madrid de la Corte de Felipe III en 1606. La corriente migratoria provocada por la marcha de la Corte, apunta Adriano Gutiérrez Alonso, desencadenaría otra causada por la disminución de la oferta de trabajo y el aumento de la presión fiscal, lo que, junto a la expulsión de los moriscos, provocaría que la población de la ciudad se redujera en un 44% de 1591 a 1635 (43). Este descenso de la población se traduciría en una crisis de las actividades artesanales y comerciales en la ciudad, caracterizada por un auge en la importación de manufacturas extranjeras y el aumento de la tributación, así como en el descenso del consumo y de la decadencia de las ferias de la región (Gutiérrez Alonso 54). Las consecuencias económicas del desmoronamiento financiero de la ciudad serían, por tanto, inevitables para los gremios de impresores y libreros.

De acuerdo con Rojo Vega, en 1603 había diez imprentas activas en la Corte de Valladolid. Para 1610, cuatro años después de la partida de la Corte, ya solo quedaban cuatro: las de Juan Godínez de Millis, Juan de Bustillo, Jerónimo Murillo y Cristóbal Lasso Vaca (Rojo Vega 14-15). También según Rojo Vega, esta fecha marca el comienzo de la decadencia de la imprenta en Valladolid. Hasta ese momento, los impresores gozaban de una relativa autonomía que les permitía incluso imprimir libros a su propia costa (11). A partir de entonces las prensas vallisoletanas comenzarían a depender de capitales ajenos, teniendo que vincularse a instituciones que les garantizaban cierto volumen de trabajo o, en muchos casos, integrarse en imprentas institucionales, como las de la Inquisición, la Chancillería, la Universidad, el convento de San Pablo, el de San Benito, la Compañía de Jesús, o el colegio de Santa Cruz (Rojo Vega 11; Rubio González 211). Este sería el caso de la sociedad formada por Godínez de Millis y Fernández de Córdoba y Oviedo, que desarrollaría sus actividades en el taller del convento de San Francisco, como veremos más adelante (Rojo Vega 11-12). La imprenta en Valladolid, por tanto, vendría a depender casi exclusivamente del mercado de literatura jurídica, académica y religiosa, es decir, del que era de interés para las instituciones que albergaban dichas prensas (Rubio González 211).

Este escenario se debió, en gran parte, al auge demográfico que experimentó el estamento eclesiástico durante aquellos años. Para 1645, apunta Gutiérrez Alonso, la población clerical de Valladolid había crecido por encima del 50% con respecto a la de 1591, representando un 11% de la población total de la ciudad—mientras que en 1591 era solo de un cuatro por ciento (59-60)—. Entre 1601 y 1609 se fundarían cinco conventos de órdenes masculinas—el de San Diego, el de los Clérigos menores, el de los Mercedarios descalzos, el de los Trinitarios descalzos y el de San Nicolás—mientras que entre 1605 y 1606 se erigirían otros tres conventos de órdenes femeninas—el de la Aprobación, el de Nuestra Señora de la Laura y el de las Agustinas Recoletas (Gutiérrez Alonso 60)—. Es por esta combinación de factores que Gutiérrez Alonso califica a la Valladolid de la primera mitad del siglo XVII como una ciudad conventual (58).

La mercancía de libros, por su parte, como actividad dependiente de la industria de la imprenta, experimentaría dificultades similares. En términos generales, los mercaderes de libros de Valladolid, que hasta entonces se habían especializado en la distribución, se adaptarían a la nueva coyuntura reforzando sus lazos comerciales con las distintas órdenes religiosas asentadas en la ciudad (Rojo Vega 41).

Este sería también el caso de Coello, a cuya costa se imprimiría la *Topographia*. Según apuntan las investigaciones de Mercedes Agulló y Cobo y de Rojo Vega, Coello pertenecía a una familia dedicada íntegramente a la mercadería de libros. Su padre, Baltasar Coello, había ejercido como librero en Valladolid desde mediados del siglo XVI (Agulló y Cobo 62). Sus hermanos Diego, Gaspar y Pedro, siguieron un camino semejante al de su padre, con diferente fortuna, tanto en Valladolid como en Madrid (Agulló y Cobo 62-64; Rojo Vega 83). Gracias a su matrimonio con Paula de San Miguel, Coello estaba asimismo emparentado con el mercader de libros Lorenzo de San Miguel (Rojo Vega 83).

Antonio Coello fue, sin duda, la figura dominante de la mercadería de libros en la Valladolid de principios del siglo XVII. A su costa se imprimieron al menos catorce libros solo en la capital vallisoletana, como muestra María Marsá, aunque es posible que costeara más obras, según se desprende de las indagaciones de Rojo Vega (83-86). Los primeros datos que se tienen de él en calidad de librero son del año 1600, aunque no aparecerá sólidamente asentado en su profesión hasta los años de la capitalidad imperial de la ciudad. Durante esa época costearía obras de temática diversa, como la traducción y glosa que fray Agustín López hizo de *De consolatione Philosophiae* (1604) de Boecio, una relación sobre las celebraciones que se hicieron en Valladolid con motivo del nacimiento del hijo primogénito de Felipe III—futuro Felipe IV—(1604), una edición de la refundición que Florián de Ocampo hizo de la *Crónica General* (1604) de Alfonso X, además de una recopilación de comedias de Lope de Vega hecha por Bernardo Grasa—que volvería a publicar en 1609 ampliada con doce entremeses—(1605). A partir del retorno de la Corte a Madrid y probablemente apremiado por las circunstancias anteriormente descritas, Coello se centraría exclusivamente en sufragar obras de carácter dogmático, moral o devoto.

Coello privilegiaría a la Orden Franciscana y a la de San Benito como fuentes de obras para publicar, aunque ocasionalmente costearía libros de autores jesuitas o dominicos. A su nombre se costearon dos ediciones del *Parayso de la gloria de los santos* del franciscano fray Diego de la Vega—la segunda en dos volúmenes—(1606 y 1607), además de un *Empleo y exercicio sancto sobre los evangelios de las Dominicas despues de Pentecostes* (1608) del mismo autor, todas impresas en el taller de Bustillo. Con los benedictinos concertaría la impresión de la traducción que fray Granada hizo de la *Vida y revelaciones* (1607) de Santa Gertrudis, el *Arte de bien vivir y guia de los caminos del Cielo* (1611) de Antonio de Alvarado, además de la *Topographia*.

El proceso por el cual los libreros adquirían ordinariamente los privilegios y las licencias para poder editar las obras, explica Bouza, era mediante un concierto de cesión, en el que ambas partes fijaban las condiciones de su duración, así como los términos en los que se efectuaba el pago, que habitualmente implicaba una compensación económica y una porción de los libros que se imprimiesen (Bouza, "Costeadores" 36). Por consiguiente, mediante esta cesión, los mercaderes de libros quedaban eximidos de solicitar una nueva licencia de impresión. Así sería, por ejemplo, el concierto alcanzado en 1609 entre Coello y el padre Alonso Ramírez, procurador general de la Compañía de Jesús, por el privilegio de impresión de la *Guia espiritual* de Luis de la Puente, en el que Coello se comprometía a entregar ciento sesenta ejemplares al colegio de San Ambrosio (Rojo Vega 85).

La documentación conservada muestra que Coello mantenía una relación comercial estrecha y cordial con los benedictinos de Valladolid. Sirva de ejemplo una escritura hecha el 31 de agosto de 1605 en el monasterio de San Benito el Real, en la que Coello, en sociedad con Martín de Córdoba y en presencia de sus esposas, pagaba a fray Valle, prior mayor del monasterio, diez mil reales. Esta suma correspondía a uno de los plazos de una deuda de 21400 reales que Coello y Córdoba mantenían con la orden por la impresión de seiscientos ejemplares de la *Historia general de la India Oriental* (1603) de fray Antonio de San Román, así como otros cuatrocientos cuerpos de la *Agricultura alegorica o spiritual* (Burgos 1603) de fray Diego Sánchez Maldonado, a lo que se unía la devolución de un préstamo de cinco mil reales que el propio del Valle les había otorgado hacía justo un año. Estos diez mil reales, sin embargo, incluían ya una rebaja de seiscientos cincuenta reales que del Valle les había hecho "por el buen cuidado dilig[a] y trauajo q han tenido en el despacho de los dhos libros" (AHPV, Juan Ruiz, prot. 697, fol. 1234r).

En otra escritura del 4 de enero de 1610, Coello recibía de manos de fray Matías de San Millán doscientos cuerpos de los *Apuntamientos quadragesimales*, obra escrita por el general de la orden, fray Pérez, e impresa por Lasso Vaca (Valladolid, 1610), "p[a] los llebar a la ciudad de Sebilla pagados los portes por el dho p[e] general" (AHPV, Juan Ruiz, prot. 699, fol. 64r). Una vez en Sevilla, el librero se obligaba a "que luego que alla llegue los hare bender y despachar y beneficiar la dha venta y despacho como de cosa que fuera mía propia" (fol. 64r-64v). En la escritura, Coello se comprometía a vender cada ejemplar a dieciocho reales y, en caso de conseguir venderlos por más, reembolsaría al convento "la dha tal demasia de lo en que los bendiere sobre los dhos diez y ocho Rls cada cuerpo" (fol. 64v). En caso de no conseguir venderlos, Coello rogaba "se entienda aber cumplido con entregarlos al monasterio y conbento de san benyto de la dha ciu^d de sebilla al padre miguel de arratia, mayordomo, o a fray fr^o de bitoria" (fol. 64v).

La impresión de la *Topographia*

La impresión de la *Topographia*, según consta en su frontispicio, corrió a cargo de Fernández de Córdoba y Oviedo. Fernández de Córdoba y Oviedo es un personaje esquivo debido, por un lado, a lo común de su apellido, y por otro, a la homonimia imperante en su familia. Según recoge Rojo Vega, descendía de un extenso linaje de impresores. Su bisabuelo, Diego Fernández de Córdoba, ejerció como impresor en varias localidades de Castilla la Vieja a principios del siglo XVI (Rojo Vega 99). Su abuelo, Francisco Fernández de Córdoba, ostentaba el título de impresor de su magestad en 1566, mientras que su padre, Diego Fernández de Córdoba, trabajaba en 1575 en el taller del monasterio jerónimo de Nuestra Señora del Prado, imprimiendo bulas de la Santa Cruzada (Rojo Vega 99). Al morir este, en torno a 1603, el hermano mayor, Francisco, heredaría los materiales de la imprenta, lo que debió causar tensiones en el seno familiar (Rojo Vega 99). Testimonio de esa tirantez es una escritura de anulación hecha el 16 de octubre de 1610 entre Francisco Fernández de Córdoba y su madre, Ana Vélez de Salcedo. En ella, Vélez de Salcedo, a causa de una serie de pleitos que tuvo con su hijo por el arrendamiento de una casa, un préstamo y "otros dares y tomares", anulaba

> una escritu^a que ella le tiene p^a fabor del dho fran^{co} de cordoba p^a despues de sus dias porque se lo pago del metal y prensas y otras cosas del mon^o de prado, tocante al ofizio de su imprenta que montaua en si la dha escritura myll y doscientos y sesenta y nueve Rls. (AHPV, Juan Ruiz, prot. 699, fol. 1029r)

En un documento reproducido por Rojo Vega—del cual este investigador no indica la procedencia—, Francisco Fernández de Córdoba se refiere a su hermano con una tirantez similar: "si el dicho Diego de Córdoba fuere obediente a su hermano y asentare en su oficio y fuere hombre de bien, no le pediría cosa alguna" (100).

En lugar de instalarse con su hermano en el taller del monasterio del Prado, Diego Fernández de Córdoba y Oviedo optaría por emplearse en el del convento de San Francisco, junto al impresor Godínez de Millis. Rojo Vega sugiere que Fernández de Córdoba y Oviedo se desempeñó en dicho taller como sirviente de Godínez de Millis, aunque no aporta documentación que acredite tal punto (110). Juntos produjeron en 1611 la *Quarta parte de la Chronica General de Ntro. Padre San Francisco y su apostolica Orden* del franciscano fray Antonio Daza.

Originalmente afincado en Medina del Campo, Godínez de Millis se trasladó a Valladolid en 1609 y se instaló en una casa de la calle de la Librería perteneciente a Coello (Rojo Vega 110). Para él, Godínez de Millis imprimiría la *Relacion de lo sucedido en la ciudad de Valladolid desde el punto del felicissimo nacimiento del Principe Don Felipe Dominico Victor nuestro Señor*, en 1605, además del *Parayso de la gloria de los santos* de fray Diego de la Vega, en 1606. Con estos antecedentes, es probable que Coello ofreciera la impresión de la *Topographia* a Godínez de Millis, pues Bustillo, impresor de cabecera del propio Coello —en su taller se imprimieron ocho de sus libros— había hecho testamento en 1610 (Rojo Vega 74). El de 1612 sería, sin embargo, un año excepcionalmente atareado para Godínez de Millis. Ese año tendría a su cargo la impresión de las voluminosas primera y segunda parte de la *Curia Philippica* de Juan de Hevia Bolaños, de 796 y 976 páginas cada una, *De la perfeccion del christiano en todos sus estados*, del padre Luis de la Puente, de 850 páginas, las *Controversiae theologicae* de fray Gregorio Ruiz, de 545 páginas, además del *Manual de consideraciones y exercicios espirituales para saber tener oracion mental* de fray Tomás de Villacastín, de 357 páginas.

Es probable que Godínez de Millis recomendara a Fernández de Córdoba y Oviedo para la labor, pues ya habían trabajado conjuntamente imprimiendo la *Crónica General* franciscana. La realidad es que, salvo ese volumen, Fernández de Córdoba y Oviedo tenía poca experiencia como impresor. De hecho, su producción como impresor es exigua, limitándose a cinco libros: la *Crónica General* franciscana (1611), el *Centiloquio de encomios de los Santos* (1612) y las *Tardes de quaresma* (1614), ambos de fray Pablo de Santa Cruz, la *Relacion de la rebelion y expulsion de los moriscos del Reyno de Valencia*, de Antonio de Corral y Rojas, y la *Topographia*.

La documentación conservada sugiere, sin embargo, no solo que Fernández de Córdoba y Oviedo y Coello se conocían, sino que tenían una relación cercana. Esto puede inferirse de una escritura fechada el 11 de mayo de 1610 en la que se da cuenta de cómo, aprovechando un viaje que Fernández de Córdoba y Oviedo hizo a la Corte, Coello le confió la entrega de unas escrituras al licenciado Pedro Várez de Castro, a quien Coello había comprado la imprenta que este tenía en Valladolid (Rojo Vega 85). En el documento, Beatriz de Córdoba, hermana de Fernández de Córdoba, atestiguaba que su hermano había escrito desde Madrid anunciando que ya las había entregado (AHPV, Juan Ruiz, prot. 699, fol. 439v).

Se hace difícil aventurar una fecha concreta tanto para el comienzo de los trabajos de impresión como para su conclusión. La fecha tope con la que contamos es la de la rúbrica del testimonio de erratas, firmada por Vergara el 3 de junio de 1612, aunque, presumiblemente, la impresión debió finalizarse con bastante antelación. Llego a esta conjetura considerando que Vergara atestó prácticamente la totalidad de los libros impresos en Valladolid entre 1611 y 1612. La acumulación de ejemplares pendientes de revisión seguramente demoraría el proceso de examen, así que lo más probable es que Vergara recibiera el ejemplar a cotejar algún tiempo antes. Conviene recordar que el cometido del corrector no era propiamente corregir las erratas—este corregía algunas al vuelo, advierte Jaime Moll, pero no de manera sistemática—sino la de cotejar el ejemplar impreso con el original manuscrito aprobado por el Consejo de Castilla y certificar su concordancia con su firma (Moll, "Problemas" 94). Los trabajos de impresión de la *Topographia* no estarían completamente terminados hasta después del 19 de octubre de 1612, fecha en la cual Ondarza Zavala, en su capacidad de escribano de cámara, certificaba la tasa fijada por el Consejo de Castilla. Sería solo entonces cuando Fernández de Córdoba y Oviedo imprimiese el cuadernillo de preliminares legales.

El trabajo de estampación, asimismo, podía verse afectado por imprevistos que retrasasen su conclusión o que paralizaran la labor por completo. Así sucedió, por ejemplo, en el caso de la *Historia general del Mundo* de Herrera y Tordesillas, cronista mayor de Castilla, impresa por Godínez de Millis en 1606. Coello, que había adquirido el privilegio de impresión tres años antes, formó sociedad con el también librero Pedro Osete para financiar la impresión de la obra. En un momento dado, Osete terminaría abandonando el proyecto, obligando a Coello y a Godínez de Millis a volver a definir los términos de su acuerdo.

Según consta en una escritura redactada el 21 de abril de 1605, Coello y Godínez de Millis anulan un concierto que tenían hecho con Osete (AHPV, Juan Ruiz, prot. 697, fols. 658r-659v). En la nueva escritura, Godínez de Millis se obligaba a continuar la impresión del libro, del que ya tenía sesenta pliegos impresos, "de la letra y lectura y en el papel y de la misma forma que al pres[te] estan ynpresos" (658v), comenzando el 1 de mayo y a un ritmo de dos pliegos diarios "sin alçar mano della asta la acauar de todo punto" (658r). El impresor, además, accedía a que "el dho antonio cuello" pudiera "a mi costa darle a ymprimir en otra p[te]" si no alcanzase a estampar los dos pliegos diarios (659r). Coello, por su parte, se comprometía a abonar a Godínez de Millis mil quinientos reales por cada cien pliegos impresos hasta un total de trescientos; a pagar en tres plazos, aunque la última partida no llegase a cien pliegos; y, en caso de que el número de pliegos finalmente ascendiera a más de trescientos, se los retribuiría a prorrata del importe acordado. Asimismo, Coello se obligaba a pagar un suplemento de cuatro ducados diarios, "que son las costas que tiene por olgar la dha prensa" (659r), si no fuese capaz de abonar la cantidad acordada a la entrega de cada partida.

Este documento resulta de particular interés, porque nos ofrece una aproximación a lo que era necesario para imprimir un libro de las dimensiones de la *Historia general del Mundo*. Ambos volúmenes se imprimieron en cuarto, es decir, doblando dos veces cada pliego, lo que genera ocho páginas de impresión. La primera parte consta de ochocientas veinte páginas impresas, lo cual, junto a las cuarenta y cuatro de la tabla de contenidos—no tomo en cuenta, por tanto, el cuadernillo de los preliminares—equivale a ciento ocho pliegos. Si Godínez de Millis consiguió mantener el ritmo de producción de doble jornada al que se había comprometido, debió llevarle cincuenta y cuatro días de trabajo. La segunda parte, a su vez, consta de seiscientas treinta y dos páginas, a las que se unen otras cuarenta de la tabla de contenidos, lo que equivale a ochenta y cuatro pliegos y cuarenta y dos días de trabajo a doble jornada. La impresión, por tanto, de ambas partes de la *Historia general del Mundo* debió llevar unos noventa y seis días en total. Para ilustrar la escala de producción a la que se comprometió Godínez de Millis conviene aclarar que la tirada diaria—que recibía el nombre de *jornada*—era de mil quinientos pliegos, para los que se requería realizar en total seis mil golpes de prensa (Moll, "La imprenta" 14).

La *Topographia*, impresa también en cuarto, consta de doscientos diez folios, más otros ocho de tabla de contenidos. Esto equivale a unos cincuenta y cinco pliegos, que es el número de jornadas que debió llevar a Fernández de Córdoba y Oviedo completar la impresión. Gracias a este cálculo se puede, asimismo, estimar el precio por el cual Coello vendería cada ejemplar. Como indica la tasa en los preliminares, el Consejo de Castilla tasó cada pliego en cuatro maravedíes, con lo que, una vez añadidos los dos pliegos de preliminares, cada ejemplar debió venderse por unos doscientos veinticuatro maravedíes.

El cotejo del ornamento tipográfico empleado en la *Quarta parte de la Chronica General de Ntro. Padre San Francisco y su apostolica Orden* con el de la *Topographia* revela que ambas fueron impresas en el mismo taller. La *Quarta parte*, "impresa en San Francisco de Valladolid, por Juan Godines de Millis y Diego de Cordova, 1611", como se indica en el frontispicio, comparte algunos elementos de su aparato ornamental con la *Topographia*. Una misma viñeta con escudo y dos *putti* sirve de cabecera a cada uno de los cuatro libros

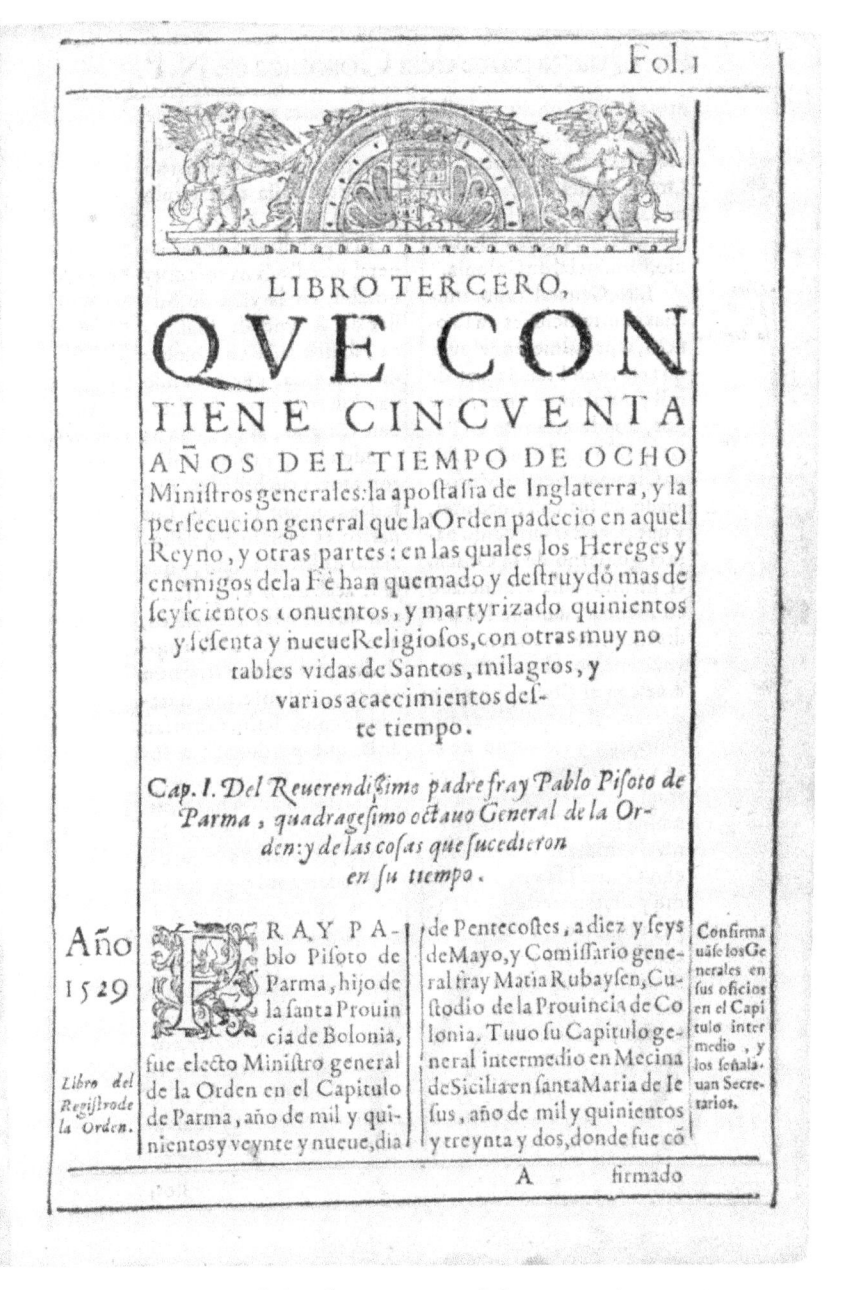

FIGURA 2. *Quarta parte de la Chronica General de Ntro. Padre San Francisco y su apostolica Orden*, Universidad de las Américas Puebla (COCY 3218), fol. 1.

TOPOGRA-
PHIA O DESCRIPCION
DE ARGEL, Y SVS HABITA-
dores y costumbres.

Capitulo Primero.

De la fundacion, y antigua nobleza de la Ciu-
dad de Argel.

LA CIVDAD que comunmente llamamos Argel, y que oy dia es tan afamada, por los daños tan grandes, y tan continuos que de sus habitadores reciben todas las riueras y prouincias de la Christiandad, está puesta en la prouincia de Africa (que antiguamente se dezia Mauritania Cesariense) a la orilla del mar Mediterraneo, en eleuacion de Polo 37. grados poco mas. Quien aya sido el que primero fundo esta ciudad, y en que tiempos, no se sabe tan puntualmente, ni muy de cierto: bien es verdad que Iuan Leõ docto y curioso autor, de nacion moro, en su descripcion de Africa, dize: Que fue antiguamente edificada de vn pueblo Africano que se dezia Mezgrana, y que por tanto tambien la mesma ciudad fuera llamada Mesgrana. Pero no dize en que tiempos esto fue: ni para confirmacion de lo que afirma alega algun otro autor que tal diga como fuera necessario. Por que ni en Estrabon, ni en Plinio, ni en Polibio, ni en las tablas de Ptolomeo, ni en el ytinerario del Emperador Antonino (los quales todos tan menudamente, y con tanta diligencia descriuieron todas las prouincias de Africa, y aun de la mayor parte del mundo, con todas sus ciudades y pueblos) se halla nacion alguna, o pueblo, o ciudad que assi se llame Mezgrana. Lo que mas de cierto, y de mas antiguos tiempos se sabe, es lo que Estrabon auctor de grandissima autoridad, tratando de los pueblos y ciudades de Mauritania Cesariense, escriue desta ciudad (aunque la llame por otro nombre) quando dize desta manera. En esta marina auia vna ciudad que se dezia Iol, la qual auiendo reedificado Iuba, Padre de Ptolomeo, le mudó el nombre en Cesarea: que tiene vn puerto, y vna isleta delante el puerto. Y que Estrabon hable en este lugar, de la ciudad que oy dia llamamos Argel, y que esta sea la misma que la que en aquellos tiempos se llamaua Iol Cesarea: de mas

Ioa. Leon.
descri. Afr.
part. 4.

Strab. libr 17.

de

FIGURE 3. *Topographia e historia general de Argel*, Biblioteca Nacional de Austria (65.R.14 ALT PRUNK), fol. 1.

TOPOGRA-
PHIA O DESCRIPCION
DE ARGEL, Y SVS HABITA-
dores y costumbres.

Capitulo Primero.

De la fundacion, y antigua nobleza de la Ciudad de Argel.

LA CIVDAD que comunmente llamamos Argel, y que oy dia es tan afamada, por los daños tan grandes, y tan continuos que de sus habitadores reciben todas las riueras y prouincias de la Christiandad, esta puesta en la prouincia de Africa (que antiguamente se dezia Mauritania Cesariense) a la orilla del mar Mediterraneo, en eleuacion de Polo 37. grados poco mas. Quien aya sido el que primero fundo esta ciudad, y en que tiempos, no se sabe tan puntualmente, ni muy de cierto: bien es verdad que Iuan Leon dotor, curioso autor, de nacion moro, en su descripcion de Africa, dize: Que fue antiguamente edificada de vn pueblo Africano que se dezia Mesgrana, y que por tanto tambien la mesma ciudad fuera llamada Mesgrana, pero no dize en que tiempos esto fue, ni para confirmacion de lo que afirma alega algun otro autor que tal diga, como fuera necessario: por que ni en Estrabon, ni en Plinio, ni en Poliuio, ni en las tablas de Tholomeo, ni en el Itinerario del Emperador Antonino, los quales todos tan menudamēte, y con tanta diligencia descubrieron todas las prouincias de Africa, y aun de la mayor parte del mundo, con todas sus ciudades y pueblos, se halla nacion alguna, ò pueblo, ò ciudad que assi se llame Mesgrana. Lo que mas de cierto, y demas antiguos tiempos se sabe, es lo que Estrabon autor de grandissima autoridad, tratando de los pueblos y ciudades de Mauritania Cesariense, escriue desta ciudad, aunque la llamè por otro nombre, quando dize desta manera. En esta marina auia vna ciudad que se dezia Iol, la qual auiendo redificado Iuba, padre de Tholomeo, le mudo el nombre en Cesarea, que tiene vn puerto, y vna isleta delante el puerto: y que Estrabon hable en este lugar, de la ciudad que oy dia llamamos Argel, y que esta sea la misma que en aquellos tiempos se llamaua Iol Cesarea: demas

Ioa. Leon. descri. Afr. part. 4.

Sstra. li. 17.

FIGURA 4. *Topographia e historia general de Argel*, Biblioteca Estatal de Baviera (Res/2 H.afr. 26), fol. 1.

DIALOGO
SEGVNDO, DE LOS
Martyres de Argel.

ARGVMENTO.

Vlsitando el Capitan Geronimo Ramirez al Dotor Soſa ſu amigo en las priſiones, en que eſtà cautiuo; de vn libro que le vio en las manos, tomaron ocaſion de tratar, quan prouechoſa coſa ſea para todos, particularmente para cautiuos, la lecion de buenos libros: y en eſpecial la vida de los Santos y Martyres de Dios. Y a eſte propoſito ſe trata la vida del bienauenturado ſan Paulino: que en otro tiempo fue cautiuo en Barbaria: y de los diuerſos modos, con que los tyranos y Gentiles en otro tiempo matauan y atormentauan los Chriſtianos: y cuentanſe tambien algunos martyrios, y otras muchas y muy crueles muertes, que Turcos y Moros han dado de pocos años acà a Chriſtianos en Argel.

RAMIREZ.   SOSA.

RAMIREZ. De manera, q̃ ſiempre que a ca vêgo ſe he de hallar ocupado en los libros? SOSA. En vna ſoledad como eſta, y en vn encerramiento tan apartado de toda platica y conuerſacion, en que eſte Barbaro de mi Patron me tiene, q̃ mejor ocupacion, que leer los libros ſantos y buenos, RAMIREZ. Eſſa ventaja no ſtienen los que ſu vida han gaſtado en las letras, a los q̃ no ſabemos mas de las armas: que en tales ocaſiones de cautiuerio y otras, y aun en todo tiempo, todo eſtado y lugar, gozan de coſa tan excelente. SOSA. Bien es que las armas reconozcan la ſuperioridad, y vêtaja muy grande, que les tienen las letras: y quando no huuiera tantas cauſas y razones como ay, no le parece a V.m. que es eſta harto grande y baſtãte? RAMIREZ. Coſa es eſta harto reñida: y no falta quien defienda nueſtro partido. Mas dexando aparte contiendas; quien negarà que el eſtudio y lecion de buenos libros, ſea vna de las mas ricas y excelentes coſas del mundo? SOSA. Y quãdo mas no fueſſe que aquella hermoſu-

T 3

FIGURA 5. *Topographia e historia general de Argel*, Biblioteca Nacional de Portugal. (HG-2621-A), fol. 144.

que componen la *Quarta parte* y al primero de los tratados de la *Topographia*, la "Topografía o descripción de Argel y sus habitadores y costumbres" (fol. 1r), en una de las dos variantes tipográficas descritas por Vargas Díaz-Toledo (30) (figs. 2 y 3). Los moldes de hederas que se emplean para formar las orlas que aparecen en la "Aprobación" y la "Carta dedicatoria" de la *Topographia* se usan en cuatro ocasiones en la *Quarta parte* para formar *cul-de-lampes*— 4.II (p. 20), 43.II (p. 172), 1.III (p. 4) y 2.IV (p. 304)—. En cuanto a las letras capitulares, tres de las que se emplean en la *Topographia* se usan con asiduidad en la *Quarta parte*: la E de la "Carta dedicatoria"—en 66.III (p. 277), 73.III (p. 323), 20.IV (p. 86), 22.IV (p. 101), 37.IV (p. 189), 39.IV (p. 203) y 50.IV (p. 248)—; la L de la "Topografía o descripción de Argel" (fol. 1r)—en 47.III (p. 195), 23.IV (p. 109), 25.IV (p. 117), 31.IV (p. 151), 35.IV (p. 179), 36.IV (p. 183), 47.IV (p. 235) y 2.IV (p. 300)—; y la A del "Diálogo tercero" (fol. 192r) y la "Tabla"—en 47.I (p. 186), 54.III (p. 223) y 72.III (p. 319)—.

La impresión de Fernández de Córdoba y Oviedo presenta errores en la numeración de los folios 5 [9], 28 [27], 120 [116], 138 [136], 159 [139] y 186 [189]. Exhibe, además, un error en la numeración del capítulo 36 de la "Topografía o descripción de Argel" (fol. 36r), que figura como XXXXVI. La numeración de capítulos y divisiones exhibe inconsistencias en los modos de representación del nueve según el sistema romano, empleándose el símbolo VIIII (fols. 6r, 13r, 41v, 52r, 60v) y el IX (fols. 23v, 71v, 80v, 95r, 113r, 142v) indistintamente. Esta inconsistencia podría ser fruto del trabajo de componedores con criterios distintos.

El cotejo de tres ejemplares—los custodiados en la Biblioteca Nacional de Austria (BNA, sig. 65.R.14 ALT PRUNK), en la Biblioteca Estatal de Baviera (BEB, sig. Res/2 H.afr. 266), y en la Biblioteca Nacional de Portugal (BNP, sig. HG-2621-A)—confirma, como expone Vargas Díaz-Toledo, la existencia de dos versiones distintas de los pliegos signados con la letra A (30). El ejemplar BNA presenta una viñeta en la cabecera del folio 1r con escudo y dos *putti* (fig. 2), en lugar de la cabecera con dos águilas y cornucopias, presente en BEB (fig. 4). BNP presenta esta última viñeta invertida, en lo que parece un error del componedor (fig. 5). BNA presenta además acotaciones en el margen derecho del folio 2r, distintas de las de BEB y BNP.

Conclusión

Pasarían doce años desde el fallecimiento de Antonio de Sosa hasta que fray Diego de Haedo tomara consigo el manuscrito de la *Topographia e historia general de Argel* y pusiera rumbo a la Península Ibérica, al año siguiente del deceso de Felipe II. Una vez allí, sintiéndose libre de la ira regia, Haedo iniciaría los trabajos de edición de la obra, que no culminaría hasta por lo menos 1604. La obtención de la licencia de la Orden de San Benito no significaría el inicio inmediato de las diligencias para la publicación de la obra, en parte, probablemente, porque Haedo parece continuar editando la obra hasta finales de 1605. Es, además, factible que los rumores sobre el traslado de la corte de Valladolid a Madrid en la primavera de 1606 impactaran la decisión de los benedictinos de iniciar los trámites de publicación, y que, teniendo que volver a acomodar al personal de los distintos consejos, el proceso administrativo se ralentizara. Prueba de la flema con la que se despachaban estas solicitudes es que, después de obtenida la censura de ordinario el 18 de octubre de 1608, la licencia y privilegio de impresión de la obra no se trataría en el Consejo de Castilla hasta casi año y medio después, el 15 de febrero de 1610. Una vez en posesión de la licencia de impresión, y probablemente por encontrarse sumergida en los costes de impresión del tercer tomo de la *Corónica General de la Orden de San Benito, patriarca de religiosos* de fray Antonio Yepes, la Orden de San Benito se inclinaría por ceder el privilegio de impresión al mercader de libros Antonio Coello, que asumiría los gastos en un momento de incertidumbre económica en la ciudad de Valladolid. Sería él quien diera al libro su sensacionalista título, con la intención de atraer a un público ávido de leer relatos estremecedores. El producto final, a cargo del impresor novel Diego Fernández de Córdoba y Oviedo, hubo de ser un libro repleto de errores de imprenta.

Bibliografía

Agulló y Cobo, Mercedes. *La imprenta y el comercio de libros en Madrid (siglos XVI-XVIII)*. 1992. Universidad Complutense de Madrid, tesis doctoral, https://eprints.ucm.es/id/ eprint/8700/.

Alvar Ezquerra, Alfredo. *Los traslados de corte de 1601 y 1606*. Ayuntamiento de Madrid, 2006.

Bouza, Fernando. "Costeadores de impresiones y mercado de ediciones religiosas en la alta Edad Moderna ibérica". *Cuadernos de Historia Moderna*, anejo XIII, 2014, pp. 29-48.

———. "*Da golosina* y otras industrias jesuíticas: De la prédica a la imprenta". *Escrituras de la modernidad: Los jesuitas entre cultura retórica y cultura científica*, UIB / EHESS, 2008, pp. 305-25.

———. *"Dásele licencia y privilegio": Don Quijote y la aprobación de libros en el Siglo de Oro*. Akal, 2012.

Constitvciones de los monges de la congregacion de Sant Benito de Valladolid. Barcelona, 1575.

Escolar Sobrino, Hipólito. *Historia del libro*. Ediciones Pirámide, 1984.

Garcés, María Antonia. *Cervantes en Argel: Historia de un cautivo*. Gredos, 2005.

———. Introduction. *An Early Modern Dialogue with Islam: Antonio de Sosa's* Topography of Algiers *(1612)*, editado por María Antonia Garcés, traducido por Diana de Armas Wilson, University of Notre Dame Press, 2011.

Gerli, Michael. Reseña. *An Early Modern Dialogue with Islam: Antonio de Sosa's* Topography of Algiers *(1612)*. *Revista Hispánica Moderna*, vol. 65, núm. 2, 2012, pp. 237-39.

Gutiérrez Alonso, Adriano. "Valladolid en el siglo XVII". *Historia de Valladolid*, vol. 4, Ateneo de Valladolid, 1982, pp. 15-67.

Haedo, Diego de. *Topografía e historia general de Argel*. Vol. 1, Sociedad de Bibliófilos Españoles, 1927.

Lucía Megías, José Manuel. "Los documentos perdidos de Miguel de Cervantes: 1. Los expedientes de impresión". *Edad de Oro*, vol. 40, 2021, pp. 217-45.

———. "Misterio bibliográfico cervantino: El Romancero universal de Miguel de Cervantes de 1614". *Hesperia: Anuario de Filología Hispánica*, vol. 22, núm. 1, 2019, pp. 29-40.

Marsá, María. *Materiales para una historia de la imprenta en Valladolid*. Universidad de León, 2007.

Moll, Jaime. "La imprenta manual". *Imprenta y crítica textual en el Siglo de Oro*, editado por Pablo Andrés y Sonia Garza, Universidad de Valladolid, 2000, pp. 13-27.

———. "Problemas bibliográficos del libro del Siglo de Oro". *Boletín de la Real Academia Española*, vol. 59, 1979, pp. 49-107.

Ms. Madrid, AHN – Consejos, L.643, fol. 93v (Libro de Justicia de los años 1608 a 1614).

Ms. Valladolid, AHPV – Juan Ruiz, prot. 697, fols. 658r-659v (escritura entre Coello y Godínez de Millis).

Ms. Valladolid, AHPV – Juan Ruiz, prot. 697, fol. 1234r-1235v (escritura entre fray Juan del Valle y los libreros Antonio Coello y Martín de Córdoba).

Ms. Valladolid, AHPV – Juan Ruiz, prot. 699, fol. 64r-65v (escritura entre fray Matías de San Millán y Antonio Coello).

Ms. Valladolid, AHPV – Juan Ruiz, prot. 699, fol. 439v (declaración de Beatriz de Córdoba, hermana de Diego Fernández de Córdoba).

Ms. Valladolid, AHPV – Juan Ruiz, prot. 699, fol. 1029r-1030v (escritura entre Francisco Fernández de Córdoba y Ana Vélez de Salcedo).

Orozco y Jiménez, Francisco. *Colección de documentos históricos, inéditos y muy raros, referentes al arzobispado de Guadalajara*. Vol. 5, Universidad de Texas, 1926.

Rojo Vega, Anastasio. *Impresores, libreros y papeleros en Medina del Campo y Valladolid en el siglo XVII*. Junta de Castilla y León, Consejería de Cultura y Turismo, 1994.

Rubio González, Lorenzo. "Ambiente literario y cultural de Valladolid durante el siglo XVII". *Historia de Valladolid*, vol. 4, Ateneo de Valladolid, 1982, pp. 195-276.

Villalba Pérez, Enrique. "El traslado de la Corte y la Justicia: La sala de Alcaldes de Casa y Corte en Valladolid". *Valladolid, historia de una ciudad: Congreso Internacional*, vol. 2, Instituto Universitario de Historia Simancas / Ayuntamiento de Valladolid, 1999, pp. 595-604.

Wright, Elizabeth R. Reseña de *An Early Modern Dialogue with Islam: Antonio de Sosa's* Topography of Algiers *(1612)*. *Al-Qantara*, vol. 33, núm. 2, editado por María Antonia Garcés, traducido por Diana de Armas Wilson, 2012, pp. 563-79.

Zaragoza Pascual, Ernesto. *Los generales de la congregación de San Benito de Valladolid: Los abades trienales (1568-1613)*. Vol. III, Abadía de Santo Domingo de Silos, 1979.

———. *Los generales de la congregación de San Benito de Valladolid (1613-1701)*. Vol. IV, Abadía de Santo Domingo de Silos, 1982.

Canciones y cantantes en la obra de Cervantes

Barry Ife
*King's College London and the Guildhall School of Music & Drama,
United Kingdom*

Don Quijote

En el capítulo XLIV de la segunda parte del *Quijote*, don Quijote y Sancho son los huéspedes del Duque y de la Duquesa.[1] Una de las damas de honor de la Duquesa interpreta a la bella Altisidora y don Quijote se ve envuelto en la embarazosa situación de tener que traicionar a la sin par Dulcinea. Para gran consternación de don Quijote, Altisidora le canta un romance bajo la ventana abierta del caballero, acompañándose con el arpa. Al día siguiente, don Quijote pide que le traigan un laúd a su habitación para poder responder del mismo modo:

> llegadas las once horas de la noche, halló don Quijote una vihuela en su aposento. Templola, abrió la reja y sintió que andaba gente en el jardín; y habiendo recorrido los trastes de la vihuela y afinádola lo mejor que supo, escupió y remondose el pecho, y luego, con una voz ronquilla aunque entonada, cantó el siguiente romance, que él mismo aquel día había compuesto:

---

[1] La versión primitiva de este ensayo, titulada "When Don Quixote sings what are we supposed to hear?", fue presentada en el Symposium of Sound en la University of Durham, el 3 de septiembre de 2018, en ediciones corregidas y aumentadas en la Guildhall School of Music & Drama, el 9 de mayo de 2019, y durante el simposio "Sound Politics: Somatics and Semantics in the Early Modern World" organizado por la University of Southern California, el 8 de mayo de 2021. Agradezco de todo corazón la ayuda de Maite Aguirre Quiñonero en la preparación de esta versión castellana, y la de su mamá también, la señora Luz Quiñonero Martínez.

>—Suelen las fuerzas de amor
> sacar de quicio a las almas,
> tomando por instrumento
> la ociosidad descuidada.
> [otros 32 versos]
>
> Aquí llegaba don Quijote de su canto... cuando de improviso... (1092-94)[2]

Comienzo con este episodio, porque plantea una serie de temas interesantes. Quizás el más destacado es la atención que varios académicos y críticos están prestando a la oralidad de los primeros textos modernos escritos e impresos. Tengo en mente el proyecto de reeditar la obra completa del panfletista y protonovelista isabelino Thomas Nashe, codirigido por Jennifer Richards en Newcastle y Andrew Hadfield en Sussex, entre otros; así como el volumen reciente de ensayos sobre las interacciones entre la oralidad y la escritura en la cultura italiana renacentista, editado por un equipo de la University of Leeds. El énfasis en este proyecto está, naturalmente, en textos cuyo origen hablado se encuentra cerca del ámbito de la escritura: poesía lírica y crónicas en verso, drama, literatura forense y polémica, conferencias y sermones, etc.

Mi propio trabajo se ha centrado en los aspectos performativos de la novela española de principios de la Edad Moderna. Hace muchos años planteé la idea de que Francisco de Quevedo pudo haber escrito su novela corta picaresca *El Buscón* para leerla en voz alta ante un público; y espero que esta sea una idea cuyo momento finalmente haya llegado. Y, más recientemente, he estado trabajando en aspectos performativos de Miguel de Cervantes.

Cervantes llegó a la ficción en prosa bastante tarde en la vida. Tenía cincuenta y ocho años cuando publicó el *Quijote* y sesenta y ocho cuando salió la segunda parte, en 1615. Pero tenía alguna que otra excusa bastante buena: después de todo, era principalmente un soldado; recibió dos tiros en el pecho en la batalla de Lepanto en 1571 y uno en el brazo izquierdo que lo inutilizó para el resto de su vida. Fue tomado como rehén por piratas de la Berbería en 1580 y pasó cinco años de cautiverio en Argel; y, cuando finalmente fue redimido por los frailes trinitarios, regresó a casa como un veterano de guerra herido y sin pensión de ningún tipo.

---

2   Los números de página del *Quijote* se remiten a la edición de Francisco Rico (2004).

Pasó los siguientes veintitantos años ganándose la vida como un funcionario menor del gobierno, pero lo que realmente quería hacer era ser dramaturgo. Afirmó haber escrito hasta 30 obras de teatro y publicó ocho de ellas en 1615, junto con ocho entremeses. Pero la clave está en el título: *Ocho comedias y ocho entremeses nuevos, nunca representados*. Nunca se representaron porque el público solo quería obras de Lope de Vega, el hombre al que Cervantes llamó "el monstruo de naturaleza" (Cervantes, *Ocho comedias* 19).

Así que Cervantes cambió de dirección hacia la novela, y en lo que se convirtió en la primera parte del *Quijote*, escribe con elocuencia sobre la forma en que la ficción en prosa le dio

> largo y espacioso campo por donde sin empacho alguno pudiese correr la pluma, describiendo naufragios, tormentas, rencuentros y batallas, pintando un capitán valeroso con todas las partes que para ser tal se requieren, mostrándose prudente previniendo las astucias de sus enemigos y elocuente orador persuadiendo o disuadiendo a sus soldados, maduro en el consejo, presto en lo determinado, tan valiente en el esperar como en el acometer; pintando ora un lamentable y trágico suceso, ahora un alegre y no pensado acontecimiento; allí una hermosísima dama, honesta, discreta y recatada; aquí un caballero cristiano, valiente o comedido; acullá un desaforado bárbaro fanfarrón; acá un príncipe cortés, valeroso y bien mirado; representando bondad y lealtad de vasallos, grandezas y mercedes de señores. Y siendo esto hecho con apacibilidad de estilo y con ingeniosa invención, que tire lo más que fuere posible a la verdad, sin duda compondría una tela de varios y hermosos lizos tejida, que después de acabada tal perfección y hermosura muestre, que consiga el fin mejor que se pretende en los escritos. (601-02)

Sin embargo, el teatro proyectó una larga sombra sobre su prosa. El *Quijote* es, después de todo, una novela escrita en gran parte en diálogo interrumpido por una serie de episodios dramáticos, ninguno de los cuales estaría fuera de lugar en el escenario barroco. Y esta tela de varios y hermosos lizos es tejida por un narrador que frecuentemente se ausenta durante páginas y deja que sus personajes se las arreglen solos. En el prólogo de las *Ocho comedias*, Cervantes se enorgullece de ser el primer dramaturgo en mostrar los pensamientos y motivaciones internas de sus personajes ("las imaginaciones y los pensamientos escondidos del alma" 18) y esto es cierto en sus novelas: prácticamente todo lo que sabemos sobre los personajes, lo sabemos porque ellos mismos nos lo cuentan. Tal como lo harían en una obra de teatro.

La novela bien puede haber alcanzado el objetivo más alto al que puede aspirar la escritura, pero Cervantes nunca estuvo del todo satisfecho con la ruta alternativa que había tomado. En el capítulo XLIV de la segunda parte, justo antes de que Altisidora dé comienzo a su asalto a la virtud de don Quijote, el avatar árabe de Cervantes, Cide Hamete Benengeli, nos confiesa que se arrepintió de haber emprendido

> una historia tan seca y tan limitada como esta de don Quijote, por parecerle que siempre había de hablar dél y de Sancho, sin osar estenderse a otras digresiones y episodios más graves y más entretenidos; y decía que el ir siempre atenido el entendimiento, la mano y la pluma a escribir de un solo sujeto y hablar por las bocas de pocas personas era un trabajo incomportable. (1069-70)

"Hablar por las bocas de pocas personas". Destaca el uso de "bocas" y no "palabras". Hay casi trescientos papeles hablados en el *Quijote*, por lo que no lo estaba haciendo tan mal, pero claramente quería dar voz a tantas personas, grandes y pequeñas, como pudiera. "Dar voz" fue tan importante para Cervantes debido al contexto político en el que estaba escribiendo. Felipe III y su favorito, el duque de Lerma, estaban decididos a limitar el número de voces en juego. Por eso, Cervantes utiliza constantemente el lenguaje literario para socavar el discurso oficial. Sus personajes no solo hablan (*speak up*), sino que también declaran (*speak out*). Ahora bien: ¿cómo puede un escritor de ficción en prosa dar voz a sus personajes a través del medio silencioso de un texto impreso?

Sabemos que Cervantes esperaba que al menos algunos de sus lectores leyeran en silencio: este proceso está dramatizado en la última de sus *Novelas ejemplares*, *El coloquio de los perros*. Este texto toma la forma de un diálogo entre dos perros, y es leído en silencio por el alférez Peralta mientras Campuzano, el autor de ese diálogo, dormita en una silla cercana. Mientras tanto, el lector del mundo real lee el mismo texto en silencio por encima del hombro de Peralta. Pero Cervantes debe haber sabido entonces, como sabemos ahora, que ninguna lectura es completamente silenciosa. Cuando leemos, subvocalizamos. Es posible que nuestros labios no se muevan y que no surja ningún sonido, pero los músculos del habla aún están activos y su movimiento puede detectarse mediante electromiografía. Y al estar leyendo subvocalmente, podemos escuchar los sonidos asociados en nuestro oído interno en virtud de nuestra memoria acústica y la imaginación (Ife 64-83).

Hay límites a la efectividad de este proceso y el canto es uno de ellos. A menudo se dice que la canción es la forma más alta de expresión vocal, que une lo concreto y lo abstracto en palabras y música, y no es por nada que la identidad social y política a menudo se encarna en la canción. Las novelas de Cervantes están repletas de cantantes e instrumentistas, pero el predominio de la música en general y del canto en particular plantea un desafío interesante. ¿Cómo puede el escritor estimular la imaginación auditiva del lector de la misma manera en que dispara las otras dimensiones de la imaginación a través de la descripción, la narración y el diálogo?

Veamos de nuevo el romance de don Quijote para Altisidora. Hay pistas auditivas y visuales:

- sabemos cómo es una vihuela, porque es un instrumento bastante común
- hemos escuchado el sonido de la afinación muchas veces antes
- sabemos cómo suena la apertura de la ventana y los murmullos debajo
- el calentamiento es un poco más desafiante, pero no hay nada específico en términos de forma o contenido musical de lo que debamos preocuparnos;
- escupir y carraspear no debería ser un problema, la mayoría de los cantantes masculinos de Cervantes lo hacen antes de empezar

La voz de don Quijote es ronca pero melodiosa ("con una voz ronquilla aunque entonada"). Cervantes usa esa fórmula "con voz + adjetivo" cerca de cuatrocientas veces en su obra, con setenta y ocho adjetivos diferentes, en lo que parece ser un intento de direcciones escénicas del tipo que no se encuentran de otra manera en los textos dramáticos contemporáneos.

Y, luego, Cervantes nos da el texto completo de la canción: no está claro si Quijote compuso el texto, la música o ambos. En el mundo real probablemente habría improvisado su propio acompañamiento. Pero la canción se interrumpe, subrayando el hecho de que se canta en tiempo real. No se trata de "Don Quijote cantó un romance que había compuesto afirmando su amor por la sin par Dulcinea que divirtió y cautivó a los oyentes". En lugar de una descripción de un hombre que canta una canción, Cervantes nos presenta la personificación de un hombre que *está cantando* una canción.

Podemos imaginar todo eso, pero ¿dónde está lo que la convierte en una canción? ¿Dónde está la música? Si vemos una línea de texto con la que estamos familiarizados, a menudo podemos imaginar o recordar la melodía. Si vemos un verso de una canción popular, no podemos evitar escuchar la melodía. Quizá Cervantes esperaba que su lector asimilara el texto de esta canción a una balada popular, del mismo modo como podemos cantar un himno con la melodía de otro. Pero se nos dice que la pieza fue compuesta ese mismo día.

Cuando Cervantes hace cantar a sus personajes—y en todos los casos da el texto completo de la canción—parece estar haciendo varias cosas. En primer lugar, está honrando y celebrando el hecho de que, si el habla es la encarnación del yo y el canto es una forma elevada de hablar, entonces el canto es la expresión más intensa del yo. Sus personajes son más ellos mismos cuando están cantando. Don Quijote puede ser una figura divertida, pero su compromiso inquebrantable con Dulcinea es mucho más elocuente cuando canta. A través de la canción, él y muchos de sus compañeros cantantes pueden expresar su autenticidad y *encontrar su voz*. No debería sorprendernos cuando don Quijote comienza a cantar, porque es el perfecto caballero gentil y se espera de los caballeros que sean poetas y músicos, así como guerreros y defensores de la fe.

En segundo lugar, Cervantes utiliza la voz cantada como una forma de aproximarse lo más posible al desafío técnico de representar la música en prosa. Como ha argumentado Terence Cave (*Mignon* 233), este es un truco extremadamente difícil de lograr: "Ha habido mucho trabajo sobre la relación entre la ficción narrativa y el arte visual, pero relativamente poco sobre la presencia de la música en la novela. . . . La música es más difícil para el autor de representar por écfrasis, y correspondientemente más difícil para los lectores de 'realizar'". La canción es la única forma musical en la que las dos dimensiones de música y texto se cruzan a través de la voz. De modo que la canción es la manera como Cervantes se acerca lo más posible a la definición de música según Leonardo da Vinci: *figurazione delle cose invisibili* (la encarnación de las cosas invisibles). No obstante, Cervantes también tiene que aceptar que aquí hay una frontera que, en última instancia, no se puede cruzar. Tal vez tuviera en mente la música de las esferas, pero pienso que estaba más interesado en explorar el potencial de la voz humana y en definir sus limitaciones.

Reflexión I

He pensado mucho en esto recientemente, ya que mi propia audición ha comenzado a fallar a medida que envejezco. Ahora no puedo escuchar nada por encima de 1864 Hz, que en términos musicales es casi una octava por debajo de la nota más alta del piano. No oigo el pitido de advertencia de la lavadora o el silbato de la tetera y, lo peor de todo, no puedo entender lo que mi esposa me dice a menos que pueda leer sus labios. Pero no me considero sordo, porque la sordera no es una condición binaria sino un espectro complejo, y mi experiencia del sonido es "multisensorial y multimodal, protésica e interdependiente" (Sanchez 273). Aparte de los audífonos y los subtítulos, utilizo una amplia gama de soluciones alternativas que me hacen particularmente sensible a las pistas contextuales, la entonación, el lenguaje corporal y los indicadores interpersonales de impacto: precisamente esos mismos apoyos a los que Cervantes también tiene que recurrir para transmitir al lector-oyente la impresión de la voz cantada.

Esta experiencia me ha hecho comprender que cuando hablamos del umbral de audición, nos referimos a dos cosas diferentes. Una es la amplitud en la que un tono dado se vuelve audible. La otra es el tono más allá del alcance del oído humano, o del oído de un ser humano individual, por alto que sea. Tendemos a pensar en el umbral como la puerta de entrada a la habitación, pero en realidad es el alféizar (*threshold*, en inglés) de piedra o de madera que sujeta la paja que cubre el suelo—producto de la trilla—y evita que esta se escape. En su reciente estudio sobre el sonido en la literatura, *Hearing Things*, Angela Leighton adopta una visión igualmente ambivalente de los umbrales como "lugares de paso y bloqueo" (20).

Al hacer cantar a tantos de sus personajes, Cervantes celebra el poder del canto para expresar las convicciones internas de esos mismos personajes. Pero también nos recuerda que hay un límite: un límite a lo que él puede lograr como escritor sin acceso a actores en vivo y a una audiencia también en vivo; y un límite en la medida en que las voces pueden ser escuchadas en este mundo imperfecto. La aspiración se topa con la *Realpolitik*, y el resultado es el silencio. Quizás sea esta la razón por la que muchas de las voces cantantes que Cervantes nos presenta son incorpóreas.

Manuel de Sosa Coitiño

Los trabajos de Persiles y Sigismunda fue la última obra completa de Cervantes. Firmó el prólogo apenas cuatro días antes de su muerte, el 23 de abril de 1616. El manuscrito fue recogido, aún tibio, por su editor, Juan de la Cuesta, quien lo sacó poco antes de Navidad, en una edición fechada de 1617. Dos años más tarde, en 1619, apareció en Londres una traducción anónima al inglés. Las primeras páginas del *Persiles* pueden resultar algo chocantes para aquellos lectores cuyo acercamiento a la literatura cervantina provenga del *Quijote* o incluso de su colección, más urbana, de las doce *Novelas ejemplares*. Los dos primeros libros relatan las andanzas marítimas de un grupo de fugitivos internacionales por Groenlandia, Islandia y Noruega antes de llegar a Lisboa y, de allí, por tierra a través de España y Francia a Roma, donde la peregrinación termina con el reconocimiento, la redención y el matrimonio cristiano en el final del cuarto libro. No es de extrañar que Cervantes la llamara una obra que "se atreve a competir con Heliodoro, si ya por atrevido no sale con las manos en la cabeza".

El hilo conductor clave de la narración del primer libro de *Persiles* es el incendio de la Isla Bárbara, posiblemente una de las Islas Feroe o las Shetland, en el cuarto capítulo. Los habitantes de esta isla son piratas despiadados que surcan los mares en busca de las mujeres más hermosas y de los hombres más guapos. Los corazones de estos hombres serán cortados, secados y molidos en una poción. Aquel que la pueda beber sin atragantarse, se casará con la doncella cautiva más hermosa y engendrará al héroe que llevará a los bárbaros a la dominación del mundo. La llegada a esta isla de Persiles, que viaja bajo el seudónimo de Periandro y va disfrazado de mujer, provoca violentos celos sexuales entre los dos principales bárbaros, y la guerra civil resultante desemboca en una conflagración que destruye la isla.

Entre los evacuados del incendio se encuentran tres personajes cuya presencia en estas latitudes norteñas requiere alguna explicación: Antonio, español; Rutilio, italiano; y Manuel de Sosa Coitiño, portugués. Este no es el lugar para examinar cómo Antonio y Rutilio responden a las preguntas asesinas de Transila, la intérprete del grupo: "¿Quién sois, a qué venís y qué es lo que buscáis?". Pero sí que necesitamos considerar la historia de Manuel de Sosa.

Manuel entra en la novela como una voz incorpórea, cantando primero en portugués y luego en castellano:

> Echaron con presteza las barcas al agua, embarcáronse todos y pusieron las proas en otra isla que no lejos de allí se descubría. En esto, yendo navegando, con el espacio que podían prometer dos remos, que no llevaba más cada barca, oyeron que de la una de las otras dos salía una voz blanda, suave, de manera que les hizo estar atentos a escuchalla. Notaron, especialmente el bárbaro Antonio el padre, que notó que lo que se cantaba era en lengua portuguesa, que él sabía muy bien. Calló la voz y, de allí a poco volvió a cantar en castellano, y no a otro tono de instrumentos que al de remos que sesgamente por el tranquilo mar las barcas impelían, y notó que lo que cantaron fue esto:

> > Mar sesgo, viento largo, estrella clara,
> > camino, aunque no usado, alegre y cierto,
> > al hermoso, al seguro, al capaz puerto
> > llevan la nave vuestra, única y rara.
> > En Scilas ni en Caribdis no repara,
> > ni en peligro que el mar tenga encubierto,

siguiendo su derrota al descubierto,
que limpia honestidad su curso para.
　　Con todo, si os faltare la esperanza
del llegar a este puerto, no por eso
giréis las velas, que será simpleza;
　　que es enemigo amor de la mudanza,
y nunca tuvo próspero suceso
el que no se quilata en la firmeza.

La bárbara Ricla dijo, en callando la voz:

—Despacio debe de estar y ocioso el cantor que en semejante tiempo da su voz a los vientos. (60-62)[3]

Más tarde, esa noche, les cuenta su historia. Es un soldado, de Lisboa, que se enamora perdidamente de la chica de al lado. Él le propone matrimonio, pero su padre le asegura que es demasiado joven y que los amantes deben esperar dos años. Después de dos años de servicio militar adicional, Manuel regresa a Lisboa para reclamar a su novia, solo para que le digan que esta ha decidido convertirse en novia de Cristo. Manuel sobrelleva su decepción en ese momento, pero no puede soportarlo cuando llega la hora de contar su historia. En este punto culminante, justo cuando su narración es más emocional, cae muerto, como él mismo había temido, tres veces antes, que lo haría. Para Sigismunda, que viaja bajo el seudónimo de Auristela, el dolor por la trágica muerte del amante portugués se mezcla con la decepción: "ahora nunca sabremos cómo llegó a la isla bárbara", lo que ella comenta con una insensibilidad poco característica.

La muerte de Manuel de Sosa, antes de que pueda poner al día a sus oyentes, plantea la pregunta de por qué está en el libro, ya que parece haber sido creado únicamente para contar una historia inconclusa. En cierto sentido, Cervantes está abordando el desafío técnico de cómo un hombre estaría capacitado para narrar su propia muerte. No lo puede, pero a través de la narrativa logra representarla—por decirlo así—. Manuel es seleccionado entre la lista de actores para mostrar que la vida y la narrativa son colindantes: él es la historia de su vida, cada uno de nosotros formamos la historia de nuestra propia vida, y cuando una termina, también termina la otra.

　　3　Los números de página del *Persiles* se remiten a la edición de Laura Fernández et al. (2017).

Pero, ¿por qué nos presenta Cervantes a Manuel como un cantante, un músico? El canto de Manuel es, por supuesto, el canto del cisne, que presagia su muerte en un misterioso paralelo con el del propio Cervantes: Cervantes nos dice que recibió la extremaunción un día antes de firmar la dedicatoria del *Persiles*, y su prólogo está plagado de insinuaciones de mortalidad, finalizando con una conmovedora despedida de sus amigos: "que yo me voy muriendo y deseando veros presto contentos en la otra vida" (15). Manuel de Sosa inicia su relato advirtiendo que el final de su historia pondrá fin a su vida: "daré fin a mi cuento con darle al de mi vida" (63).

Manuel nos llega de soslayo, siempre de un solo paso: una voz acusmática, desencarnada, que llama la atención de los peregrinos; con las palabras de su lengua materna silenciadas y sobrescritas por el español—España había anexado Portugal en 1580—. Curiosamente, la traducción al inglés de 1619 lleva este proceso aún más lejos: el texto de la canción se omite por completo, y en el siguiente capítulo se hace referencia a Manuel como español, y no portugués, lo que, por supuesto, técnicamente era correcto en 1619. Veremos otros ejemplos de cómo Cervantes separa las palabras de la música, creo que en un intento desesperado por dejar que la música brille—lo que Lawrence Kramer llama "songfulness"—.

Hay un curioso epílogo de este episodio, unos treinta y cuatro capítulos después, cuando los peregrinos llegan a Lisboa. Los llevan a ver un monumento funerario, erigido en memoria de Manuel de Sosa Cuitiño. La inscripción dice, originalmente en portugués, pero, una vez más, sobrescrita en español:

> Aquí yace viva la memoria del ya muerto Manuel de Sosa Coitiño, caballero portugués, que, a no ser portugués, aún fuera vivo. No murió a las manos de ningún castellano, sino a las de amor, que todo lo puede; procura saber su vida, y envidiarás su muerte, pasajero. (238)

Pero se pone en duda la credibilidad del hombre que dice haber estado allí cuando murió, y Periandro ciertamente no lo reconoce. ¿Tan desencarnado estaba Manuel de Sosa que ni siquiera estaba allí, tirado a la deriva en aquellas heladas aguas del Mar de Noruega? ¿Lo escuchamos cantar desde más allá de la tumba? ¿O simplemente Cervantes necesitaba un editor más eficaz?

Reflexión II
Manuel de Sosa es uno de los casi cien cantores de las novelas de Cervantes. Ninguno de los textos que cantan ha sobrevivido como composición musical atribuida al propio Cervantes y pocos de ellos han sobrevivido en escenarios

de otros compositores. Lo más cerca que Cervantes llega a estar de sugerir una melodía preexistente es cuando cita fragmentos de baladas que sonarían en la memoria auditiva del lector: lo que Cave llama "canciones reales".

Cervantes trata este tema en *El celoso extremeño* cuando Loaysa está ofreciendo lecciones de canto a Luis, el eunuco negro que guarda la casa de Carrizales:

> —No canto mal—respondió el negro—, pero ¿qué aprovecha, pues no sé tonada alguna si no es la de *La estrella de Venus* y la de *Por un verde prado* y aquella que ahora se usa que dice:
>
> > ¿A los hierros de una reja
> > la turbada mano asida?
>
> —Todas ésas son aire—dijo Loaysa—para las que yo os podría enseñar, porque sé todas las del moro Abindarráez, con las de su dama Jarifa, y todas las que se cantan de la historia del gran Sofí Tomunibeyo, con las de la zarabanda a lo divino, que son tales, que hacen pasmar a los mismos portugueses. (338-39)[4]

Sin embargo, la mayoría de las canciones de Cervantes son del tipo que Cave llama "ficticias" y que son interpretadas a tiempo real: el lector lee la letra al mismo tiempo que "escucha" la tonada. Como hemos visto, la canción de don Quijote es una de ellas, compuesta por él ese mismo día y acompañada por él mismo en la vihuela. Pero hay muchas más. Solo tenemos que acudir a una de las artistas populares y cantantes semiprofesionales como Preciosa, la protagonista de *La gitanilla*, la modelo de *Carmen* de Prosper Mérimée y, como ha señalado Cave, parte de la prehistoria de la historia de Mignon. Estas canciones pueden ser ficticias, pero su función en su sociedad es casi documental.

Cervantes entendió muy bien lo que implicaba pasar de la actuación en vivo a la página impresa. Las novelas tienen una serie de ventajas sobre las obras de teatro: mayor duración, mayor complejidad, más variedad y un elenco de miles. Permiten que los lectores vayan a su propio ritmo, lean solos o compartan la experiencia, y lo hagan en la comodidad de su hogar. Pero los lectores de novelas también se encuentran en desventaja: no experimentan la emoción congregacional de estar juntos y, en comparación con el público

---

4 Los números de página de las *Novelas ejemplares* se remiten a la edición de Jorge García López (2013).

del teatro, quedan ciegos y sordos: no pueden ver nada y no pueden escuchar nada. Los libros impresos no tienen bandas sonoras.

Pero Cervantes supo dar a sus lectores lo que echaban de menos al no ir al teatro: el don de la vista y el don del oído. El narrador nos da nuestros ojos, nos dice qué está pasando y quién le hace qué a quién, y el diálogo, según se lea en voz alta o en silencio, hace que los personajes sean audibles... hasta cierto punto. Pero, ¿cantar? Aquí, se necesita mucho ingenio y varias formas de apoyo.

En 2004 dejé el hispanismo universitario y me fui a dirigir un conservatorio y una escuela de arte dramático. Durante ese tiempo asistí a más de 2200 presentaciones y, cuando uno pasa tanto tiempo viendo a la gente actuar y escuchándola tocar y cantar, es imposible evitar preguntarse qué pasa, fenomenológicamente, durante la presentación en vivo. Lo que aprendí en mis trece años en la Guildhall School of Music & Drama tiene que ver con el factor más importante en la actuación en vivo, la encarnación (*embodiment*): el artista encarna físicamente la obra en la actuación y la vuelve a encarnar cada vez que interpreta un papel. Leer libros puede sentirse fácilmente incorpóreo, en comparación. Sí: los lectores le dan sustancia al texto en la mente mientras leen y, sí, siempre hay una huella acústica cuando leemos en silencio para nosotros mismos; pero mirar y escuchar es una experiencia muy diferente a la lectura, y leer una novela requiere un tipo diferente de esfuerzo tanto del autor como del lector.

En el caso de la canción, consideramos axiomático que una interpretación exitosa de una tonada exija una alineación completa de texto, música y voz. Como afirma Kramer en *The Hum of the World*,

> la voz en el canto es al lenguaje lo que... el lenguaje es con respecto a la forma primordial de la voz. El lenguaje eleva la voz desde la inmediatez de la sensación a la potencialidad de los valores; el canto eleva la potencialidad de los valores a la actualidad del transporte. (88)

Replicar este fenómeno por escrito es una ardua tarea para un novelista, pero al menos, podríamos esperar que el cantante, el acto de cantar, el texto de la canción y la comprensión del lector fueran todos simultáneos: el lector lee el texto de la canción al mismo tiempo que se dice que el cantante la está cantando. Muchas veces eso es cierto, pero no siempre: en muchos de los ejemplos de Cervantes hay una ruptura significativa en esa alineación fundamental de texto, música, voz y lectura.

Feliciana de la Voz

Adelantamos cuarenta y cuatro capítulos del *Persiles*: Periandro, Auristela y sus compañeros finalmente tocan tierra en Lisboa, jurando nunca jamás volver a poner un pie a bordo de un barco. Pero después de pocos días en tierra firme, y a cinco leguas de Badajoz por el camino de Guadalupe, Auristela se ve obligada a concluir que "los trabajos y los peligros no solamente tienen jurisdicción en el mar, sino en toda la tierra" (254). Lo que la lleva a esta conclusión son los hechos extraordinarios que componen la historia de Feliciana de la Voz. La reputación de Feliciana por su hermosa voz para cantar es tal que ella y su voz se vuelven una, hasta el punto de que su mismo nombre resume su característica más llamativa: la voz. Ella es un ejemplo extremo de un personaje que hace más que encontrar su voz en la música: es su voz en la música.

Pero Cervantes la trata terriblemente en la novela. Él la somete a una sucesión de vicisitudes tan agotadoras—se trata, después de todo, de un romance bizantino—que continuamente le impiden expresarse a sí misma a través de su voz. Durante la mayor parte del episodio, ella huye de un matrimonio de conveniencia, tras haber tenido un hijo con un hombre de su elección sin estar casada. Los peregrinos la encuentran escondida en un árbol hueco, tan exhausta que apenas puede hablar, aunque asegura que "si los tiempos se mejoran y dan lugar a que mis lágrimas se enjuguen, yo cantaré" (257).

Y lo hace, en las circunstancias más extraordinarias. Los peregrinos hacen su entrada en la iglesia de Guadalupe y se encuentran con la vista de los muchos miles de exvotos dejados allí por generaciones de penitentes. Abrumados por el lugar y la ocasión, se arrodillan para rezar. Entonces Feliciana se pone a cantar. Ella canta cuatro versos de un himno a la Virgen, dando testimonio de la calidad de su voz y, lo que es más importante, revelándoles su identidad a su padre y hermano que entran en la iglesia mientras ella canta. El padre de Feliciana impide que su hermano la mate allí mismo y finalmente se logra una reconciliación. Pero su voz es extrañamente incorpórea, como si emanara de una fuente externa a ella:

> puesta de hinojos y las manos puestas, y junto al pecho, la hermosa Feliciana de la Voz, lloviendo tiernas lágrimas, con sosegado semblante, sin mover los labios ni hacer otra demostración ni movimiento que diese señal de ser viva criatura, soltó la voz a los vientos y levantó el corazón al cielo, y cantó unos versos que ella sabía de memoria, los cuales dio después por escrito, con que suspendió los sentidos de cuantos la escuchaban, y acreditó las alabanzas que ella misma de su voz había dicho, y satisfizo de todo en todo los deseos que sus peregrinos tenían de escucharla. (264)

Es extraordinario que Cervantes, quien evidentemente sabía mucho sobre la práctica y la teoría de la música, la haya descrito cantando de una manera tan improbable. Todo está mal desde el punto de vista de una cantante: está arrodillada, con las manos cruzadas sobre el pecho, llorando, completamente quieta y sin mover los labios. Esta es la imagen de una penitente en oración, no de una cantante capaz de lanzar su voz a los vientos o de elevar su corazón al cielo. Y, sin embargo, se nos dice que ella cantó. Es difícil ver cómo, a menos que sea por intervención divina. Como comenta su padre al entrar a la iglesia: "O aquella voz es de algún ángel de los confirmados en gracia o es de mi hija Feliciana de la Voz" (265). Los labios inmóviles de Feliciana la convierten en una especie de sibila: una caja de resonancia para el habla o el canto que se origina en otro lugar (Abbate 213).

Figura 1. *Mater Dolorosa* (circa 1673). Museo del Monasterio Real de San Joaquín y Santa Ana. Valladolid. Uso legítimo con fines académicos.

Pero Cervantes emplea otras formas de ruptura que socavan lo que de otro modo serían expectativas razonables en este punto de la historia: la amenaza de violencia fraterna que interrumpe el himno de Feliciana después de solo cuatro estrofas (otro *cantus interruptus*) y la separación completa del texto de la música. Solo más tarde, una vez realizadas todas las reconciliaciones, Cervantes nos da el texto completo del himno, las doce estrofas—noventa y seis versos—. La canción termina *in medias res*, pero el texto no. Y el personaje que pide ver el texto es Auristela, una princesa islandesa que lleva menos de una semana en España y que dejó claro al llegar que no entendía ni una palabra de español.

Cervantes parece hacer todo lo posible por romper ese alineamiento entre el cantor, el acto de cantar, el texto cantado y la lectura del lector, alineación que normalmente le permitiría transmitir el sonido de la voz cantada en la página impresa. No cabe duda de que esta es una disrupción deliberada: hace que el canto de Feliciana sea extraordinario en el sentido estricto de la palabra. La suya no es una voz humana, sino divinamente inspirada, y lo que comienza como un himno con texto se convierte, en las últimas etapas, en un canto sin palabras. Su canto es en realidad un pequeño milagro, una intervención mariana como las que Alfonso el Sabio hizo famosas. Al separar las *palabras* de la música, después al retratar su voz como algo incorpóreo, angelical en su belleza, pero también como un ente de otro mundo, la cantante, la canción y el texto se separan de una manera que desvirtúa lo que de otro modo podría haber sido un momento de triunfo.

Estas rupturas son parte de un patrón más amplio de interrupción en el caso de Feliciana. Al suprimir su voz cantada, Cervantes transmite con mayor énfasis la supresión de sí misma que sufre Feliciana en virtud de su posición en su esfera social. Mientras es expulsada del hogar y de la familia, forzada de la ciudad al campo, excluida de la economía sexual de la época, se ve privada de su voz: apenas puede hablar por debilidad física, no puede hablar por miedo y, durante largos tramos de la narración, está completamente callada. Cuando recupera la voz, parece deberse a la intervención divina. Puede que *encuentre su voz* en la canción, pero el peso de la ortodoxia social y religiosa la oprime inexorablemente, como ocurre con muchas de las heroínas de Cervantes.

Mozo de mulas

Mi último ejemplo nos lleva de regreso al *Quijote*, al episodio central de la primera parte, la historia de Cardenio, la misma sección que William Shakespeare y John Fletcher seguramente estudiaron detenidamente al contemplar sus propias versiones de esta historia. Don Quijote está de guardia fuera de la venta y está a punto de despuntar el alba:

Sucedió, pues, que faltando poco por venir el alba, llegó a los oídos de las damas una voz tan entonada y tan buena, que les obligó a que todas le prestasen atento oído. . . . Nadie podía imaginar quién era la persona que tan bien cantaba, y era una voz sola, sin que la acompañase instrumento alguno . . . estando en esta confusión muy atentas, llegó a la puerta del aposento Cardenio, y dijo:

—Quien no duerme, escuche, que oirán una voz de un mozo de mulas que de tal manera canta, que encanta . . .

> Marinero soy de amor
> y en su piélago profundo
> navego sin esperanza
> de llegar a puerto alguno . . . [otros 20 versos]

Llegando el que cantaba a este punto, le pareció a Dorotea que no sería bien que dejase Clara de oír una tan buena voz, y, así, moviéndola a una y a otra parte, la despertó, diciéndole:

—Perdóname, niña, que te despierto, pues lo hago porque gustes de oír la mejor voz que quizá habrás oído en toda tu vida. (547-49)

Varios elementos son interesantes aquí. La voz del arriero es incorpórea, se escucha de lejos, y el personaje no tiene otra función en la novela que la de entonar este canto. La canción está en forma de romance (octosílabas con asonancia alterna), pero es un romance nuevo, recién compuesto y no tradicional, por lo que no hay nada que guíe el oído interno del lector. Y, quizás lo más significativo, Cervantes interrumpe la canción tanto al comienzo como al final, poco antes de que termine. Cardenio escucha al arriero cantando (pero a los lectores no nos es dada la letra de ese canto) y alerta a cualquiera que esté despierto para que venga a escucharla. Dorotea escucha la canción con las palabras y alerta a Clara, quien luego la escucha sin ellas.

En este momento de extrema belleza, el canto del arriero se separa del texto. Al igual que con Feliciana, Cervantes despega el texto de la canción, libera la canción, dejándola convertirse en pura voz, registrada totalmente en términos de su efecto en los oyentes: el público. El canto del arriero, solo, incorpóreo, casi de otro mundo, crea un momento de éxtasis en el que Cervantes celebra el poder de la música para transmitir emociones intensificadas dejando atrás el lenguaje. Lo conseguido por Cervantes aquí puede que sea lo más parecido a recrear la música a través de las palabras.

Reflexión III

Cervantes, por supuesto, no ha sido el único en lidiar con el problema de expresar lo inexpresable, la lucha para lograr que escuchemos lo inaudible o veamos lo invisible. Durante siglos, los filósofos y teólogos han estado practicando la apófasis o teología negativa: describir algo en términos de lo que no es, en lugar de lo que es. Me parece que Cervantes se acerca a este enfoque en su tratamiento de la canción en la novela. Tiene que usar todas las soluciones en su caja de herramientas de escritor. Tiene que ser oblicuo, indirecto; usar símiles, metáforas y analogías; y tiene que seguir cortando, quitando el texto, al cantante, incluso, para transmitir el éxtasis del momento. Puede recurrir a adjetivos y adverbios y puede señalar la huella que la canción deja en los oyentes en el texto. Pero, en última instancia, la ausencia es la única forma en la que puede recrear la presencia de manera efectiva.

La teología apofática ha experimentado una especie de renacimiento desde la década de 1990 y no es difícil ver por qué. Vivimos en un mundo y en una época en la que la física, particularmente la astrofísica, se ha vuelto casi trascendental, planteando enormes cuestiones sobre la cosmología, los orígenes, la naturaleza, el significado y el fin de la existencia. Hubo un maravilloso ejemplo de esto en 2019 en la forma de la célebre "fotografía" de un agujero negro, 6500 millones de veces más grande que el Sol, en la galaxia Messier 87, a 55 millones de años luz de la Tierra.

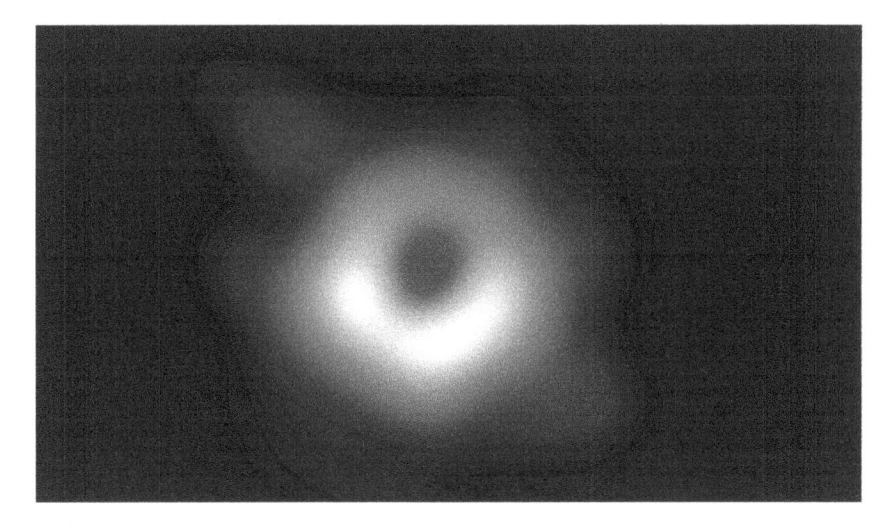

Figura 2. Imagen de un agujero negro en el centro de la Galaxia M87, obtenida en 2019 gracias al consorcio de radio telescopios *Event Horizon Telescope* (EHT), con apoyo, entre otras instituciones, de la *National Science Fundation*. National Aeronautics and Space Administration (NASA).

La imagen es un impresionante logro tecnológico en el que están involucrados ocho observatorios en cuatro continentes, pero no es una fotografía. Un agujero negro es una estrella colapsada tan densa que genera un campo gravitatorio tan fuerte que nada puede escapar de él, ni siquiera la luz. Es, por definición, invisible. Lo que vemos en la "fotografía" es una imagen sintetizada a partir de la radiación al otro lado del agujero negro, doblada por su gravedad. Lo que vemos es una representación del rastro del impacto del agujero negro en otra cosa. En el *Quijote*, quizá sea esto lo que logra Cervantes en estos y otros ejemplos similares en relación con el canto.

Codetta: La monja de la hermosa voz

La monja de la hermosa voz aparece, o mejor dicho, no aparece, en *La española inglesa*. Isabela es secuestrada durante una incursión inglesa en Cádiz y criada en la corte de Isabel I. Se enamora de un inglés, Ricaredo, pero un diluvio de desgracias los separa. Ricaredo promete encontrarse con ella dos años después en Sevilla. Isabela le da instrucciones claras sobre cómo encontrarla. Ricaredo debe ir al Convento de Santa Paula donde una prima de Isabela es una monja "única y estremada en la voz" (252). Es preciso que Ricaredo pregunte por la monja con "la mejor voz en el monasterio" y esta le dirá dónde encontrarla. Isabela detalla las instrucciones de esta forma porque está segura de que su amado no olvidará ese detalle ("porque estas señas no se le podrían olvidar").

Resulta que, al final, la monja con la hermosa voz no es necesaria. Ricaredo aparece justo a tiempo, exactamente dos años después. Isabela lo creía muerto desde hacía tiempo y ella está a punto de convertirse en monja. Él la ve en los escalones del convento y se reencuentran.

Entonces, si la monja cantante no es necesaria, ¿por qué está allí? En cierto modo, es un ejemplo de la propensión de Cervantes al exceso imaginativo: hay otros personajes en la obra de Cervantes que terminan en la sala de montaje. Y bien pudiera ser un ejemplo de realismo documental. Santa Paula fue y sigue siendo un lugar real; la prima de Isabela bien pudo haber sido una cantante "real"; y los lectores contemporáneos bien pudieron haber sabido a quién se refería Cervantes. Pero para nuestros propósitos, ella es casi paradigmática: una cantante sin nombre con una hermosa voz, que no canta y que ni siquiera aparece en el escenario. Es difícil imaginar algo más incorpóreo que esto.

Bibliografía

Abbate, Carolyn. *Unsung Voices: Opera and Musical Narrative in the Nineteenth Century*. Princeton University Press, 1991.

Cave, Terence. *Mignon's Afterlives*. Oxford University Press, 2011.

Cervantes, Miguel de. *Don Quijote de la Mancha*. 2 vols., editado por Francisco Rico, Galaxia Gutenberg, 2004.

———. *Ocho comedias y ocho entremeses nuevos, nunca representados (1615)*. Editado por Luis Gómez Canseco, www.uhu.es/cervantesteatro/textos/4.%20Preliminares%20Ocho%20comedias.pdf.

———. *Los trabajos de Persiles y Sigismunda*. Editado por Laura Fernández et al., Real Academia Española, 2017.

Ife, B.W. *Reading and Fiction in Golden-Age Spain*. Cambridge UP, 1985.

Kramer, Lawrence. *The Hum of the World: A Philosophy of Listening*. University of California Press, 2018.

Leighton, Angela. *Hearing Things: The Work of Sound in Literature*. Harvard University Press, 2018.

Sanchez, Rebecca. "Deafness and Sound". *Sound and Literature*, editado por Anna Snaith, Cambridge University Press, 2020, pp. 272-86.

La traducción (re)negada

Paul Michael Johnson
DePauw University, USA

> [A] la búsqueda religiosa de una identidad universal sucede una curiosidad intelectual empeñada en descubrir diferencias no menos universales. La extrañeza deja de ser un extravío y se vuelve ejemplar. La traducción refleja estos cambios: ya no es una operación tendiente a mostrar la identidad última de los hombres, sino que es el vehículo de sus singularidades.
>
> - Octavio Paz

Al lado de una carretera en Salem, Oregón, en 2018, apareció una valla publicitaria que proclamaba, en una letra mayúscula negra y enorme contra un fondo anaranjado sin nada más: "TRANSLATE ALLAH" ("TRADUZCAN ALÁ").[1] El mismo mensaje se había presentado en 2003, en un gran cartel instalado en la fachada del Museo de Arte de Queens, en Nueva York. Tal y como explica la artista palestina Emily Jacir, el propósito de su provocadora campaña era concienciar al público de la representación del islam por parte de los medios de comunicación norteamericanos y europeos que, al insistir en usar el término árabe "Alá" en vez de "Dios" ("God"), tergiversan el islam como una religión de la otredad. "¿Por qué usar una palabra árabe en sus reportajes", pregunta Jacir, "cuando hay una palabra equivalente en inglés (francés, italiano, español...) que significa exactamente lo mismo?". Además de ignorar los vínculos históricos y teológicos por los que, junto con los musulmanes, los arabohablantes cristianos y judíos tam-

---

[1] La temática de este ensayo está inspirada por la producción intelectual de la profesora Diana de Armas Wilson, cuyas perspicaces publicaciones académicas engloban materias de diversa índole erudita y la labor de una traductora discernidora y juiciosa.

bién han dicho "Alá" para referirse a Dios durante siglos, la elección de no traducirlo, según la artista, "hace que sea más fácil demonizar" el islam y "que suene como algún Dios pagano o bárbaro" (Jacir, "Some Things" 362).[2] El intraducido "Alá" viene a ser así uno de los discursos en código más sutiles por los que los partidarios del paradigma del "choque de civilizaciones" avivaban las brasas del anti-islamismo, que afianzaban a su vez el apoyo público de las guerras en Irak, Afganistán y otros conflictos de la era post 11-S.

El enfrentamiento entre Occidente y el islam en el siglo XXI se asemeja en algunos aspectos al que brotó en la época de Miguel de Cervantes. Como bien se sabe, el autor experimentó de primera mano la violencia de la rivalidad entre los imperios español y otomano, y la de sus respectivas ideologías espirituales: desde su servicio como soldado en la legendaria Batalla de Lepanto—donde un arcabuzazo lisió su mano izquierda—a su cautiverio en Argel, donde pasó cinco años hasta ser rescatado en 1580. Cervantes noveló estas experiencias mediterráneas en la semiautobiografía "La historia del cautivo", intercalada en la primera parte del *Quijote* de 1605, la novela en la que, según Diana de Armas Wilson, "el pensamiento islámico y occidental convergen de manera fructífera" (xiii). Lo que me interesa explorar en esta narrativa es el papel decisivo que desempeña la traducción, y sobre todo las maneras en las que la traducción mediatiza la comunicación de conceptos culturales extranjeros en el crisol de diferencias lingüísticas, étnicas, raciales y religiosas que eran los baños argelinos.[3] En particular, quiero destacar cómo la negativa de traducir tales palabras como "Alá" dentro de la narrativa pone de manifiesto algunas paradojas curiosas que surgen en la caracterización de sus personajes y en los distintos motivos psicológicos de estos. Una consideración sumaria de los debates acerca del uso de préstamos, extranjerismos y términos derivados de otras lenguas en la historia de la traducción peninsular arrojará nueva luz sobre prácticas similares en la narrativa cervantina. Entre otros beneficios que aporta este marco traductológico, sugiero que nos ayuda a analizar las complejas maniobras transfronterizas—geográficas, ideológicas y lingüísticas—dramatizadas en el cautiverio, permitiéndome concluir con una reflexión sobre cómo el acto de traducir, o el rechazo de hacerlo, puede a un lector o interlocutor acercarle a o alejarle de la otredad, a veces de manera inesperada.

---

2   Todas las traducciones son mías, a no ser que se indique de otra manera.

3   Entre los estudios dedicados a "La historia del cautivo"—una bibliografía demasiado amplia para repasar aquí—muy pocos se han detenido a reflexionar sobre la traducción. Excepciones incluyen a Sieber (125-28) y Tang (489-95).

"La historia del cautivo" se centra en las circunstancias que al narrador, Ruy Pérez de Viedma, un capitán leonés cristiano, le permitieron huir de los baños de Argel con la ayuda de Zoraida, una hermosa joven criada como musulmana. Aunque ambos son capaces, en cierta medida, de hablar la lengua franca mediterránea—un pidgin influido por el árabe, el romance y otros idiomas de la región—y de comunicarse mediante señas y gestos, todavía requieren de intérpretes y traductores de árabe y de español para entenderse cabalmente. Así, Ruy Pérez se ve obligado a recurrir a un intermediario que sepa leer los mensajes que Zoraida le pasa, en un lienzo atado a una caña, desde una pequeña ventana que mira los baños desde arriba. A pesar de recelarse de él por apóstata, el cautivo decide confiar en un renegado murciano como trujamán, luego de haber prometido traducir la primera carta de Zoraida "palabra por palabra" y "sin faltar letra" (I, 40, 511). Cual milagro anunciado desde el cielo, es aquí donde Zoraida declara, para el asombro del capitán, su deseo de huir, volverse cristiana y casarse con él, y que pondrá a su disposición la gran riqueza de su padre, el poderoso Agi Morato, para que se rescate y efectúe un plan para su escape mutuo. Lo siguiente es cómo el renegado traduce la explicación del propósito de Zoraida:

> Cuando yo era niña, tenía mi padre una esclava, la cual en mi lengua me mostró la zalá cristianesca y me dijo muchas cosas de Lela Marién. La cristiana murió, y yo sé que no fue al fuego, sino con Alá, porque después la vi dos veces y me dijo que me fuese a tierra de cristianos a ver a Lela Marién, que me quería mucho. (I, 40, 511)

Lo más curioso de este pasaje no es la aparición sobrenatural de la criada que propicia una conversión espiritual en alguien cuyos motivos parecerían ser posibles tan solo en el ámbito ficticio, sino los términos utilizados para describirla como tal: "la zalá cristianesca", "Lela Marién", y "Alá". Dichos términos evidencian el afán cervantino más general de incorporar, como otros críticos han observado desde hace mucho tiempo, conceptos y vocablos culturales de otras lenguas en la prosa de la novela, un movimiento centrífugo de la heteroglosia (Bakhtin 259-422). En un estudio clásico, Leo Spitzer afirma además que con estos arabismos "se logra una especie de transposición (o perspectivismo)", y así constituyen "un mosaico lingüístico que acentúa el color local" de "La historia del cautivo" (63).

Pero si leemos el pasaje en cuanto que es, en el plano de los personajes, una traducción, yo sugeriría que estos aparatos teóricos, por valiosos que sean, son insuficientes para explicar una serie de preguntas que surgen con la elección del renegado traductor: ¿por qué se niega a traducir (o, quizá mejor dicho, decide solo transcribir) estas palabras religiosas? Como lectores, ¿qué es lo que debemos presuponer de los motivos ideológicos, estilísticos o pragmáticos detrás de esta decisión? El texto no aclara si el renegado posee experiencia previa como traductor o intérprete, limitándose a decir que "sabía muy bien arábigo, y no solamente hablarlo, sino escribirlo" (I, 40, 510). Aun así, ¿bajo qué criterios traductológicos pretende trabajar, o cuáles justificarían su forma de proceder? ¿Es que intuye que hay una diferencia significativa entre lo que para Zoraida son "la zalá cristianesca", "Lela Marién", y "Alá", y sus correspondencias presumibles del Ave María, la Virgen María y Dios? ¿En qué se arraiga la resistencia de aquellos conceptos a pasar del árabe al castellano? ¿En que son para él términos simplemente intraducibles, o más bien marcadores de una diferencia ideológica persistente? En definitiva, si al fin y al cabo el objetivo de la carta de Zoraida es informar sobre una transformación religiosa, ¿por qué no transformar las palabras más aptas para avalar precisamente que ha sido realizada? Al poner en tela de juicio los motivos psicológicos de los personajes, estos interrogantes plantean en algunos casos un desafío a la verosimilitud de la historia, permitiéndonos vislumbrar los intersticios o deslices de una compleja cadena narrativa que empieza con Zoraida, pasa por el renegado traductor y termina con el capitán cautivo, quien relata el contenido de la misiva traducida a los demás huéspedes de la venta. Esta cadena adquiere otros eslabones si recordamos los juegos metalépticos que atraviesan el *Quijote* en general—incluida la presencia del pseudo-historiador Cide Hamete Benengeli y del morisco aljamiado que, comenzando con el capítulo 8, *traduce* el texto de este del árabe al español—.[4]

Cervantes el autor está, desde luego, detrás de todas estas lúdicas complejidades. Pese a que el autor era relativamente innovador en su afán de emplear términos de otras lenguas en su narrativa, la historia de la traducción en la península ibérica abarca varios debates sobre la corrección de calcar conceptos léxicos extranjeros y de incorporar préstamos lingüísticos en una traducción dada. Con la oleada de traslaciones de textos antiguos a nuevos vernáculos como el castellano en el siglo XV, por ejemplo, ya emergían opiniones enfrentadas sobre el uso de latinismos para compensar la falta de lexemas equivalentes en español. Alonso de Cartagena (1385-1456), un traductor de textos de Cicerón y Séneca, fue uno de los primeros defensores peninsulares de la práctica de glosar palabras derivadas del latín para este propósito (Ruiz Casanova 109-10). En el siglo siguiente, Juan Luis Vives acuñará una

---

4   María Antonia Garcés observa que "La historia del cautivo" no solo está en el núcleo del *Quijote*, sino que además reproduce e invierte algunos de los mismos patrones de traducción e interpretación que constituyen el meollo de la novela (205).

metáfora política llamativa a favor de permitir los extranjerismos en la traducción: "Muy útil fuera a las lenguas, si los traductores diestros tuvieran la osadía de conceder de cuando en cuando derecho de ciudadanía a tal o cual tropo o figura peregrina, mientras no anduviera demasiado lejos de sus usos y costumbres" (68). Pedro Simón Abril (circa 1530-1600), quien tradujo a Aristóteles del griego y estableció un programa pedagógico para el aprendizaje de las lenguas clásicas, se muestra de acuerdo con que es "forzado, en cosas nuevas, usar de vocablos nuevos", mientras lamenta que "los cuales, recebidos, no acarrean mucho aplauso, y repudiados, dan ocasión de murmurar a los demasiadamente curiosos" (cit. en Ruiz Casanova 201). Alonso López Pinciano, por su parte, advierte hacia finales del siglo XVI, cuando el uso del idioma y nombres árabes ya se había prohibido de manera definitiva, que los "vocablos forasteros y peregrinos . . . sean traídos de naciones bien habladas, cual si del lenguaje latino, italiano y aun francés, hiciésemos alguno castellano" (234).[5] No obstante, sobre los mismos años Diego de Guadix escribe su *Recopilación de algunos nombres arábigos* (1593), aprovechando el creciente interés en la lexicología y en la etimología para indagar en el origen de los miles de arabismos prestados al español, aun si bien la obra no llegó a la imprenta hasta nuestro siglo XXI.

Semejantes discusiones habían aparecido con la colonización de las Américas y palabras derivadas de lenguas indígenas, o con el auge de traducciones científicas y las dudas de cómo verter la precisión del latín al romance.[6] La polémica más conocida a este respecto es probablemente la que estallará a principios del siglo XVII sobre el culteranismo, un lenguaje poético liderado por Luis de Góngora y criticado por su sintaxis y léxico cultos derivados del latín. Pero el enfrentamiento entre partidarios de un purismo lingüístico y quienes abogaban por enriquecer el español con neologismos de otros idiomas se volvió más agudo, como es de esperar, en el ámbito teológico. La Iglesia había promulgado la prohibición de versiones de la Biblia en romance tan temprano como en el Concilio de Tarragona de 1233, pero se volvió más fervorosa en la segunda mitad del siglo XVI con el ímpetu de los decretos tridentinos. Aun así, la represión y censura de Biblias vernáculas distaban de ser absolutas, ya que muchas traducciones al español circulaban durante la época de la Contrarreforma. Ante esta realidad, y a pesar de la importancia de la exégesis bíblica alegórica, los teólogos urgían que las nuevas traslaciones se hiciesen *ad litteram*, con un literalismo que, según ellos, aseguraría que la palabra de Dios—y la autoridad mediatizadora de la Iglesia—no se vie-

---

5   Aquí y en otras citas he modernizado la ortografía y la sintaxis.
6   Sobre estos contextos, respectivamente, véase Ruiz Casanova 238 y 293.

se menguada ni distorsionada por parafraseo o interpretaciones más libres. Esta praxis propició la aparición de hebraísmos entre las traducciones que obviaron la Vulgata latina para recurrir, como había hecho San Jerónimo, directamente a la Biblia hebrea como texto fuente. Por citar un solo ejemplo, Juan de Valdés (circa 1494-1541), humanista, autor del *Diálogo de la lengua* y traductor de los salmos, defiende: "me he atrevido más veces a la lengua castellana, hablando impropiamente, que a la hebrea alterándola; esto he hecho así pareciéndome cosa conveniente y justa que las cosas escritas con Espíritu Santo, sean tratadas con mucho respeto" (cit. en Rodríguez Mediano 82-83 n. 51). El polímata Juan Caramuel y Lobkowitz (1606-82) irá más lejos al declarar que, mediante un proceso de "transubstanciación moral", palabras como "Dios" o "María", de manera similar a la Eucaristía, dejan de ser tan solo un soplo de aire y se transforman en sustancia divina, aun si bien el autor de la *Grammatica Audax* sostiene que son equivalentes en otras lenguas (Leone 264-65; Rodríguez Mediano 80).

Lo que me interesa destacar con este breve recorrido de la historia de la traducción española es que la práctica de calcar, ya sea del latín, del árabe, del hebreo o de otras lenguas, era un tema espinoso en textos tanto laicos como religiosos, aun si bien estos disfrutaban de una justificación teológica por el extranjerismo al aproximarse más al sagrado original. Volviendo a la narrativa cervantina, el renegado cumple al pie de la letra con su promesa de traducir fielmente el mensaje de Zoraida pero, visto desde otra perspectiva, la traiciona al dejar intraducidos todos los nombres propios del cristianismo, calcándolos como arabismos. Una glosa que añade el renegado antes de que leamos su traducción hace quizá todavía más curiosa su elección: "Todo lo que va aquí en romance, sin faltar letra, es lo que contiene este papel morisco, y hase de advertir que adonde dice *Lela Marién* quiere decir *Nuestra Señora la Virgen María*" (I, 40, 511). Por un lado, a pesar de tener un fuerte fundamento tanto bíblico como coránico, hay matices doctrinales en cuanto a la concepción de la figura de María/Marién entre el catolicismo y el islam. En resumidas cuentas, esta última tradición la veneraba pero no la consideraba ni virgen ni madre de Dios, un papel posibilitado por el dogma trinitario cristiano. De ahí que el renegado encuentre la necesidad de añadir el epíteto "virgen" mediante su glosa.[7]

---

7   En *La gran sultana*, el Gran Turco dice: "Reza, reza, Catalina, / que sin la ayuda divina / duran poco humanos bienes; / y llama, que no me espanta, / antes me parece bien, / a tu Lela Marién, / que entre nosotros es santa" (Cervantes, *Comedias y tragedias* 531, vv. 1738-44).

Por otro lado, el nombre no parecería presentar suficientes dificultades como para merecer quedarse intraducido o glosado. No es un xenismo, un extranjerismo que describe una realidad ajena a la lengua meta, sino que existe una correspondencia directa y equivalente en español por "Lela", un tratamiento honorífico común en el bereber y en el árabe que significa "doña" o "señora", y por "Marién", la madre de Jesús de Nazaret en ambas religiones abrahámicas. Apropiándome de la fraseología de Vives, las palabras en una lengua no andan "demasiado lejos de sus usos y costumbres" en la otra. Que el renegado insista en marcar su diferencia a pesar de esta correspondencia sugiere la existencia de motivos más allá de la mera traducibilidad (sobre los que pasaré a especular después), sobre todo teniendo en cuenta los demás mensajes que traduce entre Zoraida y el capitán cautivo. El segundo y último comunicado de esta al cautivo le advierte que sea fiel a su promesa de matrimonio "porque, si no, yo pediré a Marién que te castigue", antes de ofrecerle la bendición de "Alá te guarde" (I, 40, 514-15). Y, si dejamos de lado el hecho de que como lectores no tenemos acceso visual a la carta en árabe, sorprende que la respuesta escrita de Ruy Pérez reproduzca estos mismos términos arabizados, desde proporcionarle a Zoraida una exhortación complementaria ("Alá y Marién sean en tu guarda, señora mía") a informarle que con el renegado "el grande Alá nos ha dado un cristiano cautivo que sabe hablar y escribir tu lengua tan bien como lo verás por este papel" (I, 40, 513). En resumidas cuentas, los nombres de "Alá" y "Marién" nunca se traducen, sino que pasan transcritos, pero inalterados, del árabe al español (primera carta de Zoraida), del español al árabe (respuesta de Ruy Pérez), y al español una vez más (segunda carta de Zoraida).

Es cierto que en el plano de los lectores del *Quijote* estos arabismos logran, como dijera Spitzer, infundir un colorismo local en el texto. Pero al contrario de la apariencia de ser estático, lo que me gustaría destacar de este intercambio epistolar es que las connotaciones de "Alá" o "Marién" son dinámicas, variando necesariamente según el remitente y receptor, lengua de origen y lengua meta. Por usar una dicotomía propia de la traducción, codificada por Friedrich Schleiermacher a principios del siglo XIX, tales nombres seguirán o un "camino domesticante" o "extranjerizante" dependiendo de la medida en la que se acerquen al contexto lingüístico del lector. A grandes rasgos, al dejar intacto "Alá", la traducción al español desempeña así una función extranjerizante, mientras que, de vuelta al árabe, el nombre adquiere un matiz domesticante. En la misiva de Zoraida, los arabismos transmiten la sensación de una novata, de alguien que no comprende del todo los detalles de la fe católica y, como se dirá de ella cuando llega a la venta, que no sabe "hablar cristiano" (I, 37, 481).[8] En la respuesta de Ruy Pérez, en cambio, se canjea esta función colorista por lo que podríamos calificar como fines acomodaticios, o un gesto hospitalario que, al repetir "Alá" y "Marién", se acerca más al terreno familiar de la joven mora, a pesar de que suple en algún momento su uso de estos apelativos con el adjetivo antepuesto "verdadero": "El verdadero Alá te guarde, señora mía, y aquella bendita Marién, que es la verdadera madre de Dios" (I, 40, 513). Es casi como si, al remedar los arabismos, se exigiera una apostilla correspondiente de contrapeso, recordando a su destinataria, a su público en la venta y a los lectores que, por si hubiera dudas, ese gesto no puede excluir del todo la ortodoxia cristiana dominante. En cualquier caso, el perspectivismo lingüístico no da cabida a estos movimientos más minuciosos. Aunque para los lectores de la novela en castellano la transcripción de apelativos árabes podría considerarse como un acto siempre extranjerizante, en el plano de los personajes los mismos nombres experimentan una especie de vaivén, generando unos efectos dispares al atravesar sendos umbrales lingüísticos. Dicho de otra manera, en estos intercambios intradiegéticos más finos, para que un enunciado sea heteroglósico depende de la dirección en la que se cruza la frontera y quién está esperando al otro lado.

La designación del mensaje de Zoraida como un "papel morisco" es significativa en este sentido. Si por un lado es la encarnación de una identidad híbrida pero estable, a horcajadas de lo español y lo árabe, por otro el escrito está sujeto a la posibilidad de disimulo. Como los moriscos que habitaron la Península desde su conversión forzosa del islam al catolicismo a principios del siglo XVI hasta su expulsión entre los años 1609 y 1614, de quienes siempre se recelaba por la posibilidad de ser criptomusulmanes, el "papel morisco" circula, al menos al principio, bajo cierta sospecha de un motivo oculto, de que quizá la conversión que describe no sea del todo genuina. A la joven argelina, cuyo "horizonte religioso sigue siendo islámico" (Márquez Villanueva 109), le faltan, para algunos críticos, móviles creíbles que le impulsaran a renunciar la religión de su infancia (Brownlee 581; Hutchinson, "Fronteras cervantinas" 150). La apariencia material y simbólica de la cruz ayuda a disipar tales dudas del ámbito lingüístico, tanto cuando Zoraida saca por la ventana "una pequeña cruz hecha de cañas" (I, 40, 509) como la que está dibujada en el recado que pasa al cautivo. La cruz trasciende la necesidad de traducción, contrarrestando la extrañeza del árabe inscrito en el mismo papel y señalando la bendición del Dios cristiano, al mismo tiempo que encarna la hibridez de

---

8   Según Spitzer, la referencia a "la zalá cristianesca" en particular, "formada al modo de *morisco, turquesco*, tiene algo del mismo carácter transpuesto, como si se vieran los ritos cristianos desde fuera" (64).

su remitente. Por usar la terminología de Schleiermacher, el "papel morisco" de Zoraida también desempeña a la vez una función domesticante y extranjerizante. Gracias a ello, Zoraida pasará a cruzar la frontera a contracorriente, a la inversa de los moriscos que se vieron obligados a abandonar sus hogares en España.

El renegado, quien por su apostasía está sujeto a más sospechas todavía, también se vale del materialismo de la cruz "como salvoconducto para su portador" (Infante 325), para afianzar que es fidedigno: "sacó del pecho un crucifijo de metal y con muchas lágrimas juró por el Dios que aquella imagen representaba, en quien él, aunque pecador y malo, bien y fielmente creía, de guardarnos lealtad y secreto en todo cuanto quisiésemos descubrirle" (I, 40, 512). Por eso es curioso que siga sin castellanizar "Alá" y "Marién" aun después de identificar su propia posibilidad de fuga, la cual depende no solo de las maniobras de Zoraida de hacerse con el dinero de su padre, sino también de que el cautivo Ruy Pérez esté convencido de que las convicciones de su futura esposa son suficientemente sinceras y ortodoxas. Es decir, dado su gran protagonismo y papel mediatizador, sorprende que el renegado no se aproveche de la oportunidad de limar ligeramente la diferencia religiosa de Zoraida, de pintarla como una pareja más adecuada para el cristiano viejo leonés. Y es más sorprendente todavía si recordamos el hecho de que este mismo, a pesar de su (auto)representación como el cautivo más honesto de Argel y como el único de la historia cuyas acciones y conciencia están por encima del más mínimo reproche, moldea el discurso para su propio beneficio. A saber: en su respuesta a Zoraida le asegura que "el grande Alá nos ha dado un cristiano cautivo" como traductor (I, 40, 513), omitiendo que en realidad es un renegado por temor a que este detalle la disuada de su objetivo, como admite después: "me hubiera pesado que él la hubiera hablado, que quizá la alborotara, viendo que su negocio andaba en boca de renegados" (I, 40, 518).

Asimismo, y a pesar de considerarlo un amigo, Ruy Pérez y sus compañeros del baño se mantienen cautos hacia el renegado. Incluso temen, de no conformarse con los planes de fuga que ha ideado, que pudiera revelarlos a los gobernantes argelinos: "no osamos contradecirle, temerosos que, si no hacíamos lo que él decía, nos había de descubrir y poner a peligro de perder las vidas" (I, 40, 516). Comprensiblemente, los renegados del Mediterráneo moderno temprano se conocían por la duplicidad y, como explica Steven Hutchinson, solían "relativizar sus nociones de lo que es verdadero y real, volverse expertos en cambiar de papeles, y muy a menudo aprender a disimular. Aun para sus coetáneos tendían a ser enigmáticos, insólitos, *unheimlich*". No obstante, Ruy Pérez reconoce que un renegado les brindará las mejores opciones de huir gracias a su extraordinaria habilidad de "operar en ambos lados de la división... de entender las lenguas y la lengua franca común a todos, y de traducir de manera lingüística, cultural y religiosa mientras ocupándose de sus propios intereses". Hutchinson propone, por lo tanto, que "quizá el adagio *traduttore, traditore*—el traductor es traidor—se le aplica a [los renegados] más acertadamente que a cualquier otro" (Hutchinson, *Frontier Narratives* 122, 127). Manteniendo en mente esta capacidad camaleónica y traicionera del renegado, la carta de Zoraida que traduce viene a ser, junto con el crucifijo, otra prueba de su fiabilidad, aun si mediante las palabras religiosas intraducidas se arriesga a reinscribir la otredad de la joven mora. Es casi como si, al adoptar un método excesivamente fiel, el renegado estuviera compensando por las dudas acerca de su propia fe católica, como si la fidelidad traductológica pudiera sustituir a la fidelidad religiosa.

Después de que todos consiguen, a duras penas, escaparse de Argel, atravesar el Mediterráneo y alcanzar España, el renegado tendrá que comprobar su fe verdadera ante la Inquisición, pero no antes de que sirva de intérprete una vez más. Acuden a una iglesia de la ciudad de Vélez Málaga, "y así como en ella entró Zoraida, dijo que allí había rostros que se parecían a los de Lela Marién. Dijímosle que eran imágenes suyas, y como mejor se pudo le dio el renegado a entender lo que significaban, para que ella las adorase como si verdaderamente fueran cada una dellas la misma Lela Marién que la había hablado" (I, 41, 538). Si recordamos a Caramuel y Lobkowitz, quien sostuvo que un nombre divino como "María" encarna la sustancia moral de la santa, tal y como ocurre aquí en la parroquia con la imagen de la misma, acaso sea irónico que en su narración Ruy Pérez siga designándola como "Lela Marién". La escena deja claro que para él y sus compañeros recién llegados a tierra cristiana el apelativo árabe denota la misma Virgen venerada en las imágenes, lo cual hace todavía más llamativa su diferenciación. El traslado geográfico de los personajes de una orilla a otra no produce una traslación lingüística correspondiente.

Cual significante intraducido, Zoraida llegará a la venta como símbolo de la otredad, un extranjerismo o arabismo que requiere de las glosas de Ruy Pérez para desvanecer las inquietudes y sospechas que despiertan su atuendo y su silencio en los demás huéspedes. Sirviendo como traductor lingüístico, cultural y religioso de la embozada Zoraida, el antiguo cautivo explica que "Mora es en el traje y en el cuerpo, pero en el alma es muy grande cristiana, porque tiene grandísimos deseos de serlo" (I, 37, 482).[9] Luego, al ser pregun-

---

9   Como han observado otros críticos (Brownlee 582-83), el texto no aclara cómo Ruy Pérez ha adquirido de repente la habilidad de hablar con Zoraida en árabe, puesto que confiesa no entender la lengua en Argel.

tado cómo se llama, Ruy Pérez "respondió que *Lela Zoraida*; y así como esto oyó, ella entendió lo que le habían preguntado al cristiano, y dijo con mucha priesa, llena de congoja y donaire:—¡No, no *Zoraida*: *María, María!*—dando a entender que se llamaba *María* y no *Zoraida*" (I, 37, 483). Su intervención es en extremo impactante, en tanto que rompe su silencio para informar de un cambio de nombre después de que a lo largo de la historia los apelativos árabes han permanecido anclados tan decididamente a su forma original, y porque ese nombre es precisamente "María" en vez de "Marién". Y es que el estrenarse como tocaya de la santa representa una revelación tanto lingüística como espiritual, una transformación mediante la traducción, de modo que el acto de verter el nombre de una lengua a otra marca una doble conversión. Mientras el renegado se había negado a traducir los nombres árabes, esta nueva renegada reniega de su propio nombre para insistir en traducir.

El acto espontáneo de clamar por una nueva identidad es recibido por los otros personajes con lágrimas, abrazos y promesas de llamarla con el nombre que ella desea, señas de aprobación que la hacen proclamar nuevamente "¡Sí, sí, María: Zoraida *macange!*", vocablo que el narrador explica "quiere decir *no*" (I, 37, 483). Junto con la belleza que descubre cuando se quita su velo, la voluntad de la joven argelina, al corregir a su intérprete y tomar la palabra ella misma sin que otro alguno la mediatice, propicia la tierna aceptación por parte de los demás. Así, como arguye Luis F. Avilés, "[l]a voz, como suplemento de la apariencia física, alivia los efectos perturbadores de la diferencia cultural", volviéndose "una epifanía de la voluntad de cambio del ser" (188). Aunque el texto deja a la imaginación de los lectores cómo será su vida en el enclave cristiano viejo de León, consigue integrarse entre quienes están reunidos en la venta, todos ellos cristianos españoles. De revertir al sentido más literal la metáfora de Vives a favor de los extranjerismos, podríamos decir que cuando reconocen que Zoraida no anda "demasiado lejos de sus usos y costumbres", los demás tienen "la osadía de conceder... derecho de ciudadanía a" esta "figura peregrina".

Semejante al mensaje de la campaña artística de Jacir de "TRADUZCAN ALÁ" con la que se abrió este ensayo, la traducción de nombres extranjeros puede producir resultados inesperados y políticamente significativos. Suele suponerse en el creciente campo de los estudios de la traducción que el método extranjerizante es el más ético por conservar la diferencia cultural inherente en el texto fuente, sobre todo cuando procede de la periferia del mercado literario global y pasa a la dominante esfera del inglés. Los defensores de las traducciones extranjerizantes sostienen por lo tanto que son "una forma de resistencia contra el etnocentrismo y el racismo, el narcisismo cultural y el imperialismo" (Venuti 16). Seguramente es así, y no me cabe duda de que la práctica cervantina de incorporar otros idiomas en su escritura—y sobre todo aquellos que, como el árabe, eran ilícitos y poseían connotaciones negativas—repercutió en la expansión de los horizontes ideológicos de sus lectores. Pero Cervantes, como Jacir, nos recuerda igualmente que la negativa de traducir puede a veces distanciar o enajenar, y que asimismo una traducción domesticante puede ocasionar, ante la realidad política de un público dado, cambios incluyentes de igual envergadura. Por adaptar el lenguaje de la época de Cervantes, la traducción puede conducir a aceptar como propio lo aparentemente peregrino.

Bibliografía

Armas Wilson, Diana de. Introducción. *Don Quijote: Norton Critical Edition*, editado por Diana de Armas Wilson, traducido por Burton Raffel y Diana de Armas Wilson, W.W. Norton, 2020, pp. vii-xviii.

Avilés, Luis F. "El lenguaje oculto de Zoraida: Tensión histórica y revelación narrativa en Cervantes". *Morada de la palabra: Homenaje a Luce y Mercedes López-Baralt*, vol. 1, editado por William Mejías López, Universidad de Puerto Rico, 2002, pp. 180-89.

Bakhtin, Mikhail Mikhaïlovich. *The Dialogic Imagination*. Editado por Michael Holquist, traducido por Caryl Emerson y Michael Holquist, University of Texas Press, 2008.

Brownlee, Marina S. "Zoraida's White Hand and Cervantes' Rewriting of History". *Bulletin of Hispanic Studies*, vol. 82, núm. 5, 2005, pp. 569-85.

Cervantes, Miguel de. *Comedias y tragedias*. 2 vols., editado por Luis Gómez Canseco et al., Real Academia Española, 2015.

———. *Don Quijote de la Mancha*. 2 vols., editado por Francisco Rico et al., Galaxia Gutenberg, 2004.

Garcés, María Antonia. *Cervantes in Algiers: A Captive's Tale*. Vanderbilt University Press, 2002.

Guadix, Diego de. *Diccionario de arabismos: Recopilación de algunos nombres arábigos*. Editado por María Águeda Moreno Moreno, Universidad de Jaén, 2007.

Hutchinson, Steven. "Fronteras cervantinas: Zoraida en el exilio". *Estudios en honor de Ricardo Gullón*, editado por Carlos Javier García y Cristina Martínez Carazo, Juan de la Cuesta, 2011, pp. 147-67.

———. *Frontier Narratives: Liminal Lives in the Early Modern Mediterranean*. Manchester University Press, 2020.

Infante, Catherine. "El renegado cervantino y el poder de las imágenes". *Hispanic Review*, vol. 86, núm. 3, 2018, pp. 307-27.

Jacir, Emily. "Some Things I Probably Should Not Say and Some Things I Should Have Said (Fragments of a Diary)". *Social Medium: Artists Writing, 2000-2015*, editado por Jennifer Liese, Paper Monument, 2016, pp. 360-67.

———. *Translate Allah*. Valla publicitaria/cartel, Queens Museum of Art, Nueva York, 2003, y Salem, Oregón, 2018.

Leone, Massimo. "Ancient Tradition and Modern Audacity: On the (Proto-) Semiotic Ideas of Juan Caramuel y Lobkowitz". *Semiotica*, vol. 182, 2010, pp. 247-68.

López Pinciano, Alonso. *Filosofía antigua poética*. Editado por Pedro Muñoz Peña, Imprenta y Librería Nacional y Extranjera de Hijos de Rodríguez, 1894.

Márquez Villanueva, Francisco. *Moros, moriscos y turcos de Cervantes: Ensayos críticos*. Bellaterra, 2010.

Paz, Octavio. *Traducción: Literatura y literalidad*. Tusquets, 1971.

Rodríguez Mediano, Fernando. "Biblical Translations and Literalness in Early Modern Spain". *After Conversion: Iberia and the Emergence of Modernity*, editado por Mercedes García-Arenal, Brill, 2016, pp. 66-94.

Ruiz Casanova, José Francisco. *Aproximación a una historia de la traducción en España*. Cátedra, 2000.

Schleiermacher, Friedrich. "Uber die verschiedenen Methoden des Übersetzens". *Translation/History/Culture: A Sourcebook*, editado por André Lefevere, Routledge, 1992, pp. 141-66.

Sieber, Diane E. "Mapping Identity in the Captive's Tale: Cervantes and Ethnographic Narrative". *Cervantes: Bulletin of the Cervantes Society of America*, vol. 18, núm. 1, 1998, pp. 115-33.

Spitzer, Leo. "Perspectivismo lingüístico en el *Quijote*". *Lingüística e historia literaria*, Gredos, 1955, pp. 161-255.

Tang, Wan Sonya. "'Mirar tapices flamencos por el revés': Elogio implícito de la traducción en *Don Quijote*". *Revista de Estudios Hispánicos*, vol. 42, núm. 3, 2008, pp. 483-502.

Venuti, Lawrence. *The Translator's Invisibility: A History of Translation*. 2.ª ed., Routledge, 2008.

Vives, Juan Luis. "Versiones e interpretaciones". *Teorías de la traducción: Antología de textos*, editado por Dámaso López García, Universidad de Castilla-La Mancha, 1996, pp. 66-70.

Mujer Intrépida: Revisando el concepto de la mujer varonil con Clorinda en *La conquista de Jerusalén*, atribuida a Cervantes

AARON M. KAHN
University of Sussex, United Kingdom

> ecco un guerriero (ché tal parea) d'alta sembianza e degna; e mostra, d'arme e d'abito straniero, che di lontan peregrinando vegna. La tigre, che su l'elmo ha per cimiero, tutti gli occhi a sé trae, famosa insegna. insegna usata da Clorinda in guerra; onde la credon lei, né 'l creder erra.
>
> - TORQUATO TASSO, *Gerusalemme liberata*

A SU DESCUBRIMIENTO EN forma manuscrita de 1989 y a la publicación original de 1992 por Stefano Arata, el hispanista italiano atribuyó la autoría de *La conquista de Jerusalén por Godofre de Bullón* (1586) a Miguel de Cervantes, y después de varios años de análisis académicos, la comedia se ha incorporado en el campo de los estudios cervantinos; y a la vez, nos ha proporcionado la oportunidad de volver a la producción dramática del gran genio alcaíno y entender mejor su obra. En los *dramatis personae* de esta comedia de tres actos, o jornadas, nos encontramos con Clorinda, uno de los líderes militares más prominentes de los defensores islámicos de Jerusalén. Considerando las definiciones de la *mujer varonil* establecidas por Melveena McKendrick en su obra seminal y todavía vigente de 1974, notamos que el personaje de Clorinda no coincide con ninguna de estas clasificaciones. De hecho, Clorinda representa una mujer única en el escenario español de la época. En este capítulo, identificamos y definimos por primera vez a la *mujer intrépida*, una mujer poderosa, temida por el enemigo y respetada a la vez. Es hermosa, pero no le devuelve el amor al hombre que la persigue, tampoco opta por una vida dedicada a la religión. La complejidad de esta mujer fascinante sirve como ejemplo de la creación cervantina sin igual.

Stefano Arata sacó a luz la comedia de la Biblioteca del Palacio Real en Madrid, primero con solamente el título entre varios otros de un catálogo de obras en dicha biblioteca. Tres años después, en un artículo detallado, establece la atribución cervantina identificando el drama como la perdida *La Jerusalén* a la cual se refiere Cervantes en "Adjunta al Parnaso" (1614)—una transcripción diplomática acompañó este estudio—. *La conquista de Jerusalén por Godofre de Bullón* es una adaptación teatral del famoso poema épico italiano *Gerusalemme liberata* (1581) de Torquato Tasso, y representa en el escenario del Siglo de Oro la primera cruzada en el último año del siglo XI. Desde la publicación inicial de la comedia por Arata, pocos académicos consideraban las posibles raíces cervantinas del drama, pero los que lo han estudiado siguiendo este hilo analítico, con una notable excepción,[1] aceptaron la probabilidad de que el autor de *La destrucción de Numancia*, del *Quijote* y de otros tesoros literarios, también escribió esta obra, adaptada del poema ya mencionado que disfrutaba de una fama inmensa en España en la década de los 1580. Entre los primeros que exploraron la obra fueron José Montero Reguera y Agustín de la Granja, y nuestros estudios, sobre todo el artículo de 2010 que establece una teoría de atribución dedicada exclusivamente a *La conquista de Jerusalén*.

En los años siguientes ha habido más atención prestada a la comedia, y ahora se incluye más definitivamente en el corpus cervantino. La edición crítica de Héctor Brioso Santos (2009) precedió varios otros estudios de académicos tales como Fausta Antonucci, Juan Cerezo Soler y Moisés R. Castillo, entre otros. Una edición de las comedias y tragedias de Cervantes, dirigida por Luis Gómez Canseco y publicada por la Real Academia Española en 2016, incluye por primera vez esta obra tan recientemente descubierta, instituyendo cimientos cada vez más sólidos a la autoría del drama.

Este capítulo se aleja de los estudios de atribución, habiendo aceptado ya los orígenes cervantinos de *La conquista de Jerusalén*, y centramos la atención en el personaje del líder guerrero musulmán sirviendo al rey de Jerusalén, Clorinda, ejemplo claro de una mujer varonil. McKendrick identifica las variedades de este arquetipo creadas por los dramaturgos de la época, pero como se desarrolla aquí, el personaje de Clorinda queda fuera de los parámetros señalados en 1974. Antes de seguir con el examen de Clorinda, es necesario volver a las definiciones de McKendrick para fundar una base analítica

---

[1] Daniel Eisenberg dedica solo unos párrafos a negar la atribución, pero sin analizar la obra. En nuestro artículo de 2010, respondemos a sus aserciones.

sobre la que se puede construir el argumento de que Clorinda es personaje único. La mujer varonil se identifica como cualquier mujer que expone características convencionalmente masculinas, especialmente en su actitud hacia las normas sociales del papel de la mujer. Demuestra una aversión al matrimonio, sabiendo que para la mujer casarse significa una pérdida de libertad, o este sacramento simplemente no forma parte de su historia dramática. La mujer varonil también se refiere a personajes femeninos que desempeñan el papel de líder militar, que visten ropa típicamente considerada de hombre y que tienen aspiraciones más allá de casarse o de tomar votos religiosos. Aunque la mujer varonil demuestra que la actitud hacia el papel de la mujer en los siglos XVI y XVII era más compleja de lo que normalmente pensamos, la senda dramática de los personajes concluye en uno de dos destinos: o la mujer se somete a las demandas del hombre y asume el papel dictado, o termina castigada por la sociedad de una manera u otra. En nuestros tiempos, hemos llegado a entender el concepto de género y de sexo como un componente fluido de la identidad, pero durante la época en la que escribía Cervantes sus primeras obras dramáticas, la representación de una mujer consistía en reglas sociales, religiosas y legales mucho más rígidas. Cada conclusión de las obras restaura el *status quo* social.[2]

Las categorías de la mujer varonil más pertinentes aquí son la mujer esquiva, la amazona y mujer guerrera.[3] Una breve explicación de estos tipos revela que ninguno sirve como una referencia adecuada a Clorinda. La mujer esquiva "illustrates the exact nature of the seventeenth-century attitude to women" (McKendrick 174), y en el escenario del Siglo de Oro, contribuía un componente de entretenimiento, mientras, a la vez, personificaba la idea de que la mujer, aunque esquiva o evasiva a las normas sociales, vuelve a su estado natural, es decir, casarse. No es capaz de evitar su lugar en la sociedad. La amazona y el líder guerrero femenino se basa en la raza mítica de mujeres guerreras y las batallas que luchan en las historias tradicionales. Como personaje dramático, la amazona rechaza el amor y el matrimonio, y en muchos casos

---

2   Una notable excepción en prosa es Marcela, personaje cervantino en el capítulo 14 de la primera parte del *Quijote*, que niega el matrimonio, enfatiza su libertad eterna con un largo monólogo declarando los derechos de la mujer y vuelve a su vida solitaria como pastora. No sufre ningún castigo por su comportamiento, y como nunca vuelve a salir como personaje en la novela, el lector supone que Marcela alcanza su meta sin obstáculo y con la conciencia limpia. Como personaje novelesco y no dramático, Marcela no se incluye en este estudio.

3   Otras clasificaciones incluyen la bella cazadora, la bandolera, la intelectual y la vengadora.

odia a los hombres hasta el punto de "wage war against them" (174), pero en el caso de las reinas amazonas en las obras de Lope de Vega, por ejemplo, "sooner or later [they] revert to the feminine norm and fall in love" (176). Enamorarse y casarse son actos reconocidos del público que simbolizan una renunciación de la libertad y de la individualidad de la mujer.

Tomando en cuenta los diferentes arquetipos desarrollados arriba, y considerando que Clorinda, personaje desconocido en este contexto a la composición del libro de McKendrick, representa una encarnación única de la mujer varonil, ofrecemos una categoría nueva en la cual cabe la gran capitana musulmana creada por Cervantes: mujer intrépida. La palabra "intrépido" no aparece en el *Tesoro de la lengua* (1611) de Covarrubias, pero en el *Diccionario de Autoridades* (1734) se define como "arrojado, ardiente y falto de temor", y al aplicar estos rasgos al personaje cervantino, encontramos el término ideal para describirla.[4] Clorinda aparece por primera vez en el poema épico de Tasso que sirve como la base temática de *La conquista de Jerusalén*.[5] La adaptación española mantiene varias características del personaje tassiano: líder poderoso del ejército musulmán defendiendo Jerusalén, mujer temida y respetada por el enemigo, hermosa, casta y justa. Posee una belleza que produce el amor en el pecho de Tancredo, príncipe enemigo, pero es un amor que ella no le devuelve; después de recibir una herida mortal del mismo Tancredo, revela la historia de su nacimiento como cristiana, pide el bautizo y pasa al reino celestial de Dios.[6]

En la Clorinda cervantina, vemos a un personaje femenino único que, si bien lucha por el rey musulmán de Jerusalén contra el ejército cristiano enviado por mandato divino, muestra la bondad y la misericordia en situaciones

---

4   Uno de los dos ejemplos en *Diccionario de Autoridades* del uso de la palabra *intrépido* viene precisamente de *Los trabajos de Persiles y Sigismunda*, por el mismo Cervantes: "Auristela, en fin, iba enflaqueciendo por momentos y quitando las esperanzas de su salud a cuantos la conocían. Sólo Periandro era el solo firme, sólo el enamorado, sólo aquel que con intrépido pecho se oponía a la contraria fortuna y a la misma muerte, que en la de Auristela le amenazaba" (IV, 9, 699).

5   Una traducción del poema al castellano fue publicada en 1587, pero como ha demostrado Arata, el escritor de la versión dramática se fundó en la edición *príceps* en italiano (Véase Arata, "*La conquista*" 23). Los papeles de actor especifican que *La conquista de Jerusalén* fue representada para las fiestas de Corpus Christi en 1586, antes de la edición traducida (Véase Arata, "Notas sobre" 55 y Kahn, "Towards a Theory" 100).

6   No entramos aquí en el estudio comparativo de la adaptación de personajes tassianos en esta comedia. Véase "Reelaboración y reescritura" de Antonucci, para un análisis específico.

apropiadas, y la despiadada astucia y fuerza militar en el cumplimiento de sus propios juramentos. Es temida y respetada como un poderoso líder militar tanto por sus aliados como por sus enemigos: por sus aliados, confiando en su fuerza para asegurar sus defensas; por sus enemigos, mostrando reserva y asombro ante su presencia. Esta representación de Clorinda refuerza nuestra noción de ambigüedad cervantina, un fenómeno cuya importancia en la comprensión de sus escritos y su lugar en el contexto de la época hemos explorado en múltiples ocasiones, tanto por su comentario social y político como por su atractivo estético.

La primera salida de Clorinda al escenario viene en la segunda jornada, con descripciones y acciones calificadas como varoniles en el contexto del teatro español del Siglo de Oro. Las detalladas acotaciones la describen como un gran caballero guerrero, "armada", con "un muchacho delante, que la trae escudo y yelmo, y pintada una tigre en el escudo" (*La conquista de Jerusalén* 169).[7] Su entrada enfática en esta escena, junto con el rey, Marsenio el nigromante del rey, y el guerrero Argante, todos descritos como "moros" en las acotaciones, responde directamente a las acciones de la primera jornada. Un ídolo cristiano ha sido robado de una iglesia, y el rey amenaza con matar a todos los cristianos de la ciudad si no llega a sus manos. Marsenio, usando sus poderes proféticos, luego asegura a su amo que si la estatua es devuelta, "está asegurada / no solo esta ciudad sino tu estado" (I, 414-15). Solinda, una cristiana joven, se acerca al rey para confesar que ha hurtado la estatua y que la quemó en un incendio, prefiriendo su destrucción a que la imagen estuviera en manos infieles. El rey revoca su sentencia con clemencia, pero cuando se entera de que Solinda la ha destruido, Marsenio lo convence que la mujer merece un castigo cruel. Tal insolencia amenaza su autoridad; en cambio, el rey condena a muerte a Solinda y a su amante Lustaquio, el verdadero ladrón, a quemarlos vivos.

La reacción de Clorinda aquí en la segunda jornada establece su presencia y su autoridad por desafiar al nigromante del rey, Marsenio, tachándole de charlatán cuyas profecías y supersticiones no pertenecen a la inminente gran guerra sagrada. Ella misma se dirige directamente al rey:

> Digo, señor, que oprobias y que abajas
> tu nombre y tu valor con lo que haces
> si a estas burlerías torpes, bajas,

---

7   Citamos la edición de Brioso Santos publicada por Cátedra. Citamos las acotaciones por página y el diálogo por jornada, en números romanos, y verso, en números arábigos.

> crédito das y así te satisfaces.
> Si, en esto confiado no trabajas
> en componer y en ordenar las haces
> y las usadas máquinas de guerra,
> la pérdida te anuncio desta tierra. (II, 746-53)[8]

La victoria contra el invasor cristiano se alinea con y depende de la justicia de la ocupación islámica de Jerusalén, y Clorinda le advierte al rey que contar con el odio de Marsenio, renegado especialmente severo con los cristianos, es una pérdida de tiempo y de energía. Le insiste en que organice su ejército, que tome armas y que se prepare para la guerra en una manera digna de su fe: "Si la ley que profesas de Mahoma / [dice] que es burla la de los cristianos, / ¿por qué una imagen suya así te doma / el brío y pone esposas en las manos?" (II, 754-57). Mientras al público teatral le valdría la posesión de una imagen sagrada de la Virgen María, al rey musulmán de Jerusalén no deben importarle tales ídolos, sobre todo porque su religión prohíbe imágenes y representaciones del Profeta, así como la adoración de objetos materiales. Clorinda aparta al rey de los mensajes falsos de Marsenio y devuelve su concentración a la realidad de la situación: "Toma, señor, la espada, el arnés toma, / y deja los hechizos falsos, vanos, / que los que se han de usar en esta parte / son la industria y [el] furor [de] Marte" (II, 758-61).

Quizás con el propósito de separar al rey completamente de la cuestión de la imagen y de centrar su atención a la hueste cristiana de Godofre de Bullón que se acerca a la ciudad, Clorinda les revela el destino de Solinda y Lustaquio: "Yo quité los cristianos que tu ira / al fuego condenó, porque mi intento / por otros medios de más honra aspira / de reducir tu estado a salvamento" (II. 762-65). Sin arrepentimiento, y con inteligencia, con determinación y con una preocupación por la justicia de la defensa de Jerusalén,

---

8   Este aviso de proceder con justicia en una empresa militar imita el principio de *La Numancia*, cuando Jugurta, aliado numidiano de Roma, ofrece los mismos consejos con expresiones semejantes al general romano Cipión, que ha declarado su intención de cercar la ciudad enemiga: "No dudo yo, señor, sino que importa / regir con duro freno la milicia, / y que se dé al soldado rienda corta / cuando él se precipita en la injusticia. / La fuerza del ejército se acorta / cuando va sin arrimo de justicia, / aunque más le acompañen a montones / mil pintadas banderas y escuadrones" (vv. 57-64). Véase nuestros estudios "Representation and Interpretation" y "The Ambivalence of Imperial Discourse" para un análisis detallado de estas líneas en el contexto de la *casus belli*. Véase nuestro artículo para un análisis de estos mismos versos en el contexto de *La conquista de Jerusalén* ("Towards a Theory" 114).

Clorinda, personaje femenino, guerrera y consejera real, condena las dichas falsedades de Marsenio. Insiste en que el rey siga sus mandatos, y que demuestre merced hacia los ciudadanos cristianos de Jerusalén, a pesar de su delito insignificante.[9]

La escena continúa con el gran elogio del rey a su sirviente honorable, llamándola "magnánima guerrera" (II, 767) y alabando su "honroso pensamiento" (II, 768). Incluso lo persuade a perdonar a todos sus súbditos cristianos para limpiar su conciencia antes de comenzar la defensa final de su reino. Cuando Marsenio grita que esta misericordia con los cristianos es injusta, Clorinda cuestiona sus habilidades, preguntándole qué le deparan los presagios. Su respuesta es arrogante y altiva: "Feliz reposo me asegura el cielo, / larga, dichosa y descansada vida; / de repentina muerte no recelo / de cautiverio o enfermedad mecida" (II, 778-80). Al preguntarle Clorinda a Marsenio "¿Si pruebo que mientes?", el nigromante le responde desdeñosamente "Bueno" (II, 782). Sin demora o vacilación, Clorinda desenvaina la espada y lo apuñala repetidamente, la única violencia representada en el escenario.[10]

Este intercambio relativamente breve establece a Clorinda como un personaje formidable, tanto dentro de su propio campo como una señal de lo que los cristianos tienen reservado para ellos en el campo de batalla. Su presencia exige respeto, y la misericordia que muestra a los cristianos dentro de los muros de la ciudad fortalece su honor y la justicia de sus acciones. Además, su negación de la astrología de Marsenio como una ilusión, fútil en el acto de guerra, incluso cuando el propio rey confiaba en gran medida en la aparente sabiduría de su consejero, muestra un gran pragmatismo. Su ataque violento contra el charlatán, aunque agresivo y tal vez extremo para el escenario, representa la insensatez de confiar en la devoción extrarreligiosa. El rey está "contento" (II, 798) con el "valor" de su "brazo" (II, 800), y sigue el consejo de Clorinda de enviarles a ella y al temido guerrero Argante, otro personaje de tassiano, a Godofre, en busca de una tregua.

---

9   Otro tema tangencial que no forma parte del análisis de este estudio es el personaje del cortesano o adulador del rey cuyos consejos falsos e interesados guían al monarca hacia la tiranía y la injusticia. Véase nuestro libro para una perspectiva amplia del papel del cortesano ambicioso en la formación de la tiranía en el teatro español de 1570 a 1590 (*The Ambivalence of Imperial Discourse* 41-49).

10   En la segunda jornada de *La Numancia*, el hechicero Marquino, curiosamente parecido a Marsenio, resucita a un numantino muerto para revelar el destino de la ciudad ante el cerco de las fuerzas romanas. Como Clorinda, Leoncio también cuestiona la validez de esta "ciencia": "Que todas son ilusiones, / quimeras y fantasías, / agüeros y hechicerías, / diabólicas invenciones" (II, 561-64).

Si bien esta escena representa la tensión y la violencia de una batalla inminente, las complicaciones del amor en una situación bélica constituyen un tema común en una obra como esta. Entre los guerreros cristianos figura Tancredo, quien, aunque se ha declarado impermeable a los "asaltos fieros" (II, 717) del amor, inmediatamente se enamora de Clorinda cuando ella y Argante se acercan al campamento cristiano como embajadores. Tancredo la adula insistiendo en la belleza de la mujer, lo que para el enemigo muestra debilidad. La respuesta de Clorinda a Tancredo sucumbiendo a sus emociones y poniendo en peligro la formalidad del propósito de su acercamiento es impasible y resuelta: "Por cierto, caballero, qu'es locura / alabar dese modo a tu enemigo" (ll, 1234-35).

La seriedad y dignidad de Clorinda como líder, negociadora y guerrera temida ha ganado el respeto y la lealtad del rey de Jerusalén, pero también gana la misma reverencia del líder de las fuerzas cristianas que ha venido a recuperar la Tierra Santa para las legiones de Cristo. Ella y Argante son conducidos directamente a Godofre de Bullón, quien, después de un largo mensaje del embajador del soldán de Egipto prometiendo amistad si su ejército abandona Palestina, rechaza la oferta de paz, confiando en la santa justicia de su causa. Elige la guerra en lugar del compromiso, lo que provoca un intercambio con Clorinda:

> CLORINDA: Muestras bien qu'en la soberbia Francia
> fue engendrado ese brío y ese talle
> [y] en tu gran confianza, o arrogancia,
> —que no sé destos dos cuál nombre dalle—.
> Pero podrá bien ser que tu jatancia,
> cuando menos lo piense, encuentr[e], halle
> quien vuelva en humo el fuego que le aviva,
> que así sucede a quien en ella fía.
> GODOFRE: Eres, en fin, señora, mensajero,
> y eres mujer, dos cosas bien bastantes
> para no ser tenidos en un yerro
> tus atrevidos dichos y arrogantes.
> CLORINDA: Pues yo, Godofre, de mi brazo espero,
> para que más te admires y te espantes,
> de mi atrevido osar mostrarte presto
> cómo puedo decir y hacer más qu'esto.
> GODOFRE: Está muy bien, y tiempo habrá do sea
> mostrado ese valor tan excelente.

TANCREDO: *Aparte* (¡Oh, segunda y mejor Pantasilea,
más que [Hi]pólita bella y más valiente!)
CLORINDA: Dices verdad, señor, que en la pelea
se descubre mejor el brío ardiente.
Del valeroso pecho es gran mengua
amenazar en paz con suelta lengua;
y porque puedes ver por esperiencia,
presto, que no arrogante y vana [he] sido,
para volvernos da, señor, licencia,
pues ya a nuestra embajada has respondido.
GODOFRE: Aunqu'es de codiciar esa presencia,
y no para el marcial fuerte ruido,
bien te puedes volver cuando quisieres.
TANCREDO: *Aparte* (¡Oh flor, oh honra grande de mujeres!).
(III, 1600-31)

Godofre enfatiza que Clorinda es mujer, lo que representa la única vez en las discusiones marciales que el sexo o el género de Clorinda se usa como una forma de insulto o que se sugiere como un impedimento de sus habilidades. Clorinda defiende con vehemencia su poder y su fuerza, pero notablemente no responde directamente a su declaración de "eres mujer"; Godofre tampoco repite la afirmación. De hecho, acepta su "valor tan excelente" y a ella como un adversario digno.

En la cita anterior y entremezclados, hay dos apartes aparentemente tangenciales de Tancredo, que ya está completamente enamorado de Clorinda. Al comparar a Clorinda con Pantasilea, famosa guerrera amazona que luchó contra Aquiles en la guerra de Troya y fue matada por él, e Hipólita, reina de las amazonas, el lector y la lectora podría interpretar estos tres versos de Tancredo como un medio por el cual Cervantes plantea en el personaje de Clorinda características tradicionalmente asociadas a la mujer.[11] Es hermosa, la flor de la feminidad y valiente, pero los apartes de Tancredo se ven eclipsados por las otras veintinueve líneas en este intercambio que prueban que se distingue de otras mujeres en su destreza militar. Acordémonos de la

---

11   Pantasilea (o Pantesilea o Pentesilea) forma parte de la leyenda de la caída de Troya, y es un personaje en los poemas épicos de Homero y en la *Eneida* de Virgilio. Está en el Canto IV del *Inferno* (1314) de Dante, y Bocaccio cuenta la vida de Pentesilea en su colección de biografías de mujeres, *De Mulieribus Claris* (1361-62). Cervantes y el público conocerían estas obras y la referencia a Pantasilea. Tasso no la nombra en su poema.

observación de McKendrick que en el escenario español de los siglos XVI y XVII las reinas amazonas eventualmente se enamoran y asumen rasgos más femeninos (176). Aquí ocurre lo contrario. Clorinda no se ajusta al arquetipo de la amazona de la época y mantiene su compostura.

Hasta aquí en la obra, Clorinda ha sido presentada al público como la "temida y reverenciada" (III, 2157) capitana de los defensores musulmanes de Jerusalén, en conflicto con los pretendientes cristianos al reino. Sin embargo, Clorinda tiene un pasado secreto que Argente, el ayo eunuco que la ha criado desde la infancia, le revela sobre su nacimiento y sus orígenes cristianos.[12] Clorinda y Argante tienen la tarea de entrar sigilosamente en el campamento cristiano y sabotear sus máquinas de asedio, pero Argente le cuenta su sueño profético en el que un misterioso "caballero blanco" (III, 2166) advierte "qu'esta noche / has de ser muerta y cristiana" (III, 1268-69). En el cuento adaptado del poema de Tasso, Clorinda es la hija de la reina de Egipto que profesaba en secreto la fe cristiana. Cuando apareció sorpresivamente una niña blanca en lugar del esperado niño moreno, la reina, temiendo las represalias de su esposo el rey, encomendó al bebé al cuidado del sirviente eunuco, implorándole que la criara como cristiana. Confiesa que nunca la ha bautizado según los deseos de su madre, a pesar de que el mismo caballero blanco, en un sueño años anterior, había sido condenado por esta negligencia.

Así, Cervantes revela su destino. Clorinda y Argante cumplen su misión de prender fuego a las armas enemigas, pero para no ser reconocida por el enemigo, lleva una "sobrevista negra" (III, 2205). Durante el caos que sigue el sabotaje y en su retirada a Jerusalén, Clorinda todavía se encuentra fuera de la seguridad de las murallas de la ciudad; en este momento se enfrenta a Tancredo. El cristiano no reconoce a la persona ante él como la mujer que ama, dirigiéndose al percibido enemigo en forma masculina: "moro fuerte" (III, 2274). El duelo los conduce fuera del escenario, y las acotaciones describen la acción: "*Suena un gran golpe dentro, y sale luego* CLORINDA *con la espada rota y muy desmayada, y sale tra[s] ella* TANCREDO *con la espada sangrienta*" (229). Mientras agoniza, de repente, en los momentos finales de su vida, le pide a Tancredo que la bautice y él la lleva fuera del escenario.[13]

---

12   El ayo eunuco, Argente, no se debe confundir con el guerrero Argante, que son dos personajes diferentes. Aquel se llama Arsete en el poema de Tasso, y este se llama igual.

13   Antonucci estudia la adaptación del duelo entre Tancredo y Clorinda desde la obra tassiana a la cervantina con el propósito de señalar "las novedades introducidas por el dramaturgo con respecto a su fuente de inspiración" (383).

Yuxtapuesto a este singular momento de muerte, tragedia y tristeza se encuentra el asalto final de las fuerzas de Godofre a Jerusalén. Las acotaciones nos cuentan que "*Entra* TANCREDO *con la sobrevestidura negra de* CLORINDA *puesta con su escudo de la tigre, cubierto de luto, y pónese triste a un lado del teatro, y prosigue Adelante* GODOFRE" (232). No está claro si las acotaciones indican que Tancredo se ha puesto la sobrevestidura negra de Clorinda, o si la usa para cubrir el escudo con el tigre, o ambas cosas. Tampoco es obvio si Tancredo logró bautizar a Clorinda antes de su muerte. Esta escena, sin embargo, pone fin a Clorinda como personaje y como presencia en la obra. Aparte de Godofre instando a Tancredo a no estar tan triste (aunque no nombra a Clorinda) y a alegrarse por el inminente éxito de la empresa (III, 2390), no se vuelve a mencionar el nombre de Clorinda, ni se lamenta su fallecimiento. Los personajes alegóricos narran la batalla final, y al entrar descalzos en la ciudad, los soldados cristianos, entre ellos Tancredo, celebran la victoria del cristianismo.[14]

El carácter de Clorinda y su muerte tienen un significado en la creación de un personaje femenino fuerte a quien podemos identificar como una mujer varonil. Sin embargo, ciertas características y resultados de la obra son exclusivos de ella. Su alta consideración como líder militar, el respeto y la adoración que recibe de su propio pueblo y del enemigo por igual, su intrépido compromiso y muerte posterior en la batalla, y el miedo que infunde en los demás, todo ello mientras se viste en armadura militar y empuña una espada letal, son atributos masculinos que contrarrestan el rol social tradicional de la mujer. Clorinda "ennoblece todo el bando musulmán" (Brioso Santos 95). Es hermosa físicamente, pero esta parte de su personaje se minimiza en el texto. Tancredo se enamora de ella, y aunque la sociedad dictaría que su estado natural como mujer sería querer casarse o tomar votos religiosos, de ninguna manera corresponde al amor de Tancredo. De hecho, no hay ninguna indicación en el texto de que está consciente de este amor. Desde la perspectiva del siglo XVI, el personaje de Clorinda equivale a no tener género; es una

---

14   En Canto XII de *Gerusalemme liberata*, Tancredo la bautiza para que Clorinda muera como cristiana: "Non morí già, ché sue virtuti accolse / tutte in quel punto e in guardia al cor le mise, / e premendo il suo affanno a dar si volse / vita con l'acqua a chi co 'l ferro uccise. / Mentre egli il suon de' sacri detti sciolse, / colei di gioia trasmutossi, e rise; / e in atto di morir lieto e vivace, / dir parea: 'S'apre il cielo; io vado in pace'. / D'un bel pallore ha il bianco volto asperso, / come a' gigli sarian miste viole, / e gli occhi al cielo affisa, e in lei converso / sembra per la pietate il cielo e 'l sole; / e la man nuda e fredda alzando verso / il cavaliero in vece di parole / gli dà pegno di pace. In questa forma / passa la bella donna, e par che dorma" (XII, 68-69).

religiosa secular en el sentido de que ha dedicado la vida a la guerra, como los curas-caballeros medievales.

No obstante, Clorinda muere, y aunque podríamos suponer que Tancredo ha cumplido su último deseo de ser bautizada, no hay nada en el texto que verifique que efectivamente lo haya hecho. Sin embargo, esta ambigüedad textual no resta valor a la imagen final del público de esta guerrera caída. Clorinda pide el bautismo, pero no renuncia al islam. No solicita unirse a las fuerzas cristianas y no se arrepiente de su servicio al rey de Jerusalén. Su muerte no está relacionada con una falta de conformidad con las normas femeninas de la época, y aunque el sueño profético de Argente prevé su muerte, el misterioso caballero blanco no dice que si hubiera sido bautizada o si se hubiera comportado como mujer habría sobrevivido. Lucha con pasión, pero no permite que las emociones la gobiernen. Ciertamente, su sexo y género son irrelevantes aquí, aparte del amor de Tancredo por ella. Se podría argumentar que su mera presencia en el campo musulmán y su agresión hacia los cristianos desafían la voluntad de Dios, pero muere con honor y dignidad, tal como había vivido su existencia intrépida.

Bibliografía

Antonucci, Fausta. "Reelaboración y reescritura de la *Gerusalemme liberata* en *La conquista de Jerusalén por Godofre de Bullón*, atribuida a Cervantes". *Serenísima palabra: Actas del X congreso de la Asociación Internacional Siglo de Oro*, editado por Anna Bognolo et al., Edizioni Ca Foscari, 2017, pp. 383-94.

Arata, Stefano. "*La conquista de Jerusalén*, Cervantes, y la generación teatral de 1580". *Criticón*, vol. 54, 1992, pp. 9-112.

———. *Los manuscritos teatrales de la Biblioteca del Palacio, siglos XVI y XVII*. Giardini, 1989.

———. "Notas sobre *La conquista de Jerusalén* y la transmisión manuscrita del primer teatro cervantino". *Edad de Oro*, vol. 16, 1997, pp. 53-66.

Brioso Santos, Héctor, editor. Introducción. *La conquista de Jerusalén por Godofre de Bullón*. Cátedra, 2009, pp. 9-114.

Castillo, Moisés R. "Espacios de ambigüedad en el teatro cervantino: *La conquista de Jerusalén* y los dramas de cautiverio". *Cervantes: Bulletin of the Cervantes Society of America*, vol. 32, núm. 2, 2012, pp. 123-42.

Cerezo Soler, Juan. "*La conquista de Jerusalén* en su contexto: Sobre el personaje colectivo y una vuelta más a la atribución cervantina". *Dicenda: Cuadernos de Filología Hispánica*, vol. 32, 2014, pp. 33-49.

Cervantes Saavedra, Miguel de. *El cerco de Numancia*. Editado por Robert Marrast, Cátedra, 1999.

———. *La conquista de Jerusalén por Godofre de Bullón*. Editado por Héctor Brioso Santos, Cátedra, 2009.

———. *Comedias y tragedias*. 2 vols., editado por Luis Gómez Canseco, Real Academia Española, 2016.

———. *Los trabajos de Persiles y Sigismunda*. Editado por Carlos Romero Muñoz, Cátedra, 2000.

Eisenberg, Daniel. "¿Qué escribió Cervantes?" *Sobre Cervantes*, editado por Diego Martínez Torrón, Centro de Estudios Cervantinos, 2003, pp. 9-26.

Granja, Agustín de la. "Apogeo, decadencia y estimación de las comedias de Cervantes". *Cervantes*, editado por Claudio Guillén, Centro de Estudios Cervantinos, 1995, pp. 225-56.

Kahn, Aaron M. *The Ambivalence of Imperial Discourse: Cervantes's* La Numancia *within the 'Lost Generation' of Spanish Drama, 1570-90*. Peter Lang, 2008.

———. "Attributions and Lost and Promised Works". *The Oxford Handbook of Cervantes*, editado por Kahn, Oxford University Press, 2021, pp. 467-89.

———. "Even Further Towards a Theory of Attribution: Advancing the Cervantine Attribution of *La conquista de Jerusalén por Godofre de Bullón*". *Cervantes: Bulletin of the Cervantes Society of America*, vol. 33, núm. 1, 2013, pp. 133-65.

———. "Representation and Interpretation of Historical Characters in Cervantes's *La Numancia*: Jugurtha and Viriatus". *Bulletin of Hispanic Studies*, vol. 84, núm. 5, 2007, pp. 573-87.

———. "Towards a Theory of Attribution: Is *La conquista de Jerusalén* by Miguel de Cervantes?" *Journal of European Studies*, vol. 40, núm. 2, 2010, pp. 99-128.

McKendrick, Melvenna. *Women and Society in the Spanish Drama of the Golden Age: A Study of the* mujer varonil. Cambridge University Press, 1974.

Montero Reguera, José. "¿Una nueva obra teatral cervantina? Notas en torno a una reciente atribución". *Anales Cervantinos*, vol. 33, 1997, pp. 355-66.

———. "La obra literaria de Miguel de Cervantes (Ensayo de un catálogo)". *Cervantes*. Editado por Anthony Close et al., Centro de Estudios Cervantinos, 1995, pp. 43-71.

———. Reseña. *Manuscrt.CAO*, vol. 6, 1994-95, pp. 83-87.

Rodríguez López-Vázquez, Alfredo. "La *Jerusalén* de Cervantes: Nuevas pruebas de su autoría". *Artifara*, vol. 11, 2011, pp. 1-6, http://www.ojs.unito.it/index.php/artifara.

Tasso, Torquato. *Gerusalemme liberata*. Editado por Anna Maria Carini, Feltrinelli Editore, 1961.

"Pierre Menard, autor del *Quijote*", momentos de la crítica [parte I]

Andrés Lema-Hincapié
University of Colorado Denver, USA

Preámbulo

En su ensayo "Cervantes y Borges", Ana María Barrenechea decide no comentar "Pierre Menard, autor del *Quijote*", pues "aunque sea una ficción fascinante e inagotable, se ha convertido en la más tratada y discutida por los especialistas" (406).[1] Yo sí voy a atreverme a emprender el desafío de discutir las páginas de esa ficción de Jorge Luis Borges. Y mi camino será oblicuo...

Más allá de confirmar el carácter quizás inagotable de la ficción borgesiana y de mostrar la fascinación que esta obra no ha dejado de ejercer sobre la crítica, mi estudio se acercará a la ficción de Borges haciendo explícitos tanto algunos de los resultados y de los vacíos de esa crítica, como algunas de las tendencias y de las dificultades presentes en esa misma crítica. Algo así como nueve décadas de crítica han elevado a objeto de reflexión inevitable esta ficción, publicada por primera vez en *Sur*, en 1939.[2] Ya es imposible referirse a "Pierre

---

[1] Anticipaciones abreviadas de este ensayo mío aparecieron ya, primero en "*Philosophia ancilla litterarum*? El caso Borges para el pensamiento francés contemporáneo". *Ideas y Valores*, vol. 129, 2005, 21-33; y en *Borges..., ¿filósofo?* pp. 193-209. Creo que también existe un documento seminal desde donde nació esta versión más reciente de mi estudio. Por allá en 2003, se trató de algunas páginas escritas como trabajo final a un curso que tomé, en Cornell University, dictado por la profesora María Antonia Garcés en julio de 2002. Asimismo, en 2002 y con el título "La crítica y 'Pierre Menard, autor del *Quijote*'", dicté una conferencia en la Society for the Humanities' School of Criticism and Theory, en Cornell University.

[2] Los datos precisos de esta publicación son: "Pierre Menard, autor del *Quijote*". *Sur*, vol. 56, 1939, pp. 7-16. La ficción fue publicada en el mes de mayo de 1939.

Menard, autor del *Quijote*" sin pasar por aquello que el abanico exegético de la crítica ha dicho sobre esa pieza de ficción.[3] Así como en relación al *Quijote* de Pierre Menard, y sin duda alguna el *Quijote* de Miguel de Cervantes, las páginas de Borges ofrecen todavía hoy lecturas conceptualmente ricas, pues ellas rezuman nuevos sentidos al igual que mayores complejidades. Todavía *dan qué pensar*—para servirme de una expresión feliz de Paul Ricoeur—.

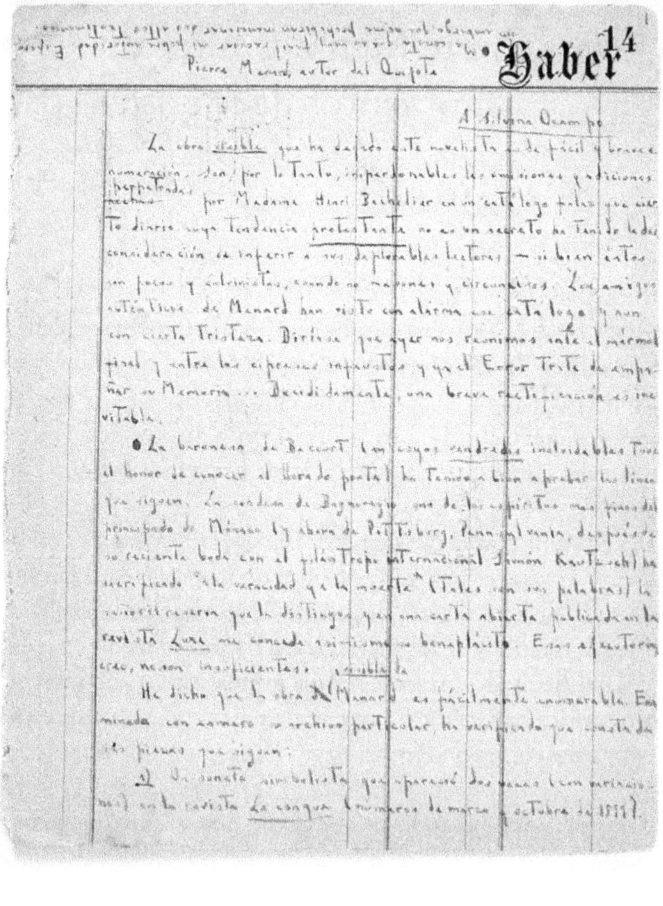
Pierre Menard, autor del Quijote

Haber 14

A Silvina Ocampo

FIGURA 1. Primera página del manuscrito original de "Pierre Menard, autor del *Quijote*", en un cuaderno de contabilidad y con tinta negra.

3 Expresamente, Borges denominó "piezas" a sus creaciones literarias incluidas en *El jardín de senderos que se bifurcan* (1941) y en *Artificios* (1941). Todavía no sé si es significativo el hecho de que la voz narrativa califique también de "piezas" aquellas obras del archivo visible de Menard ("Pierre Menard, autor del *Quijote*" 444).

Quizás, en los estudios borgesianos, no exista un estudio comparable a este, consagrado a sistematizar los estudios de la crítica alrededor de la ficción de 1939. Con todo, es mi aspiración haber unido a la originalidad de la sistematización algunas nuevas perspectivas críticas—propias—, al igual que unas pocas contribuciones expositivas de valor. En un futuro cercano, una segunda parte de este ensayo complementará estas páginas mías con otra exploración: ¿qué candidatos posibles—pensados o no por Borges—aspirarían con derecho a ocultarse detrás de la máscara de Pierre Menard?

La metodología de esta investigación se inspira muy de cerca en los trabajos de Emir Rodríguez Monegal y de Jaime Alazraki citados en la bibliografía. Si bien imposible es conseguir la exhaustividad en este tipo de estudios, en mis análisis confío en haber conseguido profundidad y atención a los detalles. Además, a las reflexiones críticas que disfrutan ya de cierto renombre—pienso en las de John Barth, por ejemplo—, he añadido varias menos estudiadas. Al azar, pienso ahora, por ejemplo, en los trabajos de John Sturrock y en los de Hans Robert Jauss.[4]

Por razones expositivas, he decidido agrupar los juicios críticos en tres apartados. Encuentro tres categorías bajo las que podrían clasificarse esos juicios: (1) la transcripción, la traducción y, a fin de cuentas, la lectura; (2) la intertextualidad sin origen; y (3) propuestas para una nueva estética de las obras literarias. Esta es la lista de nombres de críticos y de filósofos de la cultura para las *dramatis personae* de mi ensayo: Maurice Blanchot, Paul de Man, John Barth, Sturrock, Jauss, Rodríguez Monegal y Alazraki.

La traducción, destino inevitable e ¿imposible?

El caso Menard pone a la luz un hecho desatendido: incluso transcribir no es ninguna garantía de que el documento modelo sea transferido por la transcripción *verbatim*. Y, si esto es así, la traducción de una lengua a otra mantiene una mayor evidencia intuitiva relativa a la intraducibilidad absoluta entre lenguas.

La cronología pide empezar por Maurice Blanchot. En su escrito *Le livre à venir*, publicado por Gallimard en 1959, Blanchot incluye unos cuantos párrafos sobre el valor de la obra de Borges. Ellos están cobijados bajo el título "El infinito literario: *El Aleph*",[5] donde descubro sugestivas interpretaciones

---

4   Envío a mi libro *Borges, . . . ¿filósofo?* (2012), particularmente al capítulo IV titulado *Philosophia ancilla litterarum*? Allí establezco conexiones sugestivas de la ficción de 1939 con pensadores como Michel de Montaigne, Ernst Robert Curtius y Gérard Genette.

5   Emir Rodríguez Monegal anota que estas reflexiones de Maurice Blanchot son de 1953 (271).

de "Pierre Menard, autor del *Quijote*".⁶ Estas interpretaciones parten de un marco más amplio, más general, donde Blanchot primero sitúa el contenido de las ficciones borgesianas: ellas mostrarían su naturaleza de paradojas y de sofismas cuyo efecto sobre el lector consistiría en extraviarlo dentro de su mundo cotidiano—un mundo, por el contrario, con pretensiones de ser limitado, seguro y comprensible—. En un segundo momento, Blanchot quiere hacer patente que en Borges aparece la idea de la muerte de la persona del autor. En sus términos: "Borges comprende que la peligrosa dignidad de la literatura no reside en hacernos suponer que en el mundo hay un gran autor, absorto en mistificadores sueños, sino en hacernos sentir la proximidad de un poder extraño, neutro e impersonal" (213).⁷ Por último, y antes de consagrar los dos últimos párrafos a "Pierre Menard, autor del *Quijote*", Blanchot extiende la anterior idea al sacrificio de los individuos en aras de una literatura, la cual habría de ser impersonal en cada libro y darse a conocer como "la unidad inagotable de un solo libro y la repetición fatigada de todos los libros" (213).

Estas últimas palabras le sirven a Blanchot para introducir el proyecto del Menard de Borges. Sin embargo, Blanchot no conecta de modo explícito su interpretación de esa ficción borgesiana con sus tres ideas anteriores. Blanchot se limita a caracterizar "Pierre Menard, autor del *Quijote*" como "un absurdo memorable", y a ver en ese absurdo, de manera dramatizada, "lo que se cumple en toda traducción" (213). A mi juicio, la vinculación del proyecto de Menard con la traducción es—sin lugar a dudas—de gran valor, pero peca de simplismo: Aquí Blanchot solo habría entendido la traducción como un asunto de transferencia esperable de sentidos entre dos idiomas, es decir, desde una lengua de partida hacia una lengua de llegada. Investigaciones como las de George Steiner en su *After Babel: Aspects of Language and Translation* (1975, 1992, 1998) han mostrado, no obstante, que traducir es igualmente un

---

6   Apuro ahora mismo una hipérbole: "Pierre Menard, autor del *Quijote*" es quizás la ficción borgesiana que más tinta ha hecho correr en el pensamiento francés. Y no solamente arriesgo esta afirmación. Avanzo otra que exige evidencia documental y estadística para convertirse de sospecha en certidumbre: En los últimos dos siglos, Johann Wolfgang Goethe parece ser el autor occidental más citado en las más diversas disciplinas del saber. Desde el último tercio del siglo XX hasta hoy, Borges sería el autor hispánico de literatura más citado en las disciplinas filosóficas y, por supuesto, en las teorías del arte y de la cultura. Para este tema, es provechoso consultar los ensayos pertinentes en la colección de ensayos hecha por Alfonso de Toro y Susana Regazzoni.

7   En la genealogía de las tesis y los argumentos sobre la muerte del autor, en pensadores como Roland Barthes y Michel Foucault encontrarían uno de sus más altos precursores en escritos de Borges.

problema *intra*lingüístico y no simplemente *inter*lingüístico—y muchísimo más complejo—.

En todo caso, Blanchot tiene todavía algo más que decir. Esto nuevo le permite escapar a la limitación de su juicio anterior: "En una traducción tenemos la misma obra en un doble idioma; en la ficción de Borges, tenemos dos obras con una misma identidad lingüística y, en esta identidad que no lo es, el fascinante espejismo de la duplicidad de los posibles. Ahora bien, cuando hay un duplicado perfecto, el original y hasta su origen, se borran" ("El infinito literario" 213).

En las líneas anteriores, de innegable hondura ontológica, hay pensamientos muy sugerentes. Yo me arriesgaría a parafrasearlas del siguiente modo: ninguna obra de literatura goza de algún tipo de identidad o sustancialidad *per se*. Este principio va en contra de todo *en sí* de las obras literarias, de todo estatismo sustancialista. Las copias gozan de cierta fascinación, de esa fascinación que para Blanchot no tendría una pretendida obra *idéntica a sí misma*. Las copias son lo único que se posee de las obras, aun cuando ellas mismas no sean más que espejismos—en el sentido de *reflejos sin original*—. Mi última frase apunta a un tema que habrá de ser característico de la postmodernidad: ya no hay ni original, esto es, desaparece la obra primera—¿un equivalente de la *Ding-an-sich* de Kant?—, y tampoco hay origen, esto es, autor. Con todo, las ficciones de Borges y particularmente "Pierre Menard" expondrían, promoverían y anticiparían nociones y argumentos que luego los postmodernos harán circular.[8]

En su artículo de 1972 "Borges y la *nouvelle critique*", el crítico uruguayo Emir Rodríguez Monegal reseña las interpretaciones de Maurice Blanchot. A mi juicio, Rodríguez Monegal atribuye erróneamente un aspecto al pensamiento de Blanchot—aunque dicho aspecto no deja de ser cierto para la ficción borgesiana—. Según Rodríguez Monegal, en la lectura de Blanchot no estaría abordado el tema del cambio de significado de una obra por medio de la atribución de dicha obra a un autor que no habría sido originalmente el propio de la obra. Blanchot se mantendría *en* los problemas de la obra, de sus duplicaciones *en* la traducción, de su origen no fundado *en* una persona o *en* un autor individuales. En este sentido, la anotación crítica de Rodríguez Monegal anticipará las propias interpretaciones de este crítico, así como las de otros críticos. Pienso en Jaime Alazraki, por ejemplo.[9]

---

8 Cf. Esta es una de las tesis nucleares de Alfonso de Toro en su artículo "Cervantes, Borges y Foucault: La realidad como viaje a través de los signos".

9 En 1974, Jaime Alazraki apuesta por una interpretación contextualista y de enriquecimiento hermenéutico de la ficción de Borges. En su libro *La prosa narrativa*

Después de Blanchot, paso ahora a recordar a Paul de Man. En su elogio sin límites a la obra de Jorge Luis Borges, publicado originalmente el 19 de diciembre de 1964 en *The New York Review of Books* bajo el título "Un maestro moderno: Jorge Luis Borges", de Man toca demasiado tangencialmente el "Pierre Menard" de Borges. No obstante, hay allí algunas ideas que armonizan con las de Blanchot. Esa tangencialidad el mismo de Man la justifica: la extraordinaria riqueza del texto de Borges, donde de Man sospecha que "hay en juego tal conjunto complejo de ironías, parodias, reflexiones y puntos de discusión, hace imposible siquiera tratar de hacerles justicia en un breve comentario" (147). Según de Man, la complejidad que Borges promueve como valor estético en sus creaciones tiene que ver con una idea de literatura como "multiplicidad de reflejos", como "efectos de espejo", donde la traducción no solo falsea el original, sino que es "estilísticamente superior": "La traducción deformada [es] más rica que el original, el *Quijote* de Menard estéticamente más complejo que el de Cervantes". Su crítica, además, revela una idea sugestiva que no se desarrolla suficientemente, a saber: que el artista vive la duplicidad de "la grandiosidad así como la miseria de su vocación" (147). Para de Man, este tema sería central en "Pierre Menard". Por último, y sin avanzar suficientes razones, de Man se apresura a identificar al autor francés de Borges con la obra de Paul Valéry, particularmente con el personaje de Monsieur Teste.[10]

Me animo a radicalizar la interpretación de la ficción de Borges considerada como una puesta en escena sobre la transcripción. La crítica y cualquier

---

de Jorge Luis Borges, Alazraki comprende el fracaso del proyecto fantástico de Pierre Menard como consecuencia de una lógica irrecusable: las obras están insertas en un "contexto de cultura" (46) y ese contexto cultural, por demás histórico, causa cambios semánticos: la palabra *historia* en el *Quijote* de Cervantes significa algo distinto de aquello que habrá de significar en el contexto cultural de época cuando Menard escribe su *Quijote*. Alazraki encuentra en la narración de Borges uno de los procederes temáticos recurrentes del escritor argentino. Alazraki alude a una realidad inmediata, a saber, el *Quijote* de Menard, "que generalmente nos impresiona como fantástica, como paradójica, como inverosímil, [la cual] se llena de sentido y de precisión dentro de un contexto que le devuelve su valor de simbólica abstracción" (*La prosa narrativa* 181). Quiero aquí llamar la atención sobre esto: Menard es también Borges, en buena parte de su obra.

10   Estas líneas de Paul de Man sobre la identidad de Pierre Menard se harán luego programáticas para críticos posteriores. Pienso en Rafael Gutiérrez Girardot, por ejemplo. La referencia a *Monsieur Teste* (1896, 1925, 1926, 1946) de Valéry requiere exploración. Exploraré *Monsieur Teste* (1896) y la pieza de Borges en un ensayo futuro y en diálogo con Gutiérrez Girardot.

lector diestro comprenden que, en el caso del proyecto frustrado de Menard, transcribir es traducir; y, ambos verbos, son instanciaciones del acto de leer. Este es mi juicio de radicalización sobre "Pierre Menard, autor del *Quijote*": en esta obra se trata de una paradoja de la lectura—de toda lectura—. Con Chaïm Perelman, entiendo aquí por *paradoja* una "antítesis formulada con ayuda de una unión de palabras que parecen excluirse mutuamente" (674-75).

Paso a explicarme. La paradoja que implica la ficción es esta: traducir sería *imposible*; transcribir *verbatim* sería *imposible* y, en último término, leer es *imposible*. Si la historicidad de las palabras es obstáculo insuperable para la comprensión de cualquier documento—verbal, escrito, pictórico, por ejemplo—, todo traductor sería Menard; todo transcriptor, Menard igualmente; todo lector, también Menard. Imagino y acepto ahora que esas tres imposibilidades son conclusiones implicadas, necesarias y con certeza de verdad a partir de las premisas dramáticas que crea la ficción de Borges. Además, y en lugar de un adjetivo y de un sustantivo, una generalización máxima de la paradoja implica estas conclusiones: *leer y, al mismo tiempo, comprender, nunca acontecen*. Y para rodear aquí de nuevo la paradoja y en pocas palabras: si verdaderas son las conclusiones de "Pierre Menard, autor del *Quijote*", *tanto la ficción de Borges como estas mismas conclusiones que estoy escribiendo ahora no pueden ser comprensibles*.

¿Cómo, entonces, escapar a la paradoja? Yo podría distinguir entre el *plano lógico* de la ficción y de mis palabras, por una parte, y, por otra, el *plano factual* de esa misma ficción. En último término, *de facto sí tiene lugar la comprensión* de los lectores tanto de aquello que escribo como de esa misma ficción, aunque mis palabras y la ficción conduzcan *lógica y necesariamente a la afirmación según la cual no hay comprensión*. Reconozco la certeza lógica de que no hay comprensión. En la palabra *incomprensión* incluyo la incomprensión cuando transcribo, cuando traduzco o, simplemente, cuando leo o escucho. No obstante, sí comprendo el siguiente juicio: "Reconozco la certeza lógica de que no hay comprensión". Y lo comprendo, porque existe la certeza práctica y efectiva de que sí he comprendido. Así, la paradoja surge: *negar* la comprensión y, al mismo tiempo, *comprender* las palabras "negar la comprensión" son dos acciones que se anulan lógica, pero no prácticamente.

En su larga historia como traductor al español, la práctica de la traducción en Borges confirma que, *de facto*, él mismo habría comprendido los sentidos de la obra original; que confiaba en que una traducción de ese original transmitiera el sentido comprendido por el propio traductor; y que, por último y a su turno, el lector de una de las traducciones de Borges llegaría a conseguir la comprensión de los sentidos ínsitos en el original. Hay una anécdota que Borges recuerda en el Prólogo a su traducción española de *Leaves of Grass* (1855), de Walt Whitman. En las palabras que cierran el contenido del prólogo, Borges consigna la reserva de que su traducción haya sido un fracaso. Sin embargo, Borges postula su propia certeza: el sentido de la obra original, en razón de cierta fuerza intrínseca, no puede no ser transmitido, incluso por medio de una mala traducción. La inevitabilidad de comprender sobrepasa las habilidades pobres o ricas de cualquier traductor. Ciertamente, hay mucho de misticismo esotérico en esta posición hermenéutica de Borges del año 1969. Este no era el caso para la ficción de 1939: tal vez, en "Pierre Menard, autor del *Quijote*", el pensamiento filosófico de Borges esté ya signado por un escepticismo epistemológico y lingüístico—pienso en "El Aleph" o en "El Sur", de esa misma época—. Desde allí, Borges juguetearía con la comprensión misma, creando un teatral *Gedankenexperiment* (experimento mental) con la paradoja filosófica de una *incomprensión* (Menard y Cervantes) *comprendida* (el Borges escritor del obituario y todo lector de ese obituario). Borges cierra así el prólogo a *Hojas de hierba*: "Un hecho me conforta. Recuerdo haber asistido hace muchos años a una representación de *Macbeth*; la traducción era no menos deleznable que los actores y que el pintarrajeado escenario, pero salí a la calle deshecho de pasión trágica. Shakespeare se había abierto camino; Whitman también lo hará" (174).

Intertextualidad sin originalidad

En agosto de 1967, en *The Atlantic Monthly*, aparecía un polémico ensayo de John Barth. Me refiero a "La literatura del agotamiento". La interpretación que se da allí de "Pierre Menard" se sitúa en el corazón de las reflexiones de John Barth sobre el arte y el artista. Barth expresa sus preocupaciones sobre cómo una obra de arte puede alcanzar una radical contemporaneidad. Esto es, en sus palabras y en el modo de la pregunta: ¿Qué hace que una obra se ocupe de "lo ultimativo, técnica y temáticamente a la vez"? (173). En su interés por promover la contemporaneidad artística, Barth hace una división tripartita entre "un artista técnicamente anticuado, un civil técnicamente al día, y un artista técnicamente al día" (172).[11] A la primera categoría, pertenecerían novelistas que no sólo siguen escribiendo bajo los modelos de autores como Dostoievsky, Flaubert, Kafka y Joyce, sino aquellos que asimismo no

---

11   Infortunadamente, Barth nunca explica el sentido del adverbio "técnicamente", ni la noción de "ultimidad". Esto debilita, así, su argumentación.

logran sobrepasar los modelos de los sucesores de esos nombres ilustres. La civilidad técnicamente al día Barth la ilustra con un vecino suyo de Buffalo, cuyo ejercicio artístico consiste en hacer con hule relleno de arena, y de tamaño gigantesco, osos Winnie-the-Pooh muertos, colgándolos por el cuello y empalándolos. Borges, a su turno, pertenecería a la tercera categoría. Y la ilustración de ella Barth la lleva a cabo interpretando "Pierre Menard, autor del *Quijote*".

Para Barth, el proyecto de Menard es una idea "intelectualmente seria", "de naturaleza más metafísica que estética", y la ficción borgesiana es una "obra de literatura original y notable, cuyo tema implícito es la dificultad, tal vez la falta de necesidad, de escribir obras originales de literatura" (175).[12] Borges conseguiría "lo ultimativo", esto es, un carácter absolutamente contemporáneo en su ficción, porque cumple con la receta que Barth tiene en mente: la contemporaneidad de una obra de arte—que este igualmente denomina "la *ultimidad sentida* de nuestro tiempo"—se garantiza por el uso imitativo de viejos modelos con "intención irónica" (174) y con conciencia clara del pasado y del presente.[13]

Concretamente, en el ámbito de la novela, el presente es para Barth "agotamiento de posibilidades—en este caso de posibilidades literarias—". En "Pierre Menard", Borges asumiría con ironía y conciencia este agotamiento en el cual vive el presente de la literatura. Y, ¡ah, paradoja!, por el camino de la negación absoluta de la posibilidad de originalidad es alcanzada la originalidad. En palabras de Barth: "Su victoria artística [la de Borges], si se quiere, reside en que [Borges] confronta un callejón sin salida y lo emplea contra sí

---

12 En John Barth, todavía se trata tímidamente el tema de una crítica al original y a la originalidad en literatura, a partir de "Pierre Menard, autor del *Quijote*". En 1999, Alfonso de Toro defenderá el estudio de ese tema desde el deconstruccionismo de Jacques Derrida.

13 Como ya lo expresé, Barth no logra determinar conceptualmente esto de "ultimidad" y de lo "técnicamente contemporáneo". Estas inquietudes exponen la preocupación por las características y la naturaleza de lo que yo me atrevo a llamar el "presente epocal". Esto me empuja a pensar en Michel Foucault. En su conferencia de 1983 sobre el opúsculo de Kant "Respuesta a la pregunta: ¿Qué es la Ilustración?", Foucault acuñaría la expresión "una ontología del presente" para referirse al campo de una reflexión filosófica sobre la contemporaneidad. A juicio de Foucault, Kant con su opúsculo sería el primer pensador que se pregunta por la naturaleza de su propio presente de época. La pieza de Borges dramatizaría el deseo frustrado de volver presente la escritura y, sin más, la vida, de un individuo del pasado. Pregunta inquietante: Si Menard fracasó en su empresa fantástica, ¿significa esto que nada del pasado—personal y colectivo—tampoco persiste en este presente mío?

mismo para conseguir una obra nueva" (175). Barth halla el uso imitativo de viejos modelos en "Pierre Menard" en el paralelismo estructural de la narración con el "cuento-dentro-del cuento" de *Las mil y una noches*. Porque la obra de Menard se refiere al *Quijote* de Cervantes, el que a su vez se refiere a la traducción del original de Cide Hamete Benengeli, la que a su vez se refiere a las novelas de caballerías...

El ensayo de Barth muestra dos debilidades, sin embargo. Primero: si bien hay en él un intento de apuntalar "Pierre Menard" sobre un fundamento metafísico, Barth no caracteriza ese fundamento y se limita a decir que la ficción de Borges es "parte de una visión metafísica apasionada y vivamente relevante" (179). Sospecho que Barth se refiere a problemas metafísicos sobre la realidad efectiva del paso del tiempo, subyacentes en "Pierre Menard". Frente a esta posición de Barth y quizás de todos los críticos que siguen a la voz narrativa de la ficción borgesiana, Ramón Xirau defiende el carácter de atemporalidad en el gesto artístico de Menard:

> El tiempo es ambiguo: todo lo pasado puede ser presente; también es posible que Pierre Menard (el inventado autor del *Quijote*) repita en nuestros días, palabra por palabra, el libro de Cervantes y que éste adquiera en nuestra época otro sentido. Cuando Borges relaciona épocas, momentos distantes de la historia es que, en el fondo, ha refutado el tiempo. (123)

Aún debo pensar más estas afirmaciones contrafácticas de Xirau, conectándolas con otras obras de Borges, como su "Nueva refutación del tiempo" (1944, 1946, 1952). Descubro aquí, en todo caso, una primera veta interpretativa novedosa y desatendida por la crítica. Ahora bien: el fracaso de Menard es, en contraste, causado más bien por la realidad contumaz de una temporalidad inmisericorde e inevitable. El ensayo de Rodríguez Monegal que presento a continuación sí desvela algunos de los fundamentos metafísicos de la ficción borgesiana.

Y la segunda veta: las páginas de "La literatura del agotamiento" se quedan todavía atrapadas en las fronteras de una estética de la producción de la obra artística. Barth estudia por sí misma y en sí misma la ficción borgesiana. Sus interpretaciones son las que nacerían de un autor que contempla una obra.

Siguiendo a Alazraki y a Jauss, no quiero silenciar los valores del ensayo de Barth. Con este ensayo, según palabras de Alazraki, Barth reconoce que "Borges representó en los años sesenta una respuesta al estancamiento de la ficción norteamericana" (Alazraki, "Reflexiones" 348). En su calidad de escritor, Barth habría de asumir el proyecto paradójico de Menard. La ficción borgesiana se muestra, entonces, como acicate para la creación y serviría asimismo para definir el espíritu del postmodernismo.[14] Barth entiende la movediza expresión *postmodernismo* como "una estética para producir obras nuevas y válidas que asumen, a su vez, la naturaleza agotable y la vastedad apocalíptica de lo ya hecho" (Alazraki, "Reflexiones" 351).[15] Un enunciado al margen, pero de importancia: en la penetración analítica de la ficción borgesiana, a mi juicio Gérard Genette sobrepasa las interpretaciones de Barth.[16]

"Supreme fantasy" (15) son las palabras de John Sturrock para referirse a "Pierre Menard, autor del *Quijote*". *Paper Tigers: The Ideal Fictions of Jorge Luis Borges*, su libro de 1977, consagra páginas de valor para interpretar la ficción borgesiana. En primer lugar, según Sturrock, "Pierre Menard" debe ser comprendida como una ficción que desmonta el concepto de *realismo* en literatura. Con Borges, Sturrock entiende el realismo literario como el gesto ingenuo de creer que el lenguaje se apropia de lo real capturándolo por medio del simple reflejo.[17] O en los términos de Sturrock: el realista sería el autor "whose narrative matched, circumstance for circumstance, the 'reality' which first provoked it" (94). "Pierre Menard" operaría un corte entre literatura y realidad referida. Esto significa que para Sturrock Borges logra con su ficción la desconexión entre la creación literaria y todo tipo de referente real.[18] Para Sturrock la literatura conseguiría así una independencia radical, pues deja de ser un mero efecto reflejo de un más allá no literario, no lingüístico. Es innegable, según este crítico, que Cervantes postula cierta realidad en su *Quijote*: esto es, su Edad de Oro española, la cual a su vez Pierre Menard buscó re-

---

14   Alfonso de Toro también partirá de Borges para su comprensión de la postmodernidad. Esta palabra, *postmodernidad*, todavía la encuentro oscura y equívoca.

15   Éstas son palabras del propio John Barth citadas por Alazraki provienen de su obra *Further Fridays: Essays, Lectures, and Other Nonfiction (1984-1994)*. New York: Little, Brown and Company, 1996. 169.

16   Si bien en el libro *Paper Tigers* que ahora comento no hay ninguna referencia explícita a Genette, presiento ideas de este teórico francés en los trabajos de Sturrock. De los teóricos de la *nouvelle critique*, Sturrock solo menciona a Claude Ollier, con su trabajo "Thème du texte et du complot". Cf. Sturrock, 138. Sobre la lectura que realiza Genette de la ficción de Borges, quizás pueden ser de provecho las páginas mías en *Borges, ... ¿filósofo?* (199-205).

17   Para usar una imagen que encuentro apropiada, se trataría de pensar la literatura como una suerte de espejo plano donde lo real se refleja sin ningún tipo de distorsión.

18   Alfonso de Toro aplaudiría sin demora esta tesis de Sturrock. Cf. de Toro, pp. 60-61.

producir y postular de nuevo, aunque parcialmente. Pero tres siglos después, esta realidad vuelta a postular ya no se confunde con la España de Cervantes. Y concluye Sturrock: "by interposing a text between an author and reality Borges cuts the last links with conventional notions of Realism; in his own dispensation everything which appears in a work of literature—every last circumstance—is displayed of what it is: a concept" (95).

En segundo lugar, Sturrock encuentra en "Pierre Menard" tanto "the sharpest lessons" (163) de la función de leer como la ecuación que iguala invención y modificación de textos existentes. En cuanto a la función de leer, Sturrock repite en otros términos una tesis del narrador de "Pierre Menard": el lector Menard introduce necesidad en lo que fue una vez espontaneidad creativa. Por una parte, lo que hay de espontáneo y de algún modo contingente en Cervantes se hace riguroso y necesario en Menard; por otra, la función de la lectura es asimismo asunción de la temporalidad que se inocula en lectores y en obras. Para Sturrock, Menard es "the embodiment of Time" (166), ya que "what he does to the text of *Don Quijote* is no more and no less than what Time has done, he changes the meanings of the words without changing the words themselves" (166). Con todo, en relación con la ecuación de la que hablaba antes, el crítico no avanza ningún argumento. La idea de invención sí aparece en un único párrafo que Sturrock dedica a la "obra visible" de Menard. Luego de recordar el carácter variopinto de los trabajos de Menard—documentos polémicos, discusiones de contenido filosófico, especulaciones para enriquecer el juego de ajedrez, *et caetera*—, Sturrock llega a una conclusión distinta a la defendida por Emir Rodríguez Monegal. Mientras que Rodríguez Monegal encuentra en "Pierre Menard" "the impossibility of scientific criticism", ("Borges: The Reader" 104), Sturrock afirma: "The list of Menard's published works ... in general shows an advanced understanding of what the Borgesian literary man should be expected to understand, that to criticize is also to create" (163).[19]

Sturrock cierra su interpretación de "Pierre Menard" con ciertas anotaciones que esbozan elementos para una teoría del lector. Dichos elementos hallarán su cabal desarrollo en los estudios de Rodríguez Monegal y en los

---

19   A mi juicio, Sturrock queda atrapado en un intento de una autojustificación de su propio quehacer. Sturrock, a la sazón editor del *Times Literary Supplement*, desatiende el altísimo contenido de burla hacia la crítica que hay en "Pierre Menard", así como en otros textos de Borges donde la crítica literaria sufre los mayores desprestigios. Rodríguez Monegal recuerda con justeza dos de ellos: "La fruición literaria", de 1927, recogido en *El idioma de los argentinos*, de 1928, y "Elementos de preceptiva", publicado en *Sur* en 1933.

de Hans Robert Jauss. La lectura entendida como respuesta a un texto descarga ese texto de toda posible identidad sustancial de origen. Porque ni dos personas responderían de igual modo a un libro, ni lo haría la misma persona al leer un libro dos veces. En los términos de Sturrock: "From the reader's point of view there can be no ideal coincidence between Menard's chapter of *Don Quijote* and the original" (167). Además, dirá Sturrock en páginas posteriores, la originalidad no tiene nada que ver con algo así como una inherencia en el texto mismo. Sólo el desconocimiento del libro de Cervantes haría que los capítulos del *Quijote* de Menard fueran "originales" para algún lector. La originalidad es siempre una "originalidad para mí", e incluso esta originalidad no es absoluta y puede ponerse en duda. Esta es la posición estructuralista moderada desde la cual Sturrock interpreta la ficción de Borges: Los sentidos de las palabras tanto del *Quijote* de Cervantes como del *Quijote* de Menard podrían adquirir únicamente cierta originalidad relativa nacida de asociaciones de palabras. Las asociaciones al escribir—y, por extensión, al leer—surgen como accidentes del lenguaje mismo y de la propia historia de vida. Esto permitiría entender que el *Quijote* del siglo XX (1918) sea innegablemente otro *Quijote*, diferente del *Quijote* del siglo XVII (1605, 1615): la variación en el sentido de la palabra *historia* demuestra que no está en el fuero de Menard reproducir en su propio presente la asociación accidental de sentido surgida siglos atrás a partir del lenguaje y de la historia personal de Cervantes. Porque, sentencia Sturrock, "our powers of appropriation of language far exceed our powers of origination in language" (202).

He denominado *estructuralismo moderado* el estructuralismo de John Sturrock. Y lo es, pues este crítico no atribuye a la estructura del lenguaje la razón de todas las asociaciones significativas y de todos los pensamientos posibles. Sturrock deja aún lugar para las historias personales de vida y que "our thoughts are *mostly* thoughts which have been thought before" (202; énfasis añadido). No obstante, frente a los cuatro polos del hecho literario, es decir, la obra en su naturaleza lingüística, el referente de la obra, el autor de ella y su lector, para Sturrock es incuestionable que en su lectura de "Pierre Menard" el lector todavía no compite suficientemente con los privilegios de realidad anclados en la obra misma.

Una nueva estética
En su ensayo de 1972, "Borges: The Reader as Writer", la posición de Rodríguez Monegal no mantiene el privilegio de la obra misma, como lo habría tenido para John Sturrock en 1977. El lector es, con todo derecho, autor—o

escritor—. Esta es la tesis central que según el crítico uruguayo se desprendería de la ficción borgesiana. Infortunadamente, su ensayo adolece a veces de debilidad argumentativa para justificar tanto la tesis central como las tesis subalternas. Porque no todas las referencias y reflexiones se integran adecuadamente en la lógica de los argumentos, las páginas de Rodríguez Monegal sobre "Pierre Menard, autor del *Quijote*" se muestran frecuentemente como simples *excursus* de erudición valiosa.

A pesar del carácter bastante errático de su ensayo, Rodríguez Monegal concilia interpretaciones desde una teoría de la lectura, ofreciendo análisis metafísicos, y, además, buscando situar orgánicamente "Pierre Menard" dentro del *corpus* borgesiano.[20] Así, su lectura no es puntual, ni se agota en el hecho de lo simplemente literario.

Para el crítico uruguayo, temas de la ficción borgesiana de 1939 estaban ya en dos ensayos menos conocidos de Borges: "La fruición literaria", de 1927, y "Elementos de preceptiva", de 1933. De gran valor exegético son las dos referencias de Rodríguez Monegal. "Pierre Menard", para el crítico uruguayo, insistiría de nuevo tanto en el relativismo de los juicios literarios como en que "criticism is an activity as imaginary as fiction or poetry" (104). En "La fruición literaria", cuyas páginas Borges recogió luego en su libro de 1928 *El idioma de los argentinos*, hay un fascinante experimento mental: Borges toma una frase—*El fuego, con feroces mandíbulas, devora el campo*—y sistemáticamente la atribuye a diversos autores. Puede ser de un poeta coetáneo de Borges de un café de la Avenida Corrientes en Buenos Aires; entonces Borges la condena por sus automatismos y por su "tarea vulgarísima" (90) de hacer metáforas. Puede ser de un poeta chino o siamés; entonces Borges siente la mitología vigorosa que hay en ella. Por último, puede tratarse de Esquilo, que recoge palabras de la boca de Prometeo; "entonces la sentencia me parecería bien y aun perfecta, dado el extravagante carácter de los interlocutores y la lejanía (ya poética) de su origen" (91). Así como años después la atribución del *Quijote* a la autoría de Pierre Menard opera cambios de sentidos en la obra de Cervantes, el experimento mental dramatizado en el ensayo de 1927 desestabiliza todo juicio crítico definitivo y descarga las obras de toda belleza sustancial *in libro*. En los términos de Borges:

---

20   Dejo de lado las referencias de Rodríguez Monegal a momentos de la biografía de Borges y a los intentos de vincularlas con "Pierre Menard". Juzgo que Rodríguez Monegal no es consecuente ni con los hallazgos teóricos de Borges, ni con los de su propio ensayo, pues cae de nuevo en las dificultades de una estética de la producción de la obra o estética de la creación de *auctor*.

Nuestra desidia conversa de libros eternos, de libros clásicos. Ojalá existiera algún libro eterno, puntual a nuestra gustación y a nuestros caprichos, no menos inventivo en la mañana que en la noche aislada, orientado a todas las horas del mundo. Tus libros preferidos, lector, son como borradores de ese libro sin lectura final. (89)

En "Elementos de preceptiva", por su parte, Borges analiza los versos de una milonga, dos líneas de la letra de un tango, un verso de *Paradise Lost*, una estrofa de un poema de Cummings y un "cartel callejero de exhortación católica" (124). Habiendo suspendido desde el principio todo juicio estético sobre las obras estudiadas, sus análisis lo llevan a negar la posibilidad de una estética definitiva de las obras literarias. Porque la estética no examina cada línea de las obras, y sus juicios, de un alcance "en masa", no despliegan "otro método que una maravillosa emisión de aterrorizados elogios" (124). Y ésta es la conclusión definitiva: "Invalidada sea la estética de las obras; quede la de sus diversos momentos. De cualquier modo, que ésta preceda a aquélla, y la justifique. La literatura es fundamentalmente un hecho sintáctico. Es accidental, lineal, esporádica y de lo más común" (124-25).

Sin tomar literalmente las conclusiones de Borges, Rodríguez Monegal descubre que los dos ensayos anteriores y "Pierre Menard" sí fundan una nueva estética. Esta nueva estética ya no sería una estética de la creación de la obra de arte, esto es, la estética de su producción. Esta nueva estética sería "an aesthetics of its reading" (105). Rodríguez Monegal pasa de aquí a referirse a diversas obras de Borges, como por ejemplo "La encrucijada de Berkeley", "La nadería de la personalidad", "Tlön, Uqbar, Orbis Tertius", "La lotería de Babilonia" y "La biblioteca de Babel", entre otras, extrayendo de ellas ciertas "metaphysical preoccupations". Este paso es central en la argumentación de Rodríguez Monegal, porque las ideas metafísicas de Borges "although modest, are essential to an understanding of the ultimate meaning of his work, and in particular of this novel aesthetics of reading" (109). El paso a la estética de la lectura estaría anclado, según Rodríguez Monegal, en la destrucción de toda sustancialidad y personalidad fija del yo individual: el yo se hace nada y los productos del arte conservan un único autor—el cual es vago, indeterminado, impersonal—. Y esto, referido a la tradicional relación del tenso binomio autor-obra (*auctor-opus*), haría que la obra deje de ser una suerte de epifenómeno de la personalidad del autor, quedando indisolublemente ligada al lector, y de modo más preciso a los diversos momentos de las diversas lecturas del lector. En los términos de Rodríguez Monegal: "Borges has been leading his reader to the point at which the personality of the writer is totally dissolved in a pantheistic and classicist concept" (120). La empresa de Menard estaría metafísicamente justificada—por la aniquilación de la personalidad del autor Cervantes—y ella representaría la empresa de todo lector que participa activamente leyendo—así, en cuanto lector, Menard activa nuevos sentidos y, de esta manera, el *Quijote* es con todo derecho *su propio Quijote*—.

En su libro de 1980, *Borges por el mismo*, Rodríguez Monegal atrae la atención sobre un nuevo texto de Borges. Se trata de la dedicatoria que después del título y del prólogo abre el poemario *Fervor de Buenos Aires*, de 1923. Allí, la débil o evanescente voz "autorial" escribió:

> A QUIEN LEYERE
> Si las páginas de este libro consienten algún verso feliz, perdóneme el lector la descortesía de haberlo usurpado yo, previamente. Nuestras nadas poco difieren; es trivial y fortuita la circunstancia de que seas tú el lector de estos ejercicios, y yo su redactor. (15)

Rodríguez Monegal convierte estas líneas de Borges en clave de interpretación y las hace anticipar postulados de la crítica postformalista, estructuralista y postestructuralista. En juicio del crítico, "todos los libros [de Borges] parten, de alguna manera, de este texto de 1923" (*Borges* 28). Esas líneas de 1923 harían comprensible "Pierre Menard": la voz poética de esa dedicatoria anticiparía y sería precursora de la ficción borgesiana de 1939. Vista desde la dedicatoria del 23, la pieza del 39 habría construido un espacio literario para la dramatización de dicha dedicatoria. En este sentido, vaya una extrapolación: Menard, siguiendo en su proyecto a la voz que dedica en *Fervor de Buenos Aires*, pensaría que es circunstancial, trivial y fortuito el hecho histórico de que Menard sea el *lector* del *Quijote* y que Cervantes fuera el *autor* del *Quijote*. En el acto de lectura, escribe Rodríguez Monegal, "el autor y el lector se confunden, son uno y el mismo.... El acto de leer transforma el texto individual de un autor en obra de todos. La literatura se vuelve colectiva y, a la vez, anónima. El *Quijote* de Cervantes es, naturalmente, el de Menard. Pero los Menard son legión" (*Borges* 28-29).

Por último, y de modo muy tangencial, Rodríguez Monegal avanza una idea que estará en los análisis de Alazraki y más de una década después en los del pensador colombiano Rubén Sierra Mejía. Se trata de la realidad de un texto situado en contextos diversos. También es el caso del ensayo de Borges "La fruición literaria". Situando el *Quijote* en un nuevo contexto, "Pierre Menard, autor del *Quijote*" desconecta un pretendido sentido unívoco y privilegiado del texto a través de su "identidad secreta (y demostrable) entre el texto y su autor" (*Borges* 54).[21]

---

21 En 1982, desde la filosofía del lenguaje, Sierra Mejía percibió en "Pierre Menard" una ilustración literaria de la teoría del significado defendida por los teóri-

"The Theory of Reception: A Retrospective of its Unrecognized Prehistory", de 1990, es un sugestivo artículo de Hans Robert Jauss donde el teórico de Constanza interpreta la ficción borgesiana. Jauss liga "Pierre Menard" tanto con la prehistoria del concepto de estética de la recepción (*Rezeption- und Wirkungsästhetik*) como la historia de ese mismo concepto a partir de la década de 1960. De esta manera, la ficción de Borges se localizaría en una tradición que pasa de comprender el producto artístico no ya desde la obra misma de arte, sino desde la experiencia estética que es "a productive, receptive and communicative activity" (53). Lo que en Rodríguez Monegal era sólo una estética de la lectura, adquiere en Jauss el más amplio alcance de una estética de la recepción de toda obra de arte.

Es una lástima que Jauss no llegue a establecer eslabones argumentativos de conexión entre "Pierre Menard, autor del *Quijote*" y la prehistoria de la Teoría de la Recepción. Este pensador se limita a nombrar y a estudiar la ficción de Borges luego de haber pasado revista a las variantes históricas del concepto de *estética de la recepción*: las interpretaciones de Homero, las exégesis de la Biblia, por un lado, y el ensayo de Walter Benjamin *Essay on Edward Fuchs* (1937) y *Qu'est-ce que la littérature* (1948), de Jean-Paul Sartre, por otro, abren y cierran para Jauss la rica prehistoria de la teoría de la recepción.

Por el contrario, Jauss sí se detiene en las relaciones de "Pierre Menard" con los momentos cruciales en la historia de la teoría de la recepción desde los años 60. Y, más vital aún, Jauss subraya lo que yo él llamaría el valor catalizador y anticipatorio de "Pierre Menard" para autores como John Barth y Paul de Man. "Pierre Menard" en concreto, y más ampliamente *Ficciones* de Borges, marcan "the end of the classical modern era of the twentieth century while at the same time showing the way for the departure of new avantgardes" (67). Jauss demuestra esta tesis descubriendo tres puntos que Borges defendería en "Pierre Menard". El primero tiene que ver con la práctica consciente de una lectura anacrónica en la empresa de Menard. Ello abre el camino para "an overdue rehabilitation of the reader, the boom of theories on reading and reading traditions and reader types, the project of a 'literary history of the reader'" (68). Segundo, el *Quijote* de Menard, a modo de palimpsesto o pre-

---

cos de Oxford, como Sir Peter F. Strawson. Para estos filósofos, el significado no sería tanto un problema de referencia cuanto un problema pragmático, esto es, el significado como proceso o semiosis se realizaría siempre según ciertas circunstancias. Cf. "Esbozo de una semántica borgiana" pp. 115-19. Confío en poder retomar las tesis de Sierra Mejía en la parte II de este trabajo.

texto del *Quijote* de Cervantes, anticipa las teorías de la intertextualidad.[22] Así como el *Quijote* de Menard se enriquece por los nuevos sentidos del contexto histórico (la España de Carmen, la filosofía de la historia de William James, por ejemplo), las teorías de la intertextualidad de los años 70 negaron el carácter literario a la singularidad del texto. Ahora el carácter literario del texto se halla del lado de "the potential presence of other texts (its 'transtextuality')" (68). Y, en tercer lugar, Jauss encuentra en "Pierre Menard" anticipaciones del deconstruccionismo. El deconstruccionismo y las paradojas de la ficción borgesiana conducirían a la disolución de todo sentido constitutivo y último *en el texto*. Borges lo habría hecho en "Pierre Menard", mostrando que repetir la no-identidad de la obra diluye la estética de la representación de un pretendido original platónico.

Hay un último aspecto de la interpretación de Jauss que quiero rescatar. Sin original y con repeticiones que siempre dan nuevos sentidos, para Jauss la estética postmoderna tiene que extraer de "Pierre Menard" estas conclusiones:

> ["Pierre Menard"] make us aware of the fictitious nature of our existence. . . . Fiction and reality no longer constitute an ontological opposition: the real itself turns out to be potentially fictitious or fantastic, the supposedly original turns out to be merely a postscript to a previous text, a kind of palimpsest on which appear the traces of what the *'doctor universalis'* had already thought but which in theory any person could think. (67)

Y, SIN EMBARGO, . . .

Cierro estas páginas con el suspenso de un *work in progress*. Otra será la oportunidad para estudiar en detalle otros modos como la crítica, siguiendo el ejemplo de Menard, ha querido repetir en sus propios términos "Pierre Menard, autor del *Quijote*". Todo ejercicio de crítica repite a su guisa la ficción borgesiana y, alcanzando diversos sentidos, confirma la paradoja de sentidos aún ni definitivos ni pétreos. Críticos y Menard poseen la obra, apropiándosela en cuanto *auctores*. Recurro a la palabra latina, pues tal vez convenga detenerse en la tercera palabra del título de la ficción: *autor*. Informa Segura Munguía que *auctor*, del verbo *augeo*, *augere* (honrar, expresar respeto), de-

---

22   El vocablo *palimpsesto* aparece en "Pierre Menard, autor del *Quijote*". Borges escribe: "He reflexionado que es lícito ver en el *Quijote* 'final' una especie de palimpsesto, en el que deben traslucirse los rastros—tenues pero no indescifrables—de la 'previa' escritura de nuestro amigo". Esto hace pensar de inmediato en el título del libro de Genette, *Palimpsestes: La littérature au second degré*, de 1982.

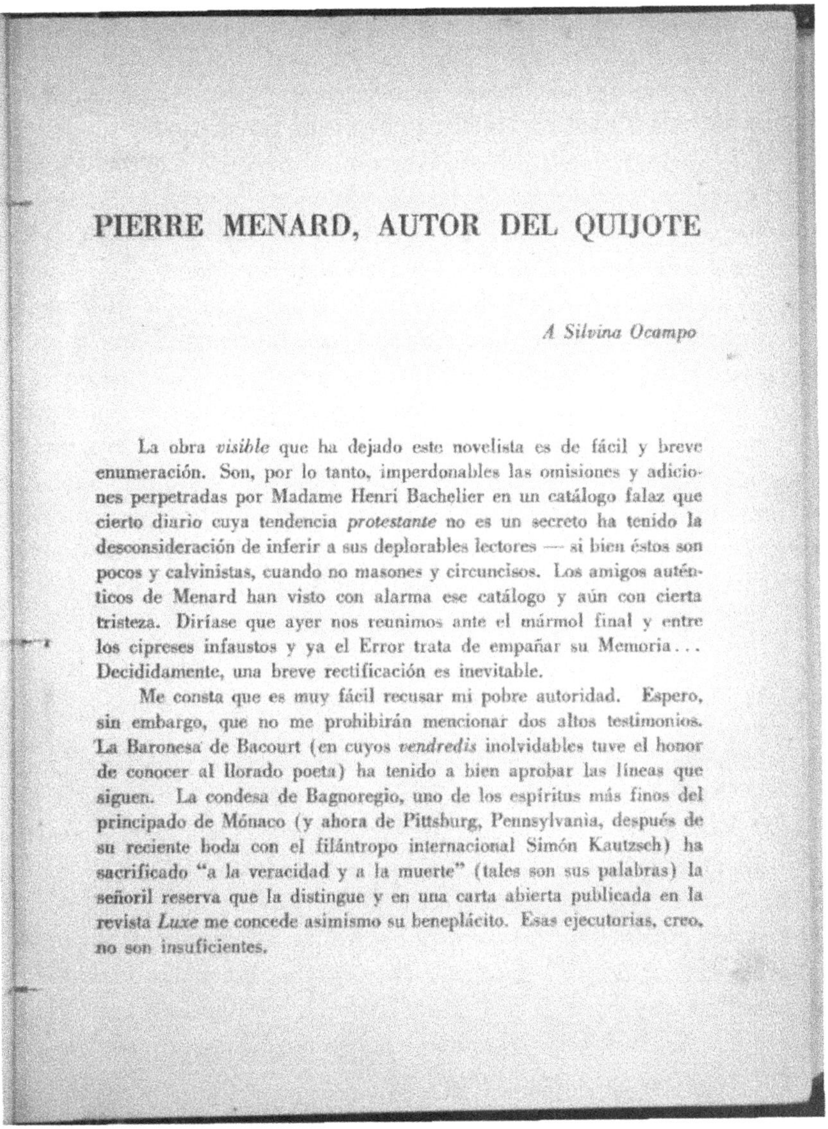

PIERRE MENARD, AUTOR DEL QUIJOTE

A Silvina Ocampo

La obra *visible* que ha dejado este novelista es de fácil y breve enumeración. Son, por lo tanto, imperdonables las omisiones y adiciones perpetradas por Madame Henri Bachelier en un catálogo falaz que cierto diario cuya tendencia *protestante* no es un secreto ha tenido la desconsideración de inferir a sus deplorables lectores — si bien éstos son pocos y calvinistas, cuando no masones y circuncisos. Los amigos auténticos de Menard han visto con alarma ese catálogo y aún con cierta tristeza. Diríase que ayer nos reunimos ante el mármol final y entre los cipreses infaustos y ya el Error trata de empañar su Memoria... Decididamente, una breve rectificación es inevitable.

Me consta que es muy fácil recusar mi pobre autoridad. Espero, sin embargo, que no me prohibirán mencionar dos altos testimonios. La Baronesa de Bacourt (en cuyos *vendredis* inolvidables tuve el honor de conocer al llorado poeta) ha tenido a bien aprobar las líneas que siguen. La condesa de Bagnoregio, uno de los espíritus más finos del principado de Mónaco (y ahora de Pittsburg, Pennsylvania, después de su reciente boda con el filántropo internacional Simón Kautzsch) ha sacrificado "a la veracidad y a la muerte" (tales son sus palabras) la señoril reserva que la distingue y en una carta abierta publicada en la revista *Luxe* me concede asimismo su beneplácito. Esas ejecutorias, creo, no son insuficientes.

FIGURA 2. Primera página de "Pierre Menard, autor del *Quijote*" en *Sur*, vol. 56, 1939, pp. 7-16. Este número de la revista apareció en el mes de mayo de 1939. Uso legítimo con fines académicos.

nota al "que hace crecer, brotar o surgir algo; el que aumenta [la confianza], fiador, garante, responsable" (27). Si esta exegesis de la tercera palabra del título es relevante, la ficción no enunciaría que Menard es el creador del *Quijote*. Más bien: Menard, emblema falsamente fracasado de todo lector, *dispone de algo ya existente*. Al leer, al escribir, al transcribir, al traducir una obra, lectores, escritores, transcriptores y traductores honran la obra (*opus*). Esta obra, en el acontecer de la historia, crece, es enriquecida—en claridades, en ambigüedades o en confusiones—y revela nuevos sentidos.

Con respecto a la ficción de Borges que me ha ocupado, ¿qué otros modos de la crítica literaria sugerirán en el futuro? Esta es una pregunta que escapa a mis capacidades de futurólogo, pues la respuesta requeriría los poderes de la *prévoyance*. Por lo pronto, confieso que en estos momentos escribo dos ensayos más sobre "Pierre Menard, autor del *Quijote*". En uno de esos ensayos, trataré de proponer algunos rostros plausibles para Menard, y solo menciono aquí nombres sin ningún orden: Miguel de Unamuno, Paul Valéry, Stéphane Mallarmé, Torres Villarroel, José Bianco y Ramón Gómez de la Serna. El segundo ensayo lleva este título provisional: "Jorge Luis Borges, autor del *Quijote*".

Bibliografía

Alazraki, Jaime. *La prosa narrativa de Jorge Luis Borges*. Gredos, 1974.
———. "Reflexiones sobre la recepción de la obra de Borges en los EE. UU.". *El siglo de Borges (retrospectiva, presente, futuro)*, editado por Alfonso de Toro y Fernando de Toro, vol. 1, 1999, pp. 337-56.
———. editor. *Jorge Luis Borges*. Taurus, 1984.
Barrenechea, Ana María. "Cervantes y Borges". *La expresión de la irrealidad en la obra de Jorge Luis Borges y otros ensayos*, Ediciones del Cifrado, 2000, pp. 405-17.
Barth, John. "La literatura del agotamiento". *Jorge Luis Borges*, editado por Jaime Alazraki. Taurus, 1984, pp. 170-82.
Blanchot, Maurice. "El infinito literario: *El Aleph*". *Jorge Luis Borges*, editado por Jaime Alazraki, Taurus, 1984, pp. 211-14.
Borges, Jorge Luis. "Dedicatoria a *Fervor de Buenos Aires*". *Obras completas*, vol. 1, Emecé, 1996, p. 15.
———. "Elementos de preceptiva". *Borges en Sur, 1931-1980*, Emecé. 1999, pp. 121-25.
———. "La fruición literaria". *El idioma de los argentinos*, Seix Barral, 1997, pp. 87-93.

———. "Pierre Menard, autor del *Quijote*". *Obras completas*, vol. 1, Emecé, 1996, pp. 444-50.

———. Prólogo. *Hojas de hierba*, traducido por Jorge Luis Borges, Torres Agüero, 1975, pp. 170-74.

Genette, Gérard. *Palimpsestes: La Littérature au second degré*. Seuil, 1982.

Jauss, Hans Robert. "The Theory of Reception: A Retrospective of its Unrecognized Prehistory". *Literary Theory Today*, traducido por John Whitlam, editado por Peter Collier y Helga Geyer-Ryan, Cornell University Press, 1990, pp. 53-73.

Lema-Hincapié, Andrés. *Borges, . . . ¿filósofo?* Instituto Caro y Cuervo, 2012.

Man, Paul de. "Un maestro moderno: Jorge Luis Borges". *Jorge Luis Borges*, editado por Jaime Alazraki, Taurus, 1984, pp. 144-51.

Perelman, Chaïm, y Lucía Olbrechts-Tyteca. *Tratado de la argumentación: La nueva retórica*. Traducido por Julia Sevilla Muñoz, Gredos, 1989.

"*Philosophia ancilla litterarum?* El caso Borges para el pensamiento francés contemporáneo". *Ideas y Valores*, vol. 129, 2005, pp. 21-33.

Rodríguez Monegal, Emir. "Borges: The Reader as Writer". *TriQuarterly*, vol. 25, 1972, pp. 102-43.

———. "Borges y la 'nouvelle critique'". *Jorge Luis Borges*, editado por Jaime Alazraki. Taurus, 1984, pp. 267-87.

———. *Borges por él mismo*. Laia, 1984.

Segura Munguía, Santiago. *Lexicón etimológico y semántico del Latín y de las voces actuales que proceden de raíces latinas o griegas*. Universidad de Deusto, 2014.

Sierra Mejía, Rubén. "Esbozo de una semántica borgiana". *Apreciación de la filosofía analítica*, Universidad Nacional de Colombia, 1987, pp. 103-19.

Steiner, George. *After Babel: Aspects of Language and Translation*. Oxford University Press, 1998.

Sturrock, John. *Paper Tigers: The Ideal Fictions of Jorge Luis Borges*. Clarendon Press, 1977.

Toro, Alfonso de. "Cervantes, Borges y Foucault: La realidad como viaje a través de los signos". *El siglo de Borges: Literatura, ciencia, filosofía*, vol. 2, editado por Alfonso de Toro y Susana Regazzoni, Iberoamericana Vervuert, 1999, pp. 45-65.

Valéry, Paul. *Monsieur Teste*. Gallimard, 1950.

Xirau, Ramón. "Borges: Prólogo a *Prólogos*". *Lecturas: Ensayos sobre la literatura hispanoamericana y española*, Universidad Nacional Autónoma de México, 1983, pp. 119-24.

Lobas lascivas y licantropía en *Los trabajos de Persiles y Sigismunda*

Adrienne L. Martín
University of California, Davis, USA

Al comienzo de *Allegories of Love: Cervantes's* Persiles and Sigismunda (1991), Diana de Armas Wilson sugiere una nueva manera de conceptualizar la última novela cervantina, argumentando que una mayor familiaridad con el *Persiles* contribuiría sustancialmente a la manera en que concebimos al Miguel de Cervantes tardío, al *Quijote*, y a los códigos culturales del Renacimiento en relación con los nuestros (xiv). Esta apertura a nuevas maneras de leer a Cervantes y sus contextos mayores—en particular su novela póstuma—invita a consideraciones particulares no solo de la mujer, sino también de la sexualidad (a menudo perversa) encapsuladas por aquellos códigos culturales renacentistas. Estas páginas son, pues, una respuesta a uno de los estímulos que nuestra admirada colega nos ha extendido para explorar varios signos subyacentes e inexplorados en la obra de Cervantes. En el caso que desarrollo aquí, consideraremos los relacionados con animales no humanos.

Para empezar, debo reafirmar nociones que he expuesto en trabajos anteriores, entre otros que los personajes animales desempeñan una variedad de papeles en Cervantes: son cómplices de los humanos y los duplican (caso de Rocinante y el rucio de Sancho), se transforman en ellos (así Berganza y Cipión), o pueden ser criaturas híbrido-fantásticas que sugieren que la frontera entre el ser humano y el animal es tan inestable como resbaladiza. En esta última categoría podríamos colocar al lobo parlante y a la mujer loba del primer libro de *Los trabajos de Persiles y Sigismunda* (1617)—el tema de este ensayo—. Estos personajes lupinos gozan de voz propia y demuestran la transición o mezcla entre naturaleza y cultura, en un peculiar reducto del imaginario colectivo de la temprana modernidad.

Mi análisis de estos seres enigmáticos se distancia de otros anteriores, porque se rige en gran parte por los llamados estudios animales (*Animal Studies*), acercamiento teórico que intenta colocar en primer o por lo menos en igual plano al animal cuando aparece en la literatura, sin supeditarlo al humano o reducirlo a un mero tropo o símbolo de características humanas. Tal esfuerzo forma la base del estudio de Mario Ortiz Robles, *Literature and Animal Studies* (2016), complejidad señalada por sus primeras observaciones, según las cuales los animales, tal como los conocemos, son un invento literario. Ortiz Robles ahí sostiene que esto es así porque los animales están presentes en los mismos orígenes de la literatura, y como consecuencia no es posible entender esta como quehacer humano aparte de su capacidad para representar a animales. Parto entonces, alejándome de previas consideraciones de conocidos especialistas del *Persiles*, entre otros Diana, Isabel Lozano Renieblas, Michael Armstrong Roche y Alban Forcione, para indagar en cómo Cervantes contribuye con su novela a la literatura licantrópica, y qué puede revelarnos de los estudios animales. Reitero que en gran medida me fijo en el lobo y en la mujer loba literaria como icono de la sexualidad femenina.

Conviene entonces señalar que las actitudes humanas hacia los lobos han sido ambivalentes a través de la historia. En la introducción a su estudio *Lycanthropy in German Literature*, Peter Arnds nos recuerda que aunque el lobo fue admirado por las antiguas sociedades de cacería como depredador hábil, posteriormente fue temido por ser capaz de matar y devorar a los humanos.[1] Además, los lobos fueron carroñeros en los campos de batalla y, como consecuencia, mitificados como guías al otro mundo: una superstición que puede explicar su constante demonización. Esta situación fue prevalente durante la edad guerrera vikinga y ayuda a explicar la constancia del lobo como figura siniestra en las sagas nórdicas y, por esta razón, su presencia en el ambiente septentrional del *Persiles*.

Debido precisamente a su dominio en los ambientes más hostiles y salvajes, en las culturas occidentales el lobo ha emblematizado las características peligrosas y amenazadoras de lo salvaje. Es considerado el enemigo arquetípico del hombre, el cual depreda en los límites de la civilización y figura como predador sexual (George y Hughes 2). En su estudio general de este animal,

---

[1] Véase además el primer capítulo de *The White Devil* de Matthew Beresford sobre los cultos prehistóricos del lobo en Europa. Según el autor, es ahí donde hay que buscar las raíces del mito del hombre lobo. Todas las traducciones en este ensayo son de la autora.

Garry Marvin apunta también que en la literatura y la historia natural *canis lupus* es típicamente configurado antropomórficamente como asesino rapaz y engañoso, una criatura monstruosa de intenciones maliciosas y violentas (7). Por lo tanto, a lo largo de la historia este cúmulo de actitudes, mitos y ansiedades antiguas significa que el ser humano generalmente ha temido, aborrecido e intentado erradicar al lobo. Claro que, en épocas recientes, los estudios zoológicos sobre la verdadera naturaleza del lobo—como un animal sumamente inteligente con una vida social compleja—han dado constancia de su papel imprescindible dentro del ecosistema. Esto ha conducido a su rehabilitación y esfuerzos por su resilvestración (*rewilding*) en Europa y en las Américas.[2] Sin embargo, la literatura de la temprana modernidad refleja, con pocas excepciones, las actitudes negativas y los temores al uso.

Tales aprensiones se deben en gran medida al hecho de que, como carnívoro y cazador experto capaz de emplear una variedad de técnicas según sus habilidades individuales, una vez que el ser humano evolucionó de cazador-recolector nómada a pastor, el lobo se convirtió en amenaza constante hacia aquel y hacia sus animales domésticos, lo cual resultó en el exterminio del lobo en gran parte de su hábitat original. En *El coloquio de los perros*, Berganza exhibe estas ansiedades cuando es utilizado para cuidar ovejas y descubre que los depredadores resultan ser los mismos pastores, una transformación metafórica convencional del hombre en lobo. Ocurría lo opuesto en las fábulas esópicas en las que pastores ingenuos encomendaban sus rebaños a lobos engañosos que mataban y comían a las ovejas. Otras fábulas moralizaban contra la disimulación humana, dando origen al lobo con piel de oveja; o al que engaña a un perro para que lo admita al redil, donde mata a las ovejas y al perro. Y, como es bien sabido, está muy presente en los cuentos de hadas como "Caperucita Roja" (1812) de los hermanos Grimm, en leyendas, folclor, literatura y cine. Por todo lo dicho, su impacto sobre los constructos mentales occidentales es extraordinario, sobre todo para representar astucia, engaño y amenaza.

Los episodios lupinos en el *Persiles* reflejan aquellas intersecciones históricas del lobo con la sociedad y cultura humanas, además de los mitos licantrópicos que remontan a la *Épica de Gilgamesh*, la primera evidencia literaria de un hombre lobo alrededor de 1700 a. C. También se retrae a historias clásicas como la ovidiana en la cual Zeus transforma al rey Licaón en lobo. ¿La

---

2 Reflejando esta búsqueda de una comprensión más cabal del lobo, Charlotte F. Otten asegura que investigaciones recientes demuestran que los lobos, salvo en casos de heridas o de hambre, no atacan, no matan ni mutilan. Viven en manadas donde establecen relaciones sociables fundadas en la confianza mutua (2).

razón? Licaón intentó inducir a Zeus a que comiera carne humana—la primera descripción literaria de un hombre que se transforma en lobo—. Luego están el mago Moeris, en las églogas virgilianas, y el sacerdote en la *Arcadia* de Sannazaro, quien afirma convertirse en lobo para correr con otros lobos de noche y aprender sus comportamientos como un tipo de espía o de quinta columna dentro de la jauría. En las literaturas medieval y renacentista abundan historias licantrópicas, entre las cuales la *lai* o poema corto de *Bisclavret* (siglo XIII), de María de Francia, quizás sea la más conocida.[3] Como se sabrá, los avatares de estas situaciones han sido llevados al cine hasta nuestros días, agregándose a las percepciones o equívocos del público respecto al trasfondo en que me concentro.

Paralelamente, no me enfoco aquí en los antecedentes literarios de los personajes lupinos cervantinos, ya que Micozzi, Lozano Renieblas y Armstrong Roche los han analizado en detalle. Basta reafirmar que la difusión del cristianismo por Europa durante la Edad Media desencadenó la demonización del lobo como parte de la iconografía de Satanás, y los textos posteriores generalmente reflejan la lupofobia que caracteriza las actitudes hacia este animal en la temprana modernidad.

En el *Persiles*, el exiliado español Antonio cuenta en el primer libro cómo, después de soñar que es despedazado por fieras y comido por lobos—pesadilla que concuerda con las inquietudes del momento—desembarca en "una isla despoblada de gente humana, aunque llena de lobos, que por ella a manadas discurrían" (*Persiles* 77). Uno de ellos se dirige a él "en voz clara y distinta, y en mi propia lengua" y le advierte: "Español, hazte a lo largo, y busca en otra parte tu ventura, si no quieres en esta morir hecho pedazos por nuestras uñas y dientes; y no preguntes quién es el que esto te dice, sino da gracias al cielo de que has hallado piedad entre las mismas fieras" (*Persiles* 77). Antonio acepta el consejo del animal caritativo y sale al mar inmediatamente.

Aparte del carácter fantástico de esa escena, ese lobo parlante híbrido de animal y humano nos recuerda a otros cánidos cervantinos en *El coloquio de los perros*, cuyo discurso podría ser milagroso, satánico, un sueño, o el resultado de alucinaciones febriles. Así, el dudoso origen de Berganza y Cipión transporta a los lectores a una zona indeterminada, onírica y brujeril similar, que Cervantes se cuida de presentar como ambigua. Christian Andrés asevera sobre el lobo del *Persiles* que "tal manifestación no puede ser sino

---

3   Sobre *Bisclavret* y otras obras licantrópicas medievales y posteriores, véase el estudio de Patrizia Micozzi, "Tradición literaria y creencia popular". En *The White Devil*, Beresford estudia la evolución del mito del hombre lobo a través de los tiempos y géneros artísticos.

diabólica" y que el novelista sugiere que el resto de los lobos en la isla podrían ser hombres lobo, brujas y hechiceros transformados en lobos (536). Por una parte, concuerdo con Andrés en que "Cervantes juega con lo borroso de los límites entre el sueño y la realidad, lo irracional y lo racional, la humanidad y la animalidad" (536). Por otra parte, pienso que este lobo parlante imaginado no tiene que sugerir obligatoriamente un proceso maligno o diabólico para los lectores. La teriantropía está presente en las primeras manifestaciones culturales del ser humano hasta hoy. Aunque es considerada por los médicos una patología, la creencia que uno es parte humano y parte animal, o humano transformado en animal, es sin embargo una noción tremendamente rica y efectiva para la tradición literaria. Cervantes maneja a la perfección dicha tradición. Este lobo que aconseja a Antonio en su propia lengua cuestiona la noción mantenida en Occidente desde tiempos de Aristóteles, que lo que separa a los humanos de los animales es la posesión de lengua y de razón. Al igual que hace en *El coloquio de los perros*, Cervantes presenta tales fronteras como arbitrarias al crear personajes animales que poseen las dos cualidades, cuestión que he abordado hace poco (2020).

La transgresión de los límites entre humanos y animales es de creciente interés hoy para la crítica cultural, especialmente en términos de género sexual. Entre otros, investigadores como Jacques Derrida, Donna Haraway y Cary Wolfe demuestran lo difícil que es mantener distinciones precisas entre humano y animal, sobre todo cuando se trata de una criatura que encarna a ambos, según explica Michael Lundblad en su estudio fundamental "From Animal to Animality Studies". Este investigador afirma que con investigaciones cada vez más ricas y complejas sobre la cuestión del animal, mucho del trabajo reciente en estudios animales ha conducido a fundamentales reconsideraciones de las diferencias no-humano y humano, la otredad y la subjetividad (496), reconsideraciones patentes en varios episodios del *Persiles*.

Dejando aparte esta criatura que se comunica utilizando la lengua de su interlocutor humano, consideremos el segundo personaje lupino de esta novela: la mujer loba. Conviene primero establecer qué es, exactamente, un hombre lobo (o una mujer loba). Una definición típicamente decimonónica del sacerdote y demonólogo británico Montague Summers (1880-1948) revela la lupofobia de su momento. Summers escribe que un hombre lobo es un ser humano, hombre, mujer, o niño (generalmente el primero) que, voluntariamente o no, aparentemente se metamorfosea en lobo y asume sus características: sus infames apetitos, ferocidad, malicia, fuerza bruta y ligereza (2). Marvin elabora, explicando que aunque el hombre lobo ha sido descrito como medio hombre y medio bestia, el hombre lobo es en realidad una criatura más inquietante en la que humano y lobo se funden para crear un monstruo que excede a los dos. Esto es alarmante porque, en cualquier encarnación, siempre hay una criatura diferente escondida dentro (48-49). O sea: el hombre lobo es un ser híbrido y contradictorio que combina, en otra más amenazante aún, las peores características de dos especies. Y debemos recordar que en tiempos de Cervantes la gente sí creía en lo que se llamaba entonces manía lupina, una dolencia en la cual una persona se creía lobo.

Por supuesto que estas transformaciones entre figuras humanas y lupinas, al igual que la criatura oculta dentro a la que se refiere Marvin, pueden ser más simbólicas que físicas y su narrativa es condicionada por la sociedad e historia cultural del momento que las produjo, como afirma Hannah Priest en la introducción a *She-Wolf*, su historia cultural de la mujer loba (2-3). Además, desde tiempos clásicos la licantropía ha significado un trastorno mental, un delirio en que la persona afectada cree ser lobo y poseer las características de este animal. Los médicos los llaman licántropos, un término profesional para una condición patológica, mientras que la expresión hombre lobo es un término no médico atribuido a una fantasía o estado criminal (Otten 3-4). Pero, como sabemos, ha sido imposible separar esos términos en la cultura popular.

Sin duda, los licántropos son seres de forma inestable y cambiante en sí mismos y ante otros. Vale repetir que encarnan una doble transformación: el humano deviene lobo y luego revierte a humano, y la dirección de la transformación es significativa. Es decir, los hombres lobo no son lobos capaces de asumir forma humana y luego volver a ser lobos, sino que los hombres lobo son siempre humanos que se metamorfosean (Marvin 48). Esta especificidad importa para el *Persiles*.

La compleja transformación que conduce a la feminización que mencioné ocurre en el octavo capítulo del primer libro de la novela, cuando el sienés Rutilio cuenta cómo una hechicera le liberó de un calabozo romano a cambio de una promesa de matrimonio, y le llevó por los aires a Noruega en su manto mágico. Mientras que Antonio es amenazado con ser despedazado por una jauría de lobos, la cacería de esta bruja convertida en loba es erótica. Rutilio cuenta: "comenzó a abrazarme no muy honestamente. Apartéla de mí con los brazos, y como mejor pude, divisé que la que me abrazaba era una figura de lobo, cuya visión me heló el alma, me turbó los sentidos y dio con mi mucho ánimo al través" (*Persiles* 91). Al igual que ocurre con la supuesta y enigmática transformación de bebés en cachorros en *El coloquio*, la de la bruja también es ambigua y Cervantes es cuidadoso en no dar explicaciones precisas, dejando que los lectores decidan en base a sus propias creencias, supersticiones y preferencias narrativas. Rutilio, entonces, tomó un cuchillo y cuenta: "con furia y rabia se le hinqué por el pecho a la que pensé ser loba, la cual, cayendo en el suelo, perdió aquella figura, y hallé muerta y perdiendo sangre a la desventurada encantadora" (*Persiles* 91). Se trata de una transformación que no intenta alterar la continuación del contrato mimético entre lectores y escritor del cual Cervantes era experto.

Vista hoy, Cervantes sigue la estructura que señalan estudiosos del hombre lobo: la transformación es de hombre en lobo, y no viceversa; el humano es entonces el culpable, el transformable, no el animal. El cambio obedece a lo expuesto por los demonólogos e inquisidores de la época—que no hay bestias que se transforman en humanos, sino siempre lo inverso: hombres que se convierten en animales por la intercesión de demonios—. ¿Es, entonces, que el humano siempre lleva dentro al animal que puede surgir en momentos de crisis o necesidad y luego ser reabsorbido a la forma humana, al igual que hace la hechicera del *Persiles*? Parece que esta mujer extrae de sí otra forma física, otra identidad, que sirve mejor a sus apetitos y agresiones eróticos. El sustrato animal que emerge nos permite, como sugería Armas Wilson, repensar códigos culturales del Renacimiento y nuestra época crítica (si se quiere). Los demonólogos pueden insistir en que lo que pasa es que los demonios crean una ilusión y manipulan la mente de las personas para hacerles creer que ellos se transforman en bestias. Pero en el fondo, da igual si pasa la transformación en la mente o en la "realidad", porque las obsesiones surten el mismo efecto sobre la consciencia humana y en sus manifestaciones artísticas.

Volviendo a la bruja, ¿qué añade este curioso personaje femenino a la tradición literaria licantrópica? La hechicera que se transforma es un espécimen relativamente poco común en la literatura de la temprana modernidad: una mujer loba y depredadora sexual. Es más: una mujer que se trasforma en loba entra en la literatura occidental unos tres mil años después de su homólogo masculino en la *Topographia Hibernica* (circa 1183-85), el recuento del viaje por Irlanda de Giraldo Cambrense (Gerald of Wales) después de la invasión normanda.[4] En *She-Wolf*, Priest afirma que la hembra es borrada en la gran mayoría de las representaciones de licantropía y que la mayoría de escritores y de cineastas presenta la condición como exclusivamente masculina. Dichas representaciones son fácilmente constatadas en la cultura popular actual. Es

---

4   Lozano Renieblas explica que el relato de Giraldo trata de una pareja de Ossory, una raza maldecida por el abad de San Natalis. La maldición suponía que cada siete años una pareja tenía que vivir como licántropos y, si sobrevivía, podía recuperar su forma humana (Lozano Renieblas, *Cervantes y el mundo* 170 n. 108). Sobre el mismo relato véase también Priest (5).

por esto que la versión cervantina es tan sorprendente y novedosa para el estudio de la temprana modernidad, por un lado, y tan cervantina, por otra. En efecto, refleja patentemente el vínculo entre mujeres loba y hechiceras, junto al terror masculino de la sexualidad (y supuesta agresividad erótica) femenina en la época. Pero como es bien sabido, durante este periodo se desarrolla una correlación teológica entre hechicería y licantropía, tanto en teoría como en la práctica legal, y las dos se consideran femeninas (Priest 2).

Estas correlaciones se delinean famosamente en el *Malleus Maleficarum* (1486), el primer tratado impreso sobre el satanismo. Durante la Inquisición (1478-1834), la Iglesia católica dependía, en parte, de este manual para determinar la naturaleza de las brujas, para saber cómo identificarlas y cómo torturarlas con el fin de extraer de ellas confesiones y, eventualmente, de determinar los métodos sobre cómo ejecutarlas. El manual fue empleado durante casi tres siglos y es tremendamente hostil a las mujeres. Los autores, la Iglesia y por lo visto la sociedad se obsesionaron con la sexualidad femenina y con los actos que supuestamente cometían las brujas. Los autores, los inquisidores dominicanos Henricus Institoris y Jacobus Sprenger, traen a colación el asunto de hombres lobo y niegan la posibilidad de la licantropía, afirmando que: "dos formas esenciales no pueden existir simultáneamente en el mismo lugar" (*Malleus Maleficarum* II, 153). Concluyen que tal metamorfosis ocurre solamente a través de un hechizo o ilusión, un *encanto* al que una bruja, ayudada por el Diablo, puede inducir. Otros demonólogos afirman que la bruja misma cree en la substanciación, ya que dicha bruja adquiere las cualidades y el poder del animal en el que supuestamente se transforma.[5]

Si todo esto suena conocido a los lectores del *Persiles* es porque el sabio irlandés Mauricio responde similarmente a Rutilio cuando el italiano declara haber matado a una loba, si bien, luego él hubo de encontrar a una bruja a sus pies: "Todo esto puede ser, replicó Mauricio; porque la fuerza de los hechizos de los maléficos y encantadores, que los hay, nos hace ver una cosa por otra; y quede desde aquí asentado, *que no hay gente alguna que mude en otra su primer naturaleza*" (*Persiles* 135; énfasis añadido). Como prueba Lozano Renieblas, la prolongada respuesta de Mauricio asimila los debates contemporáneos sobre la verdadera naturaleza de la licantropía que estaban en el aire cuando Cervantes escribía el *Persiles*, cuando los juicios por este delito se incrementaron notablemente (Lozano Renieblas, *Cervantes y el mundo* 27-

---

5   Sobre la misoginia generalizada de la época, en particular en el *Malleus*, y el emparejamiento negativo de mujer y animal, véase Creed, "*Ginger Snaps*".

29).[6] Respecto a si las personas realmente se transformaban en hombres lobo, si su transformación fue ilusión del Diablo, o si era una condición mental en que los afligidos creían transformarse en lobos, Mauricio afirma:

> Eso de convertirse en lobas y lobos *algunas gentes destas septentrionales*, es un error grandísimo... aunque admitido de muchos.... Lo que se ha de entender desto de convertirse en lobos, es que hay una enfermedad a quien llaman los médicos manía lupina, que es calidad que al que la padece le parece que se ha convertido en lobo, y aúlla como lobo, y se junta con otros heridos del mismo mal, y andan en manadas por los campos y por los montes, ladrando ya como perros, o ya aullando como lobos; despedazan los árboles, matan a quien encuentran y comen la carne cruda de los muertos, y hoy día sé yo que hay *en la isla de Sicilia*... gentes deste género, a quien los sicilianos llaman lobos menar. (*Persiles* 133-34; énfasis añadido)

Nótese el recorrido continental que inscribe Cervantes, implícitamente transmitiendo que ese conocimiento y esas suposiciones eran populares y de la época. El hecho es que la Iglesia sí equiparaba licantropía y hechicería, y el *Malleus* discute cómo el Diablo manipula la fantasía de la gente para engañarla. Por ende, "ciertas mujeres criminales, volviendo a Satanás y llevadas por el mal camino por sus ilusiones e imágenes fantásticas creen y proclaman que durante la noche montan en ciertas bestias con Diana, diosa de los paganos, o con Herodías y con cantidad de otras mujeres atraviesan grandes distancias de la tierra durante el silencio en mitad de la noche" (*Malleus Maleficarum* II, 155-56). Es decir, las mujeres son las protagonistas y autoras de los males. Durante el siglo XVI se creía también que las brujas llegaban a sus aquelarres montadas en lobos u hombres lobo. Cervantes, como es típico de él, también capta la profunda teatralidad de tales protoescenas y las convierte en literatura para opinar sobre las creencias y debates que reflejan, siempre sembrando dudas sobre ellos y pareciendo optar por no tomar partido directo y dejar que los lectores decidan. Lo mismo ocurre en *El coloquio de los perros*, cuando la bruja Cañizares explica los aquelarres a Berganza:

> Hay opinión que no vamos a estos convites sino con la fantasía en la cual nos representa el demonio las imágenes de todas aquellas cosas que después contamos que nos han sucedido. Otros dicen que no, sino que verdaderamente vamos en cuerpo y en ánima; y entrambas opiniones tengo

---

6   Véanse los juicios de licantropía en Europa recogidos en el capítulo seis de Beresford, *The White Devil*.

para mí que son verdaderas, puesto que nosotras no sabemos cuándo vamos de una o de otra manera, porque todo lo que nos pasa en la fantasía es tan intensamente que no hay diferenciarlo de cuando vamos real y verdaderamente. (596)

En la doctrina católica más cercana al contexto cervantino—o por lo menos para los escritores de manuales inquisitoriales—las mujeres gozaban de una relación especial con la naturaleza y con el mundo animal, lo cual explicaría su supuesta inclinación por la lujuria y por la maldad (Creed 182). El *Malleus* presenta así la sexualidad femenina como bestial, agresiva y montaraz. Consecuentemente, la hechicera romana del *Persiles* y Cañizares de *El coloquio* personifican de manera parecida la hembra hipersexualizada, fiera, irracional, brujeril y profundamente temida por los personajes que la encuentran, sean hombres o perros, entrando así en diálogo con antiguas conceptualizaciones de feminidad y monstruosidad.

De manera paralela, la mujer loba en la temprana modernidad enlaza con supersticiones y la caza de brujas, y es, invariablemente, un monstruo. Al respecto, Barbara Creed ha acuñado el término *femme animale* para describir ciertos maridajes o fusiones negativas de mujer y animal como son la medusa, la esfinge, la arpía y la mujer loba, las cuales han formado parte de los cimientos de la mitología occidental para aterrar a los hombres. Añade la autora que la *femme animale* enfatiza la inversión falocéntrica en la división entre naturaleza y cultura, mujer y animal, y llama la atención sobre sus poderes subversivos (180-81). No sorprende entonces que la hechicera-mujer loba del *Persiles* refleje la mentalidad circundante y los valores culturales establecidos, los cuales determinan, vale reiterar, que una mujer cuya sexualidad se considera monstruosa pone en riesgo la estructura de la sociedad y debe ser eliminada—en el caso del *Persiles*, con una cuchillada al corazón—.

Importante para nuestras observaciones sobre el *Persiles*, Arnds ha apuntado, recurriendo a Michel Foucault y su *Madness and Civilization* (1961), que la licantropía puede ser consecuencia del abandono, y que se asocia con la heterotopía del bosque, mientras que la mitología griega la asocia primordialmente con el agua (13). Por esta razón, el hombre lobo puede conceptualizarse como el principal *homo sacer*, aquel hombre sagrado o acusado que es expulsado de la sociedad y que vive aparte y proscrito, deshumanizado como "lobo" perseguido y cazado, en el traspaís sombrío más allá de la polis y de la civilización.[7] Tal progresión nos recuerda a los personajes del *Persiles*, quienes deambulan exiliados y perdidos por el Septentrión. No es, entonces, nada

---

7   Sobre el *homo sacer*, véase Agamben, *Homo Sacer*.

extraordinario que Cervantes inserte estas figuras licantrópicas en su novela, ya que ayudan a construir el perfecto trasfondo cronotópico.

Dado el aserto de Foucault según el cual habría un estrecho vínculo en la imaginación europea entre la locura, el abandono y el agua (12), las islas bárbaras representadas en el *Persiles*—ubicadas en la periferia del continente, rodeadas de agua y en el caso de Antonio habitadas únicamente por lobos—llegan a ser el *locus classicus* de hombres lobo y brujas en la mitología escandinava, como en la *Historia de Gentibus Septentrionalibus* (1555), de Olao Magno—cuyas narraciones licantrópicas probablemente inspiraron a Cervantes—y en la mentalidad de la temprana modernidad.

Por esto, lejos de los animales reales que conocemos o que la zoología estudia, el lobo y la loba han sido imaginados y moldeados para cumplir con necesidades humanas, sobre todo en momentos de crisis, y la literatura ha asumido el producto. De ahí su amplia simbología, representando fuerzas oscuras y temidas desde el salvajismo brutal a la supuesta sexualidad femenina desenfrenada y la manipulación satánica o, al otro extremo, como portadores de luz y guías espirituales. De hecho, Lozano Renieblas afirma que Cervantes se apoya en el potencial de esta cara más amable del lobo para sorprender al lector en el episodio que relata Antonio (Lozano Renieblas, "Más por ser admirado" 355-56).

Consecuentemente, si el abanico de asociaciones generalmente negativas que provee el lobo imaginado culminan en un notable incremento en los procesos por licantropía y brujería durante los siglos XVI y XVII en el norte de Europa, esa misma histeria lupina conduce a un correspondiente enriquecimiento de sus manifestaciones culturales en la temprana modernidad. Al respecto apunta Patricia Micozzi:

> En los siglos XV, XVI, XVII asistimos a una progresiva ampliación del horizonte supersticioso, mágico-demoníaco que delimita la figura del licántropo. La creencia en la metamorfosis lupina se enriquece, en este sentido, de nuevos elementos distintivos, consolidándose al mismo tiempo en todas las estructuras fundamentales heredadas de la Edad Media. Bien afirmada en la cultura popular, que la relaciona cada vez más con los misterios brujeriles, estudiada con interés por la cultura oficial, que ahora la condena ásperamente, ahora la defiende y la justifica, ella muestra una vitalidad insensible a cualquier polémica, como prueban las numerosas historias y escritos que la tratan. (125-26)

Se desprende de esos argumentos que el lobo y la mujer loba cervantinos reflejan, por un lado, las ansiedades (sobre los demonios y las brujas, la sexualidad femenina, lo desconocido, la vida salvaje); las supersticiones y los debates demonológicos circundantes; los misterios ocultados en las lejanas, oscuras e incógnitas regiones nórdicas; y la sempiterna pulsión humana para dar sentido al universo y la naturaleza y sus poderes elementales desde el ángulo de la lucha entre el bien y el mal. Por otro lado, y en otras circunstancias, los seres humanos procuran emular o incorporar al lobo para adquirir su fuerza, sus poderosos instintos y su habilidad de sobrevivir en situaciones adversas. En consecuencia, tales reacciones de atracción o repulsión hacia un animal simultáneamente admirado y temido, combinadas con una fascinación inagotable con la magia, con el Diablo y sus poderosas artes, proveen sin duda una vena de oro para novelar historias como las del *Persiles*.

Bibliografía

Agamben, Giorgio. *Homo Sacer: Sovereign Power and Bare Life*. Traducido por Daniel Heller-Roazen, Stanford University Press, 1998.
Andrés, Christian. "Fantasías brujeriles, metamorfosis animales y licantropía en la obra de Cervantes". *Actas del III Coloquio Internacional de la Asociación de Cervantistas*, Anthropos, 1993, pp. 527-40.
Armas Wilson, Diana de. *Allegories of Love: Cervantes's* Persiles *and Sigismunda*. Princeton University Press, 1991.
Arnds, Peter. *Lycanthropy in German Literature*. Palgrave Macmillan, 2015.
Beresford, Matthew. *The White Devil: The Werewolf in European Culture*. Reaktion Books, 2013.
Cervantes, Miguel de. "El coloquio de los perros". *Novelas ejemplares*, editado por Jorge García López, Crítica, 2001.
———. *Los trabajos de Persiles y Sigismunda*. Editado por Juan Bautista Avalle-Arce, Castalia, 1970.
Creed, Barbara. "*Ginger Snaps*: The Monstrous Feminine as *Femme Animale*". *She-Wolf: A Cultural History of Female Werewolves*, editado por Hannah Priest, Manchester University Press, 2015, pp. 180-95.
Foucault, Michel. *Madness and Civilization*. Random House, 1988.
George, Sam, y Bill Hughes. "Introduction: From Preternatural Pastoral to Paranormal Romance". *In the Company of Wolves: Werewolves, Wolves and Wild Children*, editado por Sam George y Bill Hughes, Manchester University Press, 2020, pp. 1-17.
Institoris, Henricus, y Jacobus Sprenger. *Malleus Maleficarum*. Traducido y editado por Christopher S. Mackay, Cambridge University Press, 2006.

Lozano Renieblas, Isabel. *Cervantes y el mundo del* Persiles. Centro de Estudios Cervantinos, 1998.

———. "Más por ser admirado que creído: Admiración y novedad en los episodios de licántropos en el *Persiles*". *eHumanista/Cervantes*, vol. 5, 2016, pp. 349-59.

Lundblad, Michael. "From Animal to Animality Studies". *PMLA*, vol. 124, núm. 2, 2009, pp. 496-502.

Martín, Adrienne L. "Animalspeak and the Construction of Character in *El coloquio de los perros*". *Romance Notes*, vol. 60, núm. 3, 2020, pp. 479-90.

Marvin, Garry. *Wolf*. Reaktion Books, 2012.

Micozzi, Patricia. "Tradición literaria y creencia popular: El tema del licántropo en *Los trabajos de Persiles y Sigismunda* de Cervantes". *Quaderni di Filología e Lingue Romance*, vol. 6, 1991, pp. 107-52.

Ortiz Robles, Mario. *Literature and Animal Studies*. Routledge, 2016.

Otten, Charlotte F. *A Lycanthropy Reader: Werewolves in Western Culture*. Syracuse University Press, 1986.

Priest, Hannah, editora. *She-Wolf: A Cultural History of Female Werewolves*. Manchester University Press, 2015.

Summers, Montague. *The Werewolf*. The Citadel Press, 1973.

La imaginación kafkiana de Sancho Panza

Michael J. McGrath
Georgia Southern University, USA

Franz Kafka (1883-1924) describió sus cuentos y novelas como "garabatos", una descripción peyorativa que también pudo ser sintomática del profundo aislamiento que sufrió a lo largo de su vida: "El mundo tremendo que tengo en la cabeza.[1] Pero, cómo liberarme y liberarlo sin que se desgarre y me desgarre. Y es mil veces preferible desgarrarse que retenerlo o enterrarlo dentro de mí" (*Diarios* 130). La creencia de Kafka de que existía un malévolo ser superior agravó sus sentimientos de desesperación: "We are nihilistic thoughts that came into God's head"; "I believe we are not such a radical relapse of God's, only one of His bad moods. He had a bad day"; y "Plenty of hope—for God—no end of hope—only not for us" (Bloom 1). No es de extrañar que los personajes de Kafka, especialmente protagonistas como Gregorio Samsa, de *La metamorfosis*, K., de *El castillo* o Josef K., de *El proceso*, encarnen el tormento que sintió el autor. A Kafka también se le atribuye la misma soledad y la misma desesperación que a Sancho Panza, personaje de Miguel de Cervantes, en su cuento "La verdad sobre Sancho Panza" (1931). Kafka escribe:

> Sancho Panza, que por lo demás nunca se jactó de ello, logró con el correr de los años, gracias a un sinnúmero de novelas de caballeros y de bandoleros, leídas en horas del atardecer y de la noche, apartar a tal punto de sí a su demonio, al que luego dio el nombre de don Quijote, que este se lanzó irrefrenablemente a las más locas aventuras; las cuales, empero, por falta de un objeto predeterminado, y que precisamente habría debido ser

---

[1] Me complace agradecer a Teresa Buzo Salas la muy apreciada traducción que ha realizado de este ensayo.

Sancho Panza, no dañaron a nadie. Sancho Panza, hombre libre, siguió tranquilamente, quizás por cierto sentido de la responsabilidad, a don Quijote en sus andanzas, y alcanzó así un grande y útil esparcimiento hasta el final de sus días. (*Cuadernos en octavo* 86)

En este ensayo se analizará el significado de "La verdad sobre Sancho Panza" en el contexto del *Quijote* y se explorarán las razones que llevarían a Kafka a escribir sobre el caballero y su escudero.

Kafka escribió "La verdad sobre Sancho Panza" en *Cuadernos en octavo*, la serie de ocho cuadernos en los que registró ideas literarias, aforismos y fragmentos escritos entre 1917 y 1919.[2] Los textos de los *Cuadernos* revelan las profundidades de la atormentada psique de Kafka:

Un primer signo de un principio de conocimiento es el deseo de morir. Esta vida parece insoportable, otra vida, inalcanzable. Ya no se siente vergüenza de querer morir; uno pide que lo saquen de la antigua celda, tan odiada, y lo lleven a otra nueva, que ya se aprenderá a odiar. Un resto de fe contribuye al mismo tiempo a hacerle creer a uno que durante el traslado pasará el Señor casualmente por el pasillo, mirará al prisionero y dirá: "A ése no volvéis a encerrarlo. Ése se viene conmigo". (89-90)

En una de las más de seiscientas cartas que escribió a su prometida Felice Bauer (1887-1960), Kafka explicó que escribir era su salvación:

Mi vida, en el fondo, consiste y ha consistido siempre en intentos de escribir, en su mayoría fracasados. Pero el no escribir me hacía estar por los suelos, para ser barrido. Ahora bien, desde siempre mis energías han sido lamentablemente escasas, y el resultado natural de esto, aunque yo no lo haya reconocido abiertamente, ha sido la necesidad de hacer economías por todos lados, de privarme un poco en todos los terrenos, con objeto de preservar unas fuerzas a duras penas suficientes para lo que me parecía el principal fin mío. (*Kafka enamorado* 40-41)

En una carta a Grete Bloch (1892-1944), uno de los amigos de Felice, Kafka anota: "Cada cual se saca a sí mismo a su manera del submundo en que yace, y mi manera consiste en escribir. Por eso, si he de mantenerme arriba, no me es posible hacerlo más que escribiendo" (*Kafka enamorado* 806). En "La ver-

---

2   Max Brod, el amigo y biógrafo de Kafka, publicó *Cuadernos en octavo*, así como los diarios de Kafka, que el autor había compuesto en cuadernos de tamaño cuarto. No incluyó el contenido de los cuadernos en los diarios, porque los cuadernos consisten en observaciones literarias y filosóficas.

dad sobre Sancho Panza", Kafka relata que la escritura también es terapéutica para el escudero: "Sancho Panza, que por lo demás nunca se jactó de ello, logró con el correr de los años, gracias a un sinnúmero de novelas de caballeros y de bandoleros, leídas en horas del atardecer y de la noche, apartar a tal punto de sí a su demonio". El "demonio" que Sancho crea para liberarse del mal, la palabra que Kafka define como "lo que distrae" (*Cuadernos en octavo* 94), es don Quijote. Kafka nunca especifica cuáles son las "distracciones" de Sancho, pero el lector puede deducir que están arraigadas en su vida de aldeano, porque Sancho parece no tenerlas cuando acompaña al caballero en sus aventuras.

La caracterización que hace Cervantes de Sancho es diametralmente opuesta a la descripción que hace Kafka del escudero. Al inicio de la novela, Cervantes retrata a Sancho como un hombre común, cuya preocupación más inmediata es mantener a su familia. Cuando don Quijote comunica a Sancho que será gobernador de una isla o tal vez incluso un rey, Sancho imagina a su mujer como reina y a sus hijos como príncipes:

> En este tiempo solicitó don Quijote a un labrador vecino suyo, hombre de bien (si es que este título se puede dar al que es pobre), pero de muy poca sal en la mollera. En resolución, tanto le dijo, tanto le persuadió y prometió, que el pobre villano se determinó de salirse con él y servirle de escudero. Decíale, entre otras cosas, don Quijote que se dispusiese a ir con él de buena gana, porque tal vez le podía suceder aventura que ganase, en quítame allá esas pajas, alguna ínsula, y le dejase a él por gobernador della. Con estas promesas y otros cuentos, Sancho Panza, que así se llamaba el labrador, dejó su mujer e hijos y asentó por escudero de su vecino. (I, 7, 163)

Sin embargo, poco después Cervantes empieza a revelar al lector que Sancho no es el personaje plano que el narrador describe como "de muy poca sal en la mollera". Sancho, al proclamar que su esposa será reina, le dice a don Quijote "que no vale dos maravedís para reina; condesa le caerá mejor, y aún Dios y ayuda" (I, 7, 165). En la segunda parte, capítulo 22, después de que don Quijote le pregunte a Sancho si su matrimonio es tan malo como dice, Sancho responde: "—No es muy malo—respondió Sancho—, pero no es muy bueno: a lo menos, no es tan bueno como yo quisiera" (II, 22, 212). Cuando el caballero le reprocha a Sancho su comentario, el escudero revela más acerca de su matrimonio: "—No nos debemos nada—respondió Sancho—; que también ella dice mal de mí cuando se le antoja, especialmente cuando está celosa, que entonces súfrala el mesmo Satanás" (II, 22, 212). Sancho también tiene mala opinión de Teresa como madre. Sancho también tiene mala opinión de Teresa como madre: le comunica al Caballero del Bosque que espera que su hija Sanchica sea condesa "a pesar de su madre" (II, 13, 131).

En la segunda parte de la novela, Cervantes desentraña con más detalle la naturaleza ambigua del personaje de Sancho. Sancho revela al lector el carácter engañoso de su apariencia: "bien es verdad que soy algo malicioso, y que tengo mis ciertos asomos de bellaco; pero todo lo cubre y tapa la gran capa de la simpleza mía, siempre natural y nunca artificiosa" (II, 8, 91). Hay varios ejemplos de la forma en que Sancho evoluciona a lo largo de la novela, un cambio que Howard Mancing atribuye a la quijotización de Sancho: "That Sancho Panza grows in self-confidence, worldly wisdom, and moral stature throughout the course of the novel (a process sometimes called quixotization) seems clear" (651). Sancho negocia con don Quijote, por ejemplo, el pago de los más de tres mil latigazos que debe darse para desencantar a Dulcinea (II, 71). Además, en esta segunda parte, hay varios ejemplos del carácter moral de Sancho y, específicamente, la forma en que interpreta la presencia de Dios en su vida. Sancho reconoce, por ejemplo, la creencia en un poder superior: "Y ¿sé yo por ventura si en esos gobiernos me tiene aparejada el diablo alguna zancadilla donde tropiece y caiga y me haga las muelas? Sancho nací, y Sancho pienso morir; pero si, con todo esto, de buenas a buenas, sin mucha solicitud y sin mucho riesgo, me deparase el cielo alguna ínsula, o otra cosa similar, no soy tan necio que la desechase" (II, 4, 65). James Fitzmaurice-Kelly cree que la ambigua caracterización de Cervantes para el Sancho del principio de la primera parte evidencia que Cervantes elaboró el personaje de Sancho a medida que iba desarrollando la trama del *Quijote*:

> Cervantes does not venture to introduce Sancho Panza in person till near the end of the seventh chapter, and he is visibly ill at ease over his creation. It is quite plain that at this stage Cervantes knew very little about Sancho Panza, and his first remark is that the squire was an honest man (if any poor man can be called honest), "but with very little sense in his pate." This is not the Sancho who has survived; honesty is not the most preeminent quality of the squire, and if anybody thinks Sancho Panza a born fool, he must have a high standard of ability. In the ninth chapter Cervantes goes out of his way to describe Sancho Panza as a long-legged man; obviously up to this point he had never seen the squire at close quarters and was as yet not nearly so well acquainted with him as you and I are. He was soon to know him more intimately. Perceiving his mistake, he hustled the long-legged scarecrow out of sight, observed the

real Sancho with minute fidelity and created the most richly humorous character in modern literature. (Walsh 425)

El hispanista Ramón de Garciasol también destaca la importancia del personaje de Sancho en el éxito del *Quijote*: "Sancho es el *Quijote*, como lo es don Quijote. No hay una sola línea del libro insuperable, donde no esté presente Sancho, 'costal de refranes y malicias' sin maldad, de sabidurías de vivir duramente, representante del pueblo llano.... No es sólo lo humano del ideal, es el ideal mismo en su vertiente humana, con sus miedos, cobardías, bondades y heroísmos" (229).

El Sancho de Kafka, en cambio, como manifestación de los demonios internos del autor, tiene muy poco en común con el Sancho de Cervantes. El único rasgo que comparten es la voluntad de acompañar a don Quijote en sus aventuras. Mientras que al Sancho de Cervantes le motiva la codicia, el Sancho de Kafka sigue a don Quijote para entretenerse y, tal vez, "por cierto sentido de la responsabilidad". Después de todo, el Sancho de Kafka creó a don Quijote y debe sentirse algo responsable de cualquier daño que el caballero se cause a sí mismo o a otros. En ese sentido, sin embargo, la relación entre el escudero y el caballero andante está invertida, porque mientras Sancho protege a don Quijote, no puede protegerse a sí mismo sin que se le haga daño al caballero. El Sancho de Kafka también representa al hombre común, pero además el escudero encarna la soledad y la tristeza que Kafka creía que existía en el ser humano. En una carta a Milena Jesenská, de quien Kafka estaba locamente enamorado, Kafka revela cuán profundo era su pesimismo y su soledad:

> The either/or is too great. Either you are mine, in which case it's good, or I lose you and then it's not just bad, but simply nothing—in that case there wouldn't be any jealousy, no suffering, no anxiety, no nothing. And there's certainly something blasphemous about building so much on a human being, which is why Fear [*Angst*] creeps round the foundations, but it's not so much the fear about you as the fear about daring to build like this at all. And this is why, in self-defense (but it has probably always been so) so much that's divine mingles with what's human in your clear face. (Beissner 20)

Kafka escribe en "La verdad sobre Sancho Panza" que Sancho "siguió tranquilamente... a don Quijote en sus andanzas, y alcanzó así un grande y útil esparcimiento hasta el final de sus días". Las aventuras del caballero distraían a Sancho de los mismos pensamientos autodestructivos que probablemente habría sufrido el propio Kafka: "[Sancho Panza] logró con el correr de los años... apartar a tal punto de sí a su demonio, al que luego dio el nombre de don Quijote, que éste se lanzó irrefrenablemente a las más locas aventuras; las cuales, empero, por falta de un objeto predeterminado, y que precisamente habría debido ser Sancho Panza, no dañaron a nadie". Es decir, don Quijote se convierte en el *alter ego* de Sancho, cuya existencia le permite liberarse de los demonios existenciales que le impedían vivir la vida que imaginaba. Sancho, como creador de don Quijote, observa el comportamiento del caballero, que manifiesta los demonios del escudero, pero estos demonios no le afectan: "Don Quixote is only a puppet, charged with enduring Sancho Panza's phantasms, who furiously attack and batter him. Sancho Panza sits quietly and reflects. He gazes tenderly on that shaky, feverish creature, who he's thrown into the world and into literature simply so that he himself—Sancho Panza—can stand back and catch his breath" (Calasso 112). Por lo tanto, Sancho es capaz de contemplar pensamientos que ofrecen autoconstrucción en lugar de autodestrucción.

Después de que el escudero crea a don Quijote, Kafka describe a Sancho como un "hombre libre", pero Sancho nunca es verdaderamente libre, porque debe continuar alimentando las fantasías caballerescas de don Quijote. Si don Quijote deja de lado sus hazañas, Sancho volverá a encontrarse a solas con sus demonios. Al principio de la primera parte, Sancho no es del todo cómplice de la locura de don Quijote. Por ejemplo, el escudero intenta suavemente disuadir a su amo de atacar tanto a los molinos de viento como a dos monjes que don Quijote cree encantados y que capturaron a una princesa (I, 8). Sin embargo, Sancho se mete cada vez más de lleno en cada una de las siguientes aventuras, sobre todo cuando don Quijote le entrega una carta para Dulcinea. Cuando el sacerdote y el barbero, con quien Sancho se cruza en sus viajes a El Toboso, piden ver la carta, Sancho se da cuenta de que no la tiene. El sacerdote y el barbero ofrecen escribir la carta, si Sancho se la recita—cosa que el escudero intenta hacer—. Después de que Sancho informa al sacerdote y al barbero que las primeras palabras de la inexistente carta son "Alta y sobajada señora", recuerda las siguientes líneas: "Luego, si mal no me acuerdo, proseguía..., si mal no me acuerdo: 'El llego y falto de sueño, y el ferido besa a nuestra merced las manos, ingrata y muy desconocida hermosa', y no sé qué decía de salud y de enfermedad que le enviaba, y por aquí iba escurriendo, hasta que acababa en 'Vuestro hasta la muerte, el Caballero de la Triste Figura'" (I, 26, 366-67). Hay más ejemplos de la complicidad de Sancho en la segunda parte. En el capítulo 8, don Quijote decide que quiere viajar a El Toboso para ver a Dulcinea en persona. Después de pedir don Quijote a Sancho que encuentre a Dulcinea y se la traiga, Sancho, que, por supuesto, nunca ha visto a Dulcinea, entabla un largo diálogo consigo mismo:

> —Sepamos agora, Sancho hermano, adónde va vuesa merced. ¿Va a buscar algún jumento que se le haya perdido?—No, por cierto.—Pues ¿qué va a buscar?—Voy a buscar, como quien no dice nada, a una princesa, y en ella al sol de la hermosura y a todo el cielo juntos.—¿Y adónde pensáis hallar eso que decís, Sancho?—¿Adónde? En la gran ciudad del Toboso.—Y bien, ¿y de parte de quién la vais a buscar?—De parte del famoso caballero don Quijote de la Mancha, que desface los tuertos, y da de comer al que ha sed, y de beber al que ha hambre.—Todo eso está muy bien. ¿Y sabéis su casa, Sancho?—Mi amo dice que han de ser unos reales palacios o unos soberbios alcázares.—¿Y habéis visto algún día por ventura?—Ni yo ni mi amo la habemos visto jamás.—¿Y paréceos que fuera acertado y bien hecho que si los del Toboso supiesen que estáis vos aquí con intención de ir a sonsacarles sus princesas y a desasosegarles sus damas, viniesen y os moliesen las costillas a puros palos, y no os dejasen oportunidad sano? (II, 10, 105)

La rapidez de las preguntas y de las respuestas manifiesta la desesperación de Sancho por no defraudar a don Quijote y posiblemente perder el control sobre su creación. Además, esta misma preocupación puede ser el catalizador de uno de los episodios más sorprendentes de la novela. Después de convertirse en el gobernador de la ínsula Barataria, Sancho renuncia inesperadamente a gobernarla:

> Abrid camino, señores míos, y dejadme volver a mi antigua libertad; dejadme que vaya a buscar la vida pasada, para que me resucite de esta muerte presente. Yo no nací para ser gobernador ni para defender ínsulas ni ciudades de los enemigos que quisieren acometerlas. Mejor se me entiende a mí de arar y cavar, podar y ensarmentar las viñas, que de dar leyes ni de defender provincias ni reinos. Bien se está San Pedro en Roma: quiero decir que bien se está cada uno usando el oficio para que haya nacido. Mejor me está a mí una hoz en la mano que un cetro de gobernador; más quiero hartarme de gazpachos que estén sujetos a la miseria de un médico impertinente que me mate de hambre, y más quiero recostarme a la sombra de una encina en el verano y arroparme con un zamarro de dos pelos en el invierno, en mi libertad, que acostarme con la sujeción del gobierno entre sábanas de holanda y vestirme de martas cebollinas. (II, 53, 474)

Este episodio es uno de los más kafkianos del *Quijote*. Sancho puede cambiar radicalmente su vida y quizás escapar de sus demonios de una vez por todas, pero esta promesa de una nueva vida es una fantasía que inventan, para su propio entretenimiento, un duque y una duquesa, los cuales engañan al caballero y al escudero. Sancho, en un despliegue de tremenda autoconciencia, decide unirse a las aventuras de don Quijote. Poco después, Sancho aviva de nuevo la imaginación de don Quijote, cuando accede a la petición del caballero de que se dé tres mil azotes para desencantar a Dulcinea. Sancho, no obstante, evita las autolesiones azotando a los árboles que lo rodean. Cuando don Quijote está cerca de la muerte, Sancho manifiesta la desesperación que siente:

> —¡Ay!—respondió Sancho, llorando—. No se muera vuestra merced, señor mío, sino tome mi consejo, y viva muchos años; porque la mayor locura que puede hacer un hombre en esta vida es dejarse morir, sin más ni más, sin que nadie le mate, ni otras manos le acaben que las de la melancolía. Mire no sea perezoso, sino levántese desa cama, y vámonos al campo vestidos de pastores, como tenemos concertado: quizá tras de alguna mata hallaremos a la señora doña Dulcinea desencantada, que no haya más que ver. Si es que se muere de pesar de verse vencido, écheme a mí la culpa, diciendo que por haber yo cinchado mal a Rocinante le derribaron; cuanto más que vuestra merced habrá visto en sus libros de caballerías ser cosa ordinaria derribarse unos caballeros a otros, y el que es vencido hoy ser vencedor mañana. (II, 74, 635-36)

La prudencia le lleva a Sancho a crear a don Quijote, pero la devoción excesiva de Sancho a su creación no le prepara para que viva en un mundo sin el caballero, ni le deja percibir que la racionalidad no puede superar las debilidades de la naturaleza humana. Asimismo, la muerte de don Quijote tiene graves consecuencias para el Sancho de Kafka, que, una vez más, se encuentra solo con sus pensamientos.

Ahora bien: la muerte de don Quijote no se encuadra dentro del nihilismo de Kafka. En las primeras horas de la mañana del día después de escribir "La verdad sobre Sancho Panza", el autor checo escribió lo siguiente sobre el caballero: "Una de las hazañas más importantes de don Quijote, más llamativa que el combate con los molinos de viento, es el suicidio. Don Quijote muerto quiere matar a don Quijote muerto; sin embargo, para matar necesita un punto vivo, y ese lo busca con su espada, tan incesante como inútil. Ocupados de esa manera, ambos muertos, cual voltereta inextricable, van rodando a través de los tiempos" (*Cuadernos en octavo* 86). Tanto Sancho como don Quijote, en cuanto creación de Sancho, son representativos de la filosofía nihilista de Kafka:

> With him nothingness is to be sure also his "element," into which he inescapably wandered as he left the illusory world of his youth, saw through the deceptions and lies of all authorities around him. But he wants to "defend" himself against the absolute annihilation of all existence. The hammering, material action, should remain a real hammering, a real, maybe even a meaningful and essential activity, although at the same time it is irrevocably a nothingness, a unique meaninglessness, so that this simultaneity of reality and nothingness takes on the character of "insanity". (Emrich 372)

La creación de don Quijote por parte de Sancho encarna "to 'defend' himself against the absolute annihilation of all existence". La naturaleza paradójica de la relación entre el escudero y el caballero es primordial para la supervivencia de Sancho, especialmente en un mundo vacío de cualquier valor redimible y supremo, aunque, en verdad, Kafka no usa los personajes para reformar el mundo. No hay una solución al sinsentido de la vida, más bien solo una búsqueda que termina en la nada. Sancho está destinado a seguir a don Quijote "hasta el final de sus días". El hecho de que don Quijote muera antes que Sancho no es relevante porque, de cualquier manera, la búsqueda de Sancho sobre el sentido de la vida es inútil.

La promesa de don Quijote de hacer del Sancho de Cervantes el gobernador de una ínsula lleva a Sancho a aceptar la oferta. Sin embargo, el papel del Sancho de Kafka no solo reemplaza a don Quijote como protagonista, sino que las acciones de Sancho también tienen consecuencias existenciales y morales para el escudero. La invención de don Quijote por parte de Sancho es una manifestación metafísica de la propia relación conflictiva de Kafka con un mundo que lo hace sentir emocional y psicológicamente aislado. El Sancho de Kafka revela su "yo" interior al mundo exterior, de la misma manera que Gregorio Samsa lo hace cuando se convierte en un insecto gigantesco en *La metamorfosis*. La transformación de Gregorio lo libera de un trabajo que detesta y de la responsabilidad de proporcionar apoyo financiero a un padre que lo desprecia. Del mismo modo, Sancho se relaja un poco, y es capaz de existir dentro del abismo de la condición humana, pero nunca puede escapar de ese abismo. En "La verdad sobre Sancho Panza", Kafka invierte el mundo novelesco de Cervantes y atribuye a Sancho la creación de uno de los personajes literarios más fascinantes del mundo, pero también se le otorga la locura del caballero a la imaginación de su escudero. De tal manera, Kafka creía que "la desgracia de don Quijote no es su imaginación, sino Sancho Panza" (*Cuadernos en octavo* 81).

Bibliografía

Beissner, Friedrich. "Kafka the Artist". *Kafka: A Collection of Critical Essays*, editado por Ronald Gray, Prentice-Hall, 1965, pp. 15-32.

Bloom, Harold. Introducción. *Franz Kafka: Modern Critical Views*, Chelsea House Publishers, 1986.

Calasso, Roberto. *K*. Knopf Doubleday Publishing Group, 2010.

Cervantes, Miguel de. *Don Quijote de la Mancha I*. Editado por John Jay Allen, Cátedra, 2014.

———. *Don Quijote de la Mancha II*. Editado por John Jay Allen, Cátedra, 2005.

Emrich, Wilhelm. "Franz Kafka and Literary Nihilism". *Journal of Modern Literature*, vol. 6, núm. 3, 1977, pp. 366-79.

Garciasol, Ramón de. *Claves de España: Cervantes y el Quijote*. Ediciones Cultura Hispánica, 1965.

Kafka, Franz. *Cuadernos en octavo*. Traducido por Carmen Gauger, Alianza Editorial, 2018.

———. *Diarios 1910-1913*. Kafka, Franz - Diarios I _1910_1913_.doc (archive.org).

———. *Kafka enamorado: Cartas a Felice*. Traducido por Pablo Sorozábal, Nórdica Libros, 2014.

Mancing, Howard. *The Cervantes Encyclopedia*. Vol. 2, Greenwood Press, 2004.

Walsh, James J. "Cervantes and Some Romances, Old and New". *The American Catholic Quarterly Review*, vol. 41, 1916, pp. 421-52.

El *Quijote* en la música de Falla, Ravel y Rodrigo

Nelson R. Orringer
University of Connecticut, USA

Al reflexionar sobre el *Quijote* en un volumen homenaje dedicado a la primera cervantista de la actualidad, tenemos la sensación de arremeter contra molinos de viento. ¿Podremos decir algo que Diana de las Armas Wilson no sepa ya? Quizás con su habitual delicadeza, perdonará nuestra presunción si seguimos su ejemplo, es decir, practicando la interdisciplinariedad. Ella ha extendido el cervantismo a la geografía, a la historiografía y al psicoanálisis. Nosotros, pues, vamos a quijotizar la historia de la música. Y lo haremos comparando el tratamiento musical de el *Quijote* en tres compositores sobresalientes del siglo XX: Manuel de Falla (1876-1946), Maurice Ravel (1875-1937) y Joaquín Rodrigo (1901-99). Se trata de cotejar *El retablo de maese Pedro*, estrenado en 1923; *Don Quichotte à Dulcinée*, compuesto entre 1932 y 1933; y *Ausencias de Dulcinea*, que vio la luz en 1948.

Las tres composiciones pertenecen a tres géneros musicales divergentes, pues si la obra de Falla se clasifica como una ópera de marionetas, y la de Ravel como un ciclo de tres canciones líricas, la de Rodrigo se define como un poema sinfónico. Con todo, mostraremos que cada uno de los tres compositores no solo estaba al tanto de la música de los otros dos, sino que también ellos tres se conocían personalmente y que Ravel y Rodrigo se dejaron afectar por el cervantismo de Falla. Construiremos nuestra comparación en torno a los tres grandes temas que Joaquín Casalduero ha aislado en el *Quijote*: primero, el enfrentamiento entre el estilo de vida caballeresca y el mundo presente; segundo, el tema del amor, centrado en las relaciones entre don Quijote y Dulcinea, y, tercero, el tema de la literatura y su relación con la vida, o sea, la diferencia entre la ficción y la realidad (Gullón).

Ha quedado ya documentada la presencia de Ravel en la biografía de Falla, así como el papel imprescindible que Falla desempeñó en la vida profesional de Rodrigo. Pese a ello, siguiendo la pista psicoanalítica señalada por de las Armas Wilson, nos conviene ahondar en la genealogía de Ravel para entender a fondo su profunda atracción por la cultura hispánica en general y al tema de don Quijote en particular. Dejando aparte el deleite de los compositores franceses de la época con la música popular española, a Olin Downes le dijo Ravel alguna vez: "¿Sabe Vd. las primeras fuentes de mi formación musical? Sabe que nací cerca de una frontera, y que tengo en mí tanta sangre española como francesa" (Downes 450). Hay que relacionar esas gotas de sangre española con la herencia materna de Ravel. Según Burnett James, "Ravel adored his mother: it was the closest attachment and most complete relationship he ever had with another human being, and her death in 1917, in the midst of the Great War, was the heaviest blow he was ever called upon to suffer until the sad decline of his own final years" (James 12). Componer al estilo hispánico, pues, constituía para Ravel reanudar contacto en cierto sentido con el seno materno, o por lo menos, con las emociones despertadas en él por aquella presencia materna siempre recordada con sumo afecto. De ahí que, entre la limitadísima producción musical de Ravel, más o menos catorce composiciones, o sea el 25%, tuvieran temas españoles (Clifton 141). Entre las composiciones, cabe señalar la primera pieza que compuso, la póstuma e irónica *Sérenade grotesque pour piano* (1893) y la última, que es precisamente el ciclo de tres canciones cantadas por don Quijote a Dulcinea.

La madre de Ravel, Marie Delouart Ravel, nacida en Ciboure, San Juan de Luz (Laborde, Altos Pirineos), descendía de gente marinera—como tantos vascos de la costa—. De hecho, la madre de Marie, Sabine Delouart, era una vendedora de pescado, y su padre le fue desconocido. Sabine pertenecía al grupo de las humorísticamente apodadas "kaskarotes". Vendedoras de pescado o sirvientas domésticas, estas mujeres se expresaban en vasco, y hablaban un poco de francés y castellano por su proximidad a la costa. Marie practicaba los tres idiomas de su región, vasco, francés y castellano, y por esta razón, fue contratada por una modista parisina, Mme. Feix, para que la ayudara a presentar su nueva colección en Madrid. Sabina conoció durante su estancia madrileña al futuro padre del compositor, Pierre-Joseph Ravel. Se casaron en París, y Marie dio a luz a Maurice en Ciboure (Gubisch-Viñes 26-27). La nueva madre arrullaba al bebé, a quien llamaba Mauricio, entonando habaneras y guajiras aprendidas en Madrid (Orenstein, *Reader* 411-12, 431). Robert Orledge observa que Marie Ravel abrió a su hijo a la belleza de la canción popular y de ella brotó el gusto del compositor por una "'otriedad' musical internacional", con una "aproximación consistentemente modal" (30).

Pasemos ahora a la presencia de Falla en la vida de Maurice Ravel. Podemos resumir la relación personal entre los dos citando la dedicatoria manuscrita a Ravel del programa de mano el día de Reyes del retablo de títeres de Cachiporra, montado el 6 de enero de 1923 en casa de Federico García Lorca. Fue este montaje una especie de ensayo experimental para lo que iba a ser *El retablo de maese Pedro*. La dedicatoria de Falla a Ravel reza: "Pour Maurice Ravel, que j'admire et que j'aime malgré son oubli des vieilles amitiés". Los dos compositores, a partir de su primer encuentro personal en París en torno a 1907, trabaron una amistad estrecha y se prodigaron mutua admiración. Pronto supo Falla que la madre de Ravel aprovechaba toda oportunidad para practicar su castellano. Al ser presentada a Falla por su hijo, Marie Ravel encantó a Falla al romper a conversar con él en un "español claro". Ella evocaba su juventud en Madrid, pintando una era que precedió la época cuando Falla frecuentó la Corte y recordando viejas costumbres musicales. En aquel momento, Falla comprendió la fascinación que de niño había experimentado Ravel gracias a reminiscencias maternales, a menudo repetidas, salpicadas de recuerdos de canciones de bailes viejos de España (Falla, "Notas" 131).

Como adulto, a Ravel le fascinaba también la música de Falla. En concreto, tenía clara conciencia del valor de *El retablo de maese Pedro*: fue estrenada la obra en París en 1923. Ravel habría de adquirir para su biblioteca personal un ejemplar de la edición de 1923 de la partitura de *El retablo*. Es más: sabemos del pesar que le produjo la necesidad de faltar al estreno, celebrado el 25 de junio en el palacio de la princesa Edmond de Polignac debido a una inflamación del pie—según manifestó Ravel en una carta a Falla con fecha del 26 de junio (Orenstein, "Ravel" 339)—. Así que, cuando compuso *Don Quichotte à Dulcinée* más o menos una década después, es inconcebible que Ravel no consultara la partitura de *El retablo* de Falla. Pronto lo comprobaremos con la comparación de las dos obras quijotescas. Sin embargo, antes, debemos documentar la presencia de Ravel en la vida de Joaquín Rodrigo.

Con ayuda de Falla, entre otros músicos españoles, Ravel por fin realizó en 1928 su sueño de recorrer toda la península ibérica dando una serie de conciertos en diez ciudades principales. Según el periodismo de Valencia, llegó en tren a la capital levantina el 16 de noviembre, ofreció un concierto la noche del 17 y se despidió de los valencianos deslumbrados el día 18 (Orringer, "Estancia" 76). A la sazón, el joven compositor valenciano Joaquín Rodrigo contaba casi 27 años, y había de conservar un recuerdo muy grato de la visita del compositor más célebre de Francia en aquel momento. En el *ABC* madrileño del 29 de marzo de 1980, informó Rodrigo:

> Nunca olvidaré la impresión que me causó el conocimiento de Mauricio Ravel, cuando vino a Valencia para ofrecer un concierto de sus obras en aquella Sociedad Filarmónica y por la que fui designado para acompañarle por la ciudad y servir de traductor en los ensayos. Siempre recordaré su fina ironía y sus rápidas e inteligentes réplicas y observaciones. A la sazón estaba Ravel orquestando lo que sería más tarde su célebre *Bolero*, que me tecleó al piano, diciendo que aquel tema le recordaba la música de Padilla. (226)

Por vulgar, Ravel despreciaba la música de Padilla, pero él mismo se dignó a ennoblecerla. También en ese mes de noviembre, Rodrigo fue a París, ilusionado, a estudiar con Ravel, pero este ya no aceptaba alumnos, por lo cual, y por la buena fortuna, inició sus estudios con Paul Dukas (217). En 1941, a los cuarenta años, Rodrigo reseñó el Festival Ravel celebrado en el teatro madrileño María Guerrero. En el programa, escuchó, entre otras obras, la *Rapsodia española*, la *Pavana para una infanta difunta* y el *Bolero*. "¡Cuánto homenaje a España en estas páginas", exclamó Rodrigo, "cuántas alusiones a nuestros ritmos, cuántas influencias nuestras en esta música! Bien podemos sentirnos orgullosos. ¡Y qué fuerza irresistible, no bien estudiada todavía, arrastraba a Maurice Ravel hacia nuestro país, del que había nacido a muy pocos kilómetros!" (227). En suma, si en toda la música de Ravel buscaba Rodrigo, por instinto, la presencia hispana, no sería plausible que pasase por alto *Don Quichotte à Dulcinée*, obra de Ravel estrenada en 1934 en el parisino Théâtre du Châtelet.

Para terminar la parte biográfica de nuestro estudio, examinemos las relaciones entre Falla y Rodrigo. En una serie de ensayos sobre Falla desbordantes de gratitud y admiración, el compositor valenciano revela dichas relaciones. Al comienzo, la timidez ante la grandeza del músico gaditano impuso a Rodrigo cierta distancia. Lo deslumbró su primera exposición a la obra maestra cervantina de Falla: "Debió de ser por el año 1925 cuando se estrenó en Valencia *El retablo de maese Pedro*. Fue ese estreno un acontecimiento en mi vida. Todavía recuerdo, lo recordaré siempre, la intensa emoción que sentí al escuchar aquella música tan nueva, tan original, tan metida en nuestra historia y que abría un nuevo y ancho camino a la música española" (239). Se acuerda Rodrigo de la interpretación excelente de la Orquesta Bética, dirigida por uno de sus discípulos predilectos, Ernesto Halffter. Rodrigo se refiere a esta orquesta con un epíteto cariñoso: "aquella simpática orquesta, fundada por

Falla". Aunque Falla en esta ocasión permaneció varios días en Valencia, la timidez cohibió a Rodrigo de conocerlo (239). De hecho, fue Falla quien tomó la iniciativa de establecer relaciones profesionales entre ellos, después de que Dukas hubiera informado a Falla del talento de Rodrigo. Interrumpió una clase de Dukas, y este los presentó en persona. Falla, unos días después, invitó a Rodrigo a participar con él en un programa de música española delante del ministro de Educación y de Bellas Artes Édouard Herriot. Aquel programa vendría a continuación de la ceremonia donde a Falla se lo condecoró con la Orden de la Legión de Honor. Antes de la Guerra Civil de 1936-39, Rodrigo pidió a Falla que lo recomendara para una beca del Conde de Cartagena, la cual, gracias a la exitosa intervención de Falla, se le concedió (240). Antes de terminada la guerra, lo recomendó para un cargo de profesor (240). Rodrigo nunca volvió a ver a Falla, pero con tristeza asistió a su entierro en Cádiz, el 6 de enero de 1947 (241).

Al repasar la producción de Falla, Rodrigo dedica solo dos páginas a la larga época impresionista de su respetado benefactor y una página y media a su análisis personal de *El retablo de maese Pedro*. Este análisis que nos permitirá estudiar en su autor los elementos de la obra de Falla influyentes en *Ausencias de Dulcinea*. Con la lentitud habitual con que compone, el Falla de Rodrigo, pese a residir en Andalucía, se aleja para siempre de la música de su patria chica—temeroso (como Ravel) de repetirse—. Piensa haber sacado todo el partido posible del andalucismo. Considera Rodrigo la *Fantasía baética* (1919) de Falla un "patético adiós a Andalucía" (246). Rodrigo proyecta sobre el mundo musical entero su propia reacción a *El retablo de maese Pedro* al decir que la obra "sorprende por su novedad". Al servirse de un episodio de la segunda parte del *Quijote*, a juicio de Rodrigo Falla se centra en Castilla. A Rodrigo le extraña el castellanismo de Falla a pesar de que este último no pertenece "exactamente" a la Generación del 98, pues, aunque nacido en 1876 (solo un año después de Antonio Machado), según los cálculos de Rodrigo, los del 98, descubridores del alma castellana, le llevan diez años (Miguel de Unamuno había nacido en 1864; Valle-Inclán en el 66; Pío Baroja en el 72; Azorín en el 73; Ramiro de Maeztu en el 75). Lo mismo que el héroe manchego, Rodrigo "no dejará sin embargo de partir en su búsqueda musicalmente", y Castilla equivale para Rodrigo a don Quijote. Después de resumir el argumento del episodio de maese Pedro musicado por Falla, Rodrigo ve el final como un aria en que don Quijote, destruido el retablo de marionetas, levanta un "canto idealizando el amor, Dulcinea, un himno a la gloria de la caballería" (246).

Rodrigo acentúa el estilo especial con que Falla ha concebido su partitura. Aquí se reencuentra con la antigua tradición española, (Christoforidis, *Manuel* 161), siguiendo las indicaciones de su maestro Felip Pedrell, así como este se lo había señalado a Isaac Albéniz cuando el mismo Albéniz hubo de reencontrarse con el viejo cancionero castellano. Nota Rodrigo, además, la condensación de la orquestación "a lo esencial" en *El retablo*, que solo cuenta con el oboe, el corno inglés, el fagot, dos trompas, una trompeta, arpa, clavecín, percusión y un cuarteto de cuerda (246). La reducción se descubre para Rodrigo también en la vocalización. Solo consta de tres voces, un barítono (o bajo) para cantar el papel de don Quijote, un tenor para representar a maese Pedro y una voz de niño para expresar al trujamán. En suma, se trata de una "ópera de cámara", según la descripción original de Rodrigo: obra consistente en un acto dividido en "pequeños cuadros", de "breves ilustraciones" comentado *a capella* por el trujamán. Toda la acción va repartida entre las marionetas.

Tras recalcar la índole miniaturista de *El retablo*, Rodrigo concluye su tratamiento de la obra explicando cómo combina la tradición y la modernidad. Combinación inédita en la música española e imitada por los compositores que suceden a Falla—Rodrigo inclusive—. Por vía de ejemplo, ofrece el comienzo, donde se toca una "obertura desbordante de alegría" al tiempo que el público en torno al retablo se sienta sobre las gradas que lo circundan. En la mezcla de recitativo y canciones del trujamán, descubre Rodrigo canciones derivadas del centro castellano de España y aires litúrgicos (247).

Examinemos el arte de *El retablo de maese Pedro* de Falla en términos de los tres grandes temas del *Quijote* para pasar después a la comparación de la obra fallesca con *Ausencias de Dulcinea*, sin duda influida por ella (Fernández Bahillo 98-99). En general, podemos decir con Ignacio Arellano que el episodio de maese Pedro da claves en miniatura de la novela entera. Así que la visión miniaturista que ofrece Rodrigo de *El retablo de maese Pedro* de Falla despliega intuiciones profundas sobre la novela. Porque en los discursos del trujamán y en las intervenciones de maese Pedro, sin olvidar las de don Quijote, se leen observaciones sobre la creación artística—tanto de la novela como del drama—rechazando digresiones irrelevantes, expresiones afectadas o negativas lanzadas contra la inverosimilitud de las comedias del día. Además, pasamos del tema de la literatura a la de la relación entre el estilo de vida caballeresco y la realidad cotidiana, pues poco a poco acompañamos a don Quijote en su tránsito de crítico literario a participante en la ficción de la fuga de Melisendra y don Gaiferos (Arellano). La destrucción por don Quijote del retablo de títeres constituye una revancha contra el Ginés de Pasamonte de la segunda parte, quien ha vuelto disfrazado de maese Pedro. No obstante, Falla termina su ópera con la destrucción de los títeres, no retribuida como en el *Quijote*, y con la "Oda a Dulcinea", cosiendo así varios apóstrofos amorosos de don Quijote dirigidos a la señora de sus pensamientos y dispersos a través de varios capítulos de la novela.

Falla escribió a su mecenas, la princesa de Polignac, la intención general de la obra. Le dijo que podría localizar el episodio de maese Pedro en la segunda parte (cap. XXVI) del *Quijote*. El compositor pensaba seguir el texto de Cervantes a partir del comienzo del espectáculo de los títeres en un teatrillo situado en escena. Los espectadores citados en el texto quedarían sentados delante del retablo. Los oiríamos sin verlos. Solo al final, don Quijote entraría en escena con violencia con el fin de castigar a los perseguidores de Melisendra y de don Gaiferos, y la función concluye con las palabras que el héroe declama a la gloria de la caballería (Torres Clemente 288). La audibilidad, añadida a la invisibilidad del público, distingue a los espectadores creados por Cervantes de los espectadores de la ópera. Con todo, al mismo tiempo, el hecho de que sean invisibles subraya la comunidad de espectadores, al igual que la continuidad del público desde las páginas de la novela hasta los asientos de los melómanos que presencian la ópera de Falla y que tampoco se dejan ver. Es más: en la descripción de su propósito, Falla nos permite ver el manejo de los tres grandes temas del *Quijote*: el tema de la relación entre la caballería y el mundo cotidiano se nota en el último discurso de don Quijote, donde ensalza su profesión (pese al daño que ha hecho); el tema de la relación entre literatura y vida se observa en el castigo infligido por el héroe de La Mancha sobre los moros que persiguen a Melisendra y a don Gaiferos; y el tema del amor va implícito en la alusión al discurso final de don Quijote, pues si ensalza la caballería, también en esa retórica elogia a Dulcinea.

Pasemos ahora a señalar la deuda de *Ausencias de Dulcinea* de Rodrigo con *El retablo de maese Pedro* de Falla. Como la ópera de Falla, el poema sinfónico de Rodrigo se basa en un episodio concreto del *Quijote*. Se trata de un incidente de la primera parte, capítulo XXVI, cuando don Quijote finge volverse loco (sin percatarse de su verdadera locura), imitando a Amadís de Gaula y dirigiendo una poesía a la flora de Sierra Morena sobre los amores del propio caballero manchego, al estilo bucólico. Así como el Caballero de la Triste Figura emula a Amadís, Rodrigo emula a Falla, ora siguiendo su ejemplo musical, ora haciendo todo lo contrario, pero siempre teniéndolo en cuenta. Si en sus reminiscencias de *El retablo* fallesco acentúa el miniaturismo de esa obra de Falla, Rodrigo ha intentado todo lo contrario en su propia composición, haciendo un ejercicio de gigantismo artístico para ensalzar a la figura heroica y cómica de don Quijote. Por eso, mientras que Falla había compuesto lo que llama Rodrigo una "ópera de cámara" con orquesta limitada, el compositor de Valencia emplea toda una orquesta. El quijotismo de personaje y de compositor salta a la vista, o mejor, *al oído*, al darnos cuenta de que su gran pieza orquestal dura solo quince minutos, siguiendo el plazo impuesto por las reglas del concurso para el cual la obra había sido compuesta (Fernández Bahillo 99).

Ha escrito Rodrigo que, en *Ausencias de Dulcinea*, ha querido trasladar al arte sonoro el contraste cervantino entre la caballería, el amor y lo cómico. ¿Cómo no ver aquí la imitación de Falla (y de Ravel)? Tanto la obra de Falla como la de Rodrigo comienzan con fanfarrias heroicas, que evocan un ambiente fantástico de la Edad Media y simbolizan el estilo de vida caballeresco, por un lado. Sin embargo, la de Falla presenta el retablo de títeres cuyo contenido es un viejo romance sobre el cautiverio y liberación de la princesa Melisendra de sus captores moros por parte de su amado don Gaiferos. Por otro lado, la de Rodrigo contiene un eco de las primeras famosas cuatro notas de la Quinta Sinfonía de Beethoven, símbolo del destino, porque don Quijote realiza su destino de ser un caballero andante—honrando a su dama—. Él intenta emular a Amadís de Gaula, quien hace penitencia por su querida señora Oriana. En realidad, don Quijote supera a Amadís imitando a Orlando el Furioso, pues el manchego hidalgo escribe versos amorosos en los troncos de los árboles como hizo Orlando. La ópera de Falla aplaza la expresión del amor de don Quijote a Dulcinea hasta el final, al cantarle una oda tras la destrucción del retablo de títeres con sus moros malvados. En el poema sinfónico de Rodrigo, por otra parte, el tema amatorio llena toda la obra una vez tocada la fanfarria inicial. Según Raymond Calcraft (Introducción), los ecos de la edad mítica de la caballería dan paso a una frase musical de amor que contiene todo el anhelo amoroso de don Quijote. Se trata de un *leitmotif* consistente en solo cinco notas de un oboe y de un violoncelo, acompañados de dos acordes de arpa trinados con una melodía dulce y lenta en 3/4. Falta, sin embargo, el tercer gran tema quijotesco: la relación de vida y literatura. Para escucharlo, hay que tener en cuenta los contenidos de la poesía cantada por el bajo que representa a don Quijote. En el poema "Árboles, yerbas y plantas", Cervantes añade un pie quebrado de cuatro sílabas a cada cinco y seis líneas, poniendo "ausencias de Dulcinea / del Toboso". Así, pues, del *nombre dulce* con que el caballero ha bautizado a su amor brota una cola vulgar que consta del nombre del lugar insignificante y nada épico de *El Toboso*. Añádase que, de vez en cuando, nuestro héroe agrega un ripio para buscar a toda costa una rima con su nombre don Quijote—"por pagaros escote" (I,

8), "Tráele amor al estricote" (l, 17), "hasta hinchar un pipote" (l, 19), "en tocándole el cogote" (l, 30)—.Y la orquesta lo abuchea, tocando una fuerte disonancia (Orringer, *Uniting* 133).

Como si estos toques humorísticos, que contrastan la belleza mítica con la fealdad cotidiana, no bastaran para divertir al público, Rodrigo inventa un coro de cuatro sopranos para simbolizar la fugacidad y la irrealidad de Dulcinea. Porque, como escribe en su comentario a la pieza, "ni al norte, ni al sur, ni al este ni al oeste encontrará don Quijote ese fantasma que es Dulcinea" (Rodrigo 95). Diríase que la orquesta disonante y acusadora y las cuatro Dulcineas fugaces constituyen cinco personajes más, los cuales sirven de antagonistas cómicos frente a don Quijote. Rodrigo habría podido idear a la orquestra y a las Dulcineas al reflexionar sobre los miembros del público que en la ópera de marionetas de Falla se habrían sentado en las gradas junto al retablo.

Pasemos, por último, al ciclo de tres canciones de Ravel titulado *Trois chansons de Don Quichotte à Dulcinée*. Dicha obra de Ravel es la única que no se basa directamente en el texto del *Quijote* de Cervantes. Argüimos que Ravel sí capta su espíritu. Escribió el libreto Paul Morand, amigo de Ravel y lector, según comprobaremos, de Cervantes. La música plantea un problema en vista de las circunstancias difíciles cuando la compuso Ravel. Mientras escribía, Ravel estaba padeciendo de una enfermedad, eventualmente fatal: la enfermedad de Pick. Dicha enfermedad le privaría de memoria, de habla y de capacidad para sostener la pluma. Dos amigos suyos, Manuel Rosenthal y Lucien Garban, tuvieron que completar la orquestación (Alice Tully Hall Program Booklet). Todo lo que decimos del quijotismo de *Don Quichotte à Dulcinée*, pues, es hipotético, pero por lo menos podemos dejar que la producción previa y la biografía de Ravel nos orienten.

Thomas Le Colleter sostiene que los tres textos de Paul Morand musicados por Ravel "évacuent complètement toute référence à l'Espagne". Cualquier españolidad que llegue a la obra la alcanza mediante la música de Ravel. Las poesías, sostiene Le Colleter, no hacen ninguna referencia precisa a la novela *Don Quijote*. Por lo cual, la redacción de la poesía obedece a la lógica del ciclo musical sin permanecer fiel a la novela (Le Colleter 204). Sin embargo, lectores asiduos del *Quijote* encontrarán a Morand menos divorciado de la novela de lo que opina Le Colleter. Las dos primeras canciones, a nuestro juicio—como el modelo de Falla—se ciñen a episodios específicos de la novela. No así la tercera, pero al tiempo de alejarse del texto cervantino, esta tercera canción permite que Ravel suspenda su papel de mediador entre Cervantes y la música y exprese su propia alegría de vivir, así como la de los graciosos de sus obras anteriores. La licencia poética puede permitírsele, porque la "Chanson à boire" fue la última composición que Ravel creó antes de morir.

Pasando a la probable fuente literaria de la "Chanson romanesque", en el capítulo 25 de la primera parte del *Quijote*, don Quijote le asegura a Sancho que Dulcinea merece ser "señora de todo el Universo" (247). A Dulcinea, don Quijote le escribe en un rimbombante estilo epistolar—peculiar a las novelas de caballería—que su buen escudero Sancho Panza confirmará que, "si gustares de acorrerme, tuyo soy; y si no, haz lo que te viniere en gusto; que con acabar mi vida habré satisfecho a tu crueldad y a mi deseo" (251). Don Quijote firma su carta: "Tuyo hasta la muerte, El Caballero de la Triste Figura" (251). Comparemos esa carta de don Quijote con la letra de la "Chanson romanesque", la cual agranda hasta proporciones cósmicas el amor de don Quijote a Dulcinea. Encontramos en la primera poesía de Morand los tres grandes temas de la novela cervantina. La presencia del tema amatorio se destaca en el tema de la canción misma, que es un apóstrofo a Dulcinea, para quien el héroe está cómicamente dispuesto a todo para darle felicidad: a inmovilizar la tierra con ayuda de Sancho, si ella le dijera que sus revoluciones la ofendían; a destruir la noche de un solo golpe, si ella le dijese que la cansaran las estrellas; a sembrar el viento pasajero de estrellas, si ella le dijera que el espacio, así vaciado, no estuviese a su gusto; y, para colmo, a palidecer bajo la culpabilidad y a morir bendiciéndola, si ella le dijese que la sangre de él pertenecía más a él que a ella (*Chanson romanesque / Song Texts*). Si no se vale Morand de las palabras exactas de Cervantes, sin duda alguna capta el espíritu de su texto, según acabamos de demostrar.

La exaltación retórica del *Quijote* de Morand va en aumento, y bien lo refleja la música de Ravel, que así representa la devoción de don Quijote a su señora y la heroicidad caballeresca de esta devoción—con hipérboles divertidas—. Aunque se oyen elementos cómicos, como la presencia de una disonancia percusiva, formada por un acorde del segundo, que recurre al final de cada compás del tempo 3:4 en esta guajira, con su ritmo que alterna 6/8 con 3/4, la intensificación de la emoción se comunica con el cambio de la tonalidad menor a la mayor, y con la pronunciación final con reverencia del nombre de la amada, "Oh, ¡Dulcinée!". Para musicar el texto de Morand, Ravel bien habría podido tener en cuenta la partitura de 1923 de *El retablo de maese Pedro* que poseía. Al final de la ópera de Falla, don Quijote dirige a Dulcinea una oda, que el pobre maese Pedro interrumpe a cada línea lamentando la destrucción de su retablo por el caballero: "¡Oh, Dulcinea,... señora de mi alma,... día de mi noche..., gloria de mis penas..., norte de mis caminos..., dulce prenda y estrella de mi ventura!" (*A toda zarzuela* 89, 244, 688). Si esta oda nombra a Dulcinea al principio, con las mismas dos palabras, "Oh, ¡Dulcinée!", termina la primera canción de Ravel al final.

Ravel, al parecer, toma a su don Quijote en serio, así como Falla al suyo—por lo menos en la oración a San Miguel que forma la sustancia de la "Chanson épique"—. Según Le Colleter, aquí no aparece ninguna referencia exacta a la novela de Cervantes. El caballero errante de Morand se dirige sencillamente a dos santos, Jorge y Miguel, heroicos por haber vencido dragones (Le Colleter 203). Si reflexionamos más sobre la novela, empero, hallamos que Le Colleter se equivoca de nuevo. En el capítulo 8 de la segunda parte, don Quijote dice a Sancho: "Religión es la caballería; caballeros santos hay en la gloria" (619). En el capítulo 58 de la segunda parte, aparecen algunos de estos caballeros santos. Algunos campesinos llevan imágenes de santos a sus pueblos para mostrarlos en la iglesia. Una imagen representa a San Jorge matando el dragón, por lo cual afirma don Quijote, "Este caballero fue uno de los mejores andantes que tuvo la milicia divina; llamóse don San Jorge, y fue además defensor de doncellas (como don Quijote frente a Dulcinea)" (991). En cuanto a San Miguel, el don Quijote de Morand le da las gracias por brindarle el ocio para ver y oír a su dama y por elegirlo para complacerla y defenderla. Quizás este San Miguel no es solo el patrón de los cruzados y el matador de dragones, sino también y sobre todo Miguel de Cervantes, quien creó a don Quijote para el recreo de Dulcinea, su dama. Por eso, nuestro caballero andante pide a San Miguel que le bendiga la espada, igual en puridad y piedad a Dulcinea misma. Termina por comparar a su dulce señora con la Virgen María, vestida de su manta azul (*Chanson épique / Song Texts*). Aunque Cervantes nunca hace la comparación, Javier Herrero apunta que del romanticismo heredó la crítica del siglo XIX y gran parte del XX la concepción de Dulcinea como encarnación del idealismo, de la nobleza y hasta de la religiosidad exaltada de don Quijote. Esta grandeza espiritual simbolizaba la esencia del alma española. Dulcinea personifica el sueño de don Quijote: el gran ideal de la España virginal (Herrero 24).

Dada la sublimidad del texto de Morand, Ravel convierte este idealismo en música. Emplea una combinación rara de polifonía renacentista, a imitación de Falla, con el ritmo del tzortzico: 5/4, danza vasca. Según Michael Christoforidis la "Oda a Dulcinea" de don Quijote que remata *El retablo de maese Pedro* brota de una canción del siglo XVI, "Prado verde y florido", de Francisco Guerrero ("Aspects" 131). Si el modelo, más o menos contemporáneo con el *Quijote*, comunica el amor no correspondido por una pastora (Christoforidis, "Aspects" 110), "su acompañamiento imita la linealidad de la polifonía de cuatro partes provista por Guerrero" (109). De manera paralela, según J. J. Pastor Comín, el embrujo de un canto arcaico emerge en los acordes iniciales del movimiento de líneas melódicas sobre el arreglo del segundo invertido del acorde ("La Réécriture" 384). Esta melodía exige un canto silábico acompañado de piano (u orquesta), que toca los acordes sin adorno. Entre las primera y segunda estrofas suena una disonancia sumamente hispánica del piano, la cual integra un segundo aumentado, común en la melodía popular árabe. La segunda estrofa, según Pastor Comín, amplía la melodía de la primera estrofa, verso 4 ("Pour Complaire et la defendre"), sobre acordes estáticos en las líneas "Et son égale en pureté / Et son égale en piété / Comme en pudeur et chastité" (384). El "Amen" final de la oración se esfumina en la nada, en una última nota de sublimidad.

Pasemos por fin a la "Chanson à boire", que rechaza el modelo cervantino del héroe como abstemio. En esta canción a la bebida, Ravel hace que el acompañamiento instrumental imite la risa a carcajadas inspirada por el caballero ebrio (*Chanson à boire / Song Texts*). Bien puede haber influido en *Ausencias de Dulcinea*, en que los ripios de don Quijote provocan que los instrumentos critiquen la mala poesía con disonancias del caballero. En el caso de Ravel, ha imitado su propia ópera *L'Heure espagnole*, cuyos personajes reciben *leitmotive* cómicos. Por ejemplo, en la tercera escena, cuando el muletero Ramiro se queja de su ineptitud para con las mujeres, la orquesta se mofa de él a carcajadas. En la "Chanson à boire", por vía de introducción, la orquesta (o piano) toca una carcajada musical dirigida al barítono (o bajo) que, como en Falla o en Rodrigo, canta el papel de don Quijote. Como si la inconsecuencia musical fuera por culpa de la embriaguez, canta su jota—danza septentrional—en un mixolidio flamenco—fruto del sur—. El uso paródico de la jota se oía ya en Falla al final de su ballet bufo *El sombrero de tres picos*, imitado en el último tiempo, "Feria", de la *Rapsodie espagnole* de Ravel. Ahora bien, Falla no puede compararse con lo que hace nuestro compositor francés en la canción presente. Parodia el portamento del flamenco, parodiando a Jules Massenet e insinuando que su don Quijote confunde la ingestión del licor con su alegría a alta voz. La letra de Morand se divide en cuatro estrofas, con la primera y la tercera maldiciendo de la tristeza habitual de don Quijote que enajena a Dulcinea, diciendo que el amor y el vino viejo entristecen el corazón, mientras que la cuarta repite el texto de la segunda, que brinda por la alegría—única meta que orienta los pasos del héroe bebido—. La armonía de la canción parece disyuntiva, pues si la pieza, como hemos visto, empieza en el modo mixolidio, termina en do mayor al compás 102 (Dodge 19). En su *Ethik des reinen Willens*, pregunta Hermann Cohen lo siguiente: "Ist etwa der *Don Quixote* nur eine Posse?" (487), que su discípulo

Ortega y Gasset ha traducido, "¿Es, por ventura, el *Don Quijote* sólo una bufonada?" (329). Del mismo modo, Ravel, autor de bromas musicales, parece preguntar: "¿No es la música en general una broma refinada?". En las páginas anteriores, hemos examinado de un modo comparativo la presencia de don Quijote en tres compositores, Falla, Ravel y Rodrigo, enfocándolos desde la triple perspectiva de la caballería andante como modo de vivir en contra de la realidad cotidiana, del amor a Dulcinea y de la humorística relación de la literatura y la vida. Y tras exámenes biográficos y estéticos de *El retablo de maese Pedro*, de *Ausencias de Dulcinea* y de *Don Quichotte à Dulcinée*, hemos finalizado con la "Chanson à boire", que parece responderle a Cohen: todo el arte es un juego disciplinado, fruto de la alegría de vivir. Hijos de esta alegría son el *Quijote* mismo y el cervantismo de Diana de Armas Wilson.

Bibliografía

A toda zarzuela: El retablo de maese Pedro (Libreto), https://atodazarzuela. blogspot .com/2014/05/el-retablo-de-maese-pedro-libreto.html. Acceso 23 en. 2023.

Alice Tully Hall Program Booklet. 2000.

Arellano, Ignacio. "Segunda parte: Lectura de los capítulos XXV y XXVI", https://cvc.cervantes.es/literatura/clasicos/quijote/edicion/parte2/ cap25/nota_cap_25.htm. Acceso 23 en. 2023.

Calcraft, Raymond. Introducción. *Ausencias de Dulcinea*, escrita por Joaquín Rodrigo, partitura, Ediciones Joaquín Rodrigo, 1993.

Cervantes, Miguel de. *Don Quijote de la Mancha*. Editado por Martín de Riquer, Juventud, 1955.

Chanson à boire / Song Texts, Lyrics and Translations / Oxford Lieder, www. oxfordlieder.co.uk/songs. Acceso 23 en. 2023.

Chanson épique / Song Texts, Lyrics and Translations / Oxford Lieder, www. oxfordlieder.co.uk.song. Acceso 23 en. 2023.

Chanson romanesque / Song Texts, Lyrics and Translations / Oxford Lieder, www.oxfordlieder.co.uk.song. Acceso 23 en. 2023.

Christoforidis, Michael. "Aspects of the Creative Process in Manuel de Falla's *El Retablo de Maese Pedro* and *Concerto*". University of Melbourne, tesis doctoral, 1997.

———. *Manuel de Falla and Visions of Spanish Music*. Routledge, 2018.

Clifton, Keith E. "*L'Heure espagnole*: Genesis, Sources, Analysis". Northwestern University, tesis doctoral, 1998.

Cohen, Hermann. *Ethik des reinen Willens*. Theil 2 von *System der Philosophie*. B. Cassirer, 1904.
Dodge, Bruce Gyger. "Characteristics of Style in the Song Cycle Don Quichotte à Dulcinée". Central Washington University, tesis doctoral, 1970.
Downes, Olin. "Maurice Ravel, Man and Musician". *New York Times*, 7 ag. 1927.
Falla, Manuel de. "Notas sobre Ravel. Revista 'Isla'. Jerez de la frontera, septiembre de 1939". *Escritos sobre música y músicos*, editado por Federico Sopeña, Espasa-Calpe, 1972, pp. 129-35.
———. Programa de mano de "Títeres de Cachiporra". 1923.
Fernández Bahillo, Héctor. "Circunstancia y cervantinismo en las *Ausencias de Dulcinea* de Joaquín Rodrigo". *Joaquín Rodrigo y Federico Sopeña en la música española de los años cincuenta*, editado por Javier Suárez-Pajares, Universidad de Valladolid, 2008, pp. 95-112.
Gubisch-Viñes, Nina. "Ravel, viñes, les années de formation: Goûts croisés, curiosités partagées (1888-1900)". *Cahiers Maurice Ravel*, vol. 14, 2011, pp. 16-42.
Gullón, Ricardo. *Joaquín Casalduero: "Sentido y forma del* Quijote*"*. Ediciones Ínsula, 1949, www.cervantesvirtual.com/nd/ark:/59851/bmcdn4jl.
Herrero, Javier. "Dulcinea and Her Critics". *Cervantes: Bulletin of the Cervantes Society of America*, vol. 2, núm. 1, 1982, pp. 23-42.
James, Burnett. *Ravel: His Life and Times*. Midas Books, 1983.
Le Colleter, Thomas. "*'Je lui dépêcherais Pança'. Don Quichotte* dans la mélodie française: Quelques réflexions sur une adaptation (Ravel/Morand/Cervantès)". *Traduction et partages: Que pensons-nous devoir transmettre?*, editado por Isabelle Poulin et al., Universidad Bordeaux Montaigne, 2014, pp. 199-209, www.vox-poetica.com/sflgc/actes/traduction/index.html.
Orenstein, Arbie. "Ravel and Falla: An Unpublished Correspondence, 1914-1933". *Music and Civilization: Essays in Honor of Paul Henry Lang*, editado por Edmond Strainchamps et al., W. W. Norton, 1984, pp. 113-42.
———. *A Ravel Reader*. Columbia UP, 1990.
Orledge, Robert. "Evocations of Exoticism". *The Cambridge Companion to Ravel*, editado por Deborah Mawer, pp. 27-046, Cambridge University Press, 2000.
Orringer, Nelson. "La estancia de Maurice Ravel en la comunidad musical de Valencia". *Diagonal*, vol. 4, núm. 2, 2019, pp. 76-89.
———. *Uniting Music and Poetry in Twentieth-Century Spain*. Lexington Books, 2021.

Ortega y Gasset, José. "Meditaciones del Quijote". *Obras completas*, Revista de Occidente, 1963, pp. 311-400.

Pastor Comín, Juan José. "La Réécriture musicale de Dulcinée: Quelques points de repère dans la musique des XXème siècle", www.academia.edu/218228. Acceso 23 en. 2023.

Rodrigo, Joaquín. *Joaquín Rodrigo a través de sus escritos*. Editado por Cecilia Rodrigo Kamhi et al., Ediciones Joaquín Rodrigo, 2019.

Torres Clemente, Elena. *Las óperas de Manuel de Falla: De "La vida breve" a "El retablo de maese Pedro"*. Sociedad Española de Musicología (SEDEM), 2007.

La verdad sobre Sancho Panza

Ilan Stavans
Amherst College, USA

Le zèle affreux des dangereux dévots.
Contre le sage arme la main des sots.
- Voltaire, *La Pucelle d'Orléans*

Afterthought
¡Pobre Sancho Panza![1]

Franz Kafka, en "Die Wahrheit über Sancho Pansa", una parábola—en castellano, "La verdad sobre Sancho Panza"—publicada originalmente en 1931, escribe:

> Sancho Pansa, der sich übrigens dessen nie gerühmt hat, gelang es im Laufe der Jahre, durch Beistellung einer Menge Ritter- und Räuberromane in den Abend- und Nachtstunden seinen Teufel, dem er später den Namen Don Quixote gab, derart von sich abzulenken, daß dieser dann haltlos die verrücktesten Taten aufführte, die aber mangels eines vorbestimmten Gegenstandes, der eben Sancho Pansa hätte sein sollen, niemandem schadeten. Sancho Pansa, ein freier Mann, folgte gleichmütig, vielleicht aus einem gewissen Verantwortlichkeitsgefühl, dem Don Quixote auf seinen Zügen und hatte davon eine große und nützliche Unterhaltung bis an sein Ende.

Esta es mi traducción al castellano:

---

[1] Este ensayo está constituido por cuatro partes equidistantes. Aquí incluimos únicamente la primera, titulada "*Afterthought*". Las otras tres son "Sanchismos", "Barataria: Un manifiesto político" y "La muerte no tiene remedio".

Sin hacer mucho alarde, Sancho Panza triunfó a lo largo de los años, devorando un gran número de novelas de caballería y aventuras, en las horas de la tarde y la noche, y de tal modo distanció de él al demonio, al que llamó don Quijote, que a partir de ese momento ese demonio emprendió en libertad perfecta sus hazañas más locuaces, las cuales, sin embargo, a razón de una ausencia de justificación preestablecida, que debió haber sido el propio Sancho Panza, no causó ningún daño a nadie. Como hombre libre, Sancho Panza siguió filosóficamente a don Quijote en sus cruzadas, acaso por un sentido de responsabilidad, y tuvo con ellas un entretenimiento grande y edificante hasta el final de sus días.

La idea es asombrosa: es la figura eclipsada, el acompañante, en vez del protagonista, y no de manera contraria, quien es en realidad el centro de gravedad de *Don Quijote de la Mancha*. Pero la parábola va más allá. A diferencia de lo que afirman el autor, el narrador y Cide Hamete Benengeli, Sancho Panza no es analfabeto; él, y no don Quijote, es el verdadero lector de las novelas de caballería, a fin de cuentas, amoldando a su amo como el protagonista de una de ellas.

Tal como lo imagina Kafka, Sancho Panza es forzado a actuar para distanciar a su demonio, un espíritu malévolo, el que, en un acto de liberación creativa, se transforma en don Quijote. Su amo es la proyección de ese demonio: don Quijote es una versión del lado oscuro de Sancho Panza, una especie de Frankenstein, que, una vez creado, "debió haber sido el propio Sancho Panza".

Nada en la conjetura, agrega Kafka, está preordenado; al contrario, es un acto espontáneo, sin restricciones. Y, de manera crucial, tampoco causa ningún daño a nadie. Sancho Panza, se nos dice, sigue a su creación—don Quijote—sin restricciones, "acaso por un sentido de responsabilidad", que lo satisface enormemente hasta el final de sus días.

Y hay más...

En la tradición bíblica (Kafka era un judío checo), hay dos tipos de demonios: *Se'rim* y *Shadim*. Los dos devienen del *Sheol*, el inframundo. Y en la Cábala, se dice que los demonios son emanaciones de lo divino. No se nos dice cuál es el origen del medio de Sancho Panza; tampoco es descrito físicamente. Es sin duda un ente sobrenatural, diseñado para incomodar y hasta enaltecer la experiencia humana. ¿También es un puente con lo divino? Kafka, reconocido como el sacerdote de la modernidad que retrató la pesadilla de la razón, no era agnóstico. De hecho, su obra está repleta de formas profundas de misticismo, entendido este como una práctica religiosa basada en la auto-sumisión.

El propósito de este ensayo es defender a Sancho Panza, sacarlo del olvido en que ha estado sometido. Su nombre, lo mismo que su perfil, es la llave de su identidad. Mientras que Alonso Quijano, es decir don Quijote (la etimología de *Quijote* probablemente viene del catalán *cuixot*, "persona que tiene ideas elevadas", del latín cadera, y *cuisse*, una sección de la armadura que cubre es parte del cuerpo) es alto, delgado, enclenque, un soltero cincuentón; su escudero, bajo y panzón, es decir que le gusta mucho comer. A veces en la novela su apellido es dado como Zancas, lo que apunta a otro aspecto de su anatomía: anda de un lado a otro.

Como el personaje de Pepito en México, un bribón de la época independentista, Sancho Panza es un arquetipo del indigente, del hombre intuitivo sin educación. El apelativo se repite en dichos como "*Quien a Sancho ha de engañar, mucho ha de estudiar*" y "*Al buen callar llaman Sancho*",[2] que celebran la intuición, la claridad y el conocimiento burdo.

Se dice que de los 126 capítulos de Cervantes—52 en la primera parte, 74 en la segunda—don Quijote y Sancho mantienen una lucha de poder casi simétrica, y que esa lucha, como lo propone Edwin Williamson, es "the very life-blood of the *Quixote*". Williamson agrega que "Sancho's function in relation to Don Quixote is intrinsically subversive, in the sense that his point of view must inevitably be at odds with that of the madman, and this disparity of perspectives will be comically reinforced and enriched by disparities of language, manners, values, attitudes and temperament between the two men" (840).

Aunque el duelo de los dos personajes es obvio (Williamson identifica cuatro puntos de crisis en esa lucha: 1) el episodio de los batanes en la primera parte, capítulo 20; 2) el del encantamiento de Dulcinea en la segunda parte, capítulo 10; 3) el de la profecía de Merlín en la segunda parte, capítulo 35; y 4) la pelea de Sancho contra don Quijote en la segunda parte, capítulo 60, a mí esta propuesta me parece reductiva.

Lo que califica al *Quijote* como algo más que una mera parodia de las novelas de caballería es la amistad de don Quijote y Sancho construida a lo largo de la narrativa. Es una amistad que va más allá de las convenciones en la medida en que envuelve a individuos que son diametralmente opuestos. Sin embargo, al final la conexión emocional entre ellos es tal que es difícil, o más bien imposible, imaginar a uno sin el otro.

Página por página, Sancho Panza ocupa el mismo espacio en la novela, o acaso más. Sin él, Alonso Quijano sería simplemente un loco solo y descon-

---

2   Una exploración valiosa aparece en "Raíz folklórica de Sancho Panza" de Maurice Molho.

trolado cuyas aventuras bordean lo patético. El escudero le pone los pies en la tierra, transformando el ethos caballeresco de don Quijote en un diálogo sobre los límites de la experiencia humana. Es Sancho Panza quien le da la sensatez al Caballero de la Triste Figura.

Desde el momento que aparece este labrador humilde, devoto y quejoso, marido y padre de dos hijos, de la misma aldea sin nombre que don Quijote, es, no cabe duda, un *afterthought*. El mismo título del libro lo ignora. Consecuentemente, cuando la novela es adaptada—al musical en Broadway, a una película de Hollywood, y muchas otras modalidades—Sancho Panza no comparte el papel protagonista.

Pienso en otros personajes secundarios. La cantidad es infinita. Falstaff, el caballero bombástico de Shakespeare, que aparece en tres de sus obras y es elogiado en una cuarta, pero que, a pesar de su enorme popularidad, nunca se convierte en protagonista de su propia obra. O Jim, el esclavo fugitivo de *Aventuras de Huckleberry Finn*. ¿El hecho de que Huck aparece solo en el título, sin Jim, y que siempre reciba todo el aplauso del público, podría representar una forma de racismo? O el doctor Watson, sin el cual el pensamiento deductivo de Sherlock Holmes sería solipsista. O Sofya—Sonya u Sonechka—Semyonovna Marmeladov en Преступление и наказание (*Crimen y castigo*) de Fiódor Dostoyevski, que se prostituye para mantener a la familia. O Úrsula Iguarán, el eje y epicentro verdadero de la familia Buendía en *Cien años de soledad*.

Claro que toda narración tiene personajes que sobresalen y otros que son eclipsados. Sería imposible brindarles a todos la misma atención. Pero el caso de Sancho Panza es distinto. En los seis primeros capítulos de la primera parte, Alonso Quijano y sus fantasmas aparecen solos. Su salida inicial es desastrosa; en ella es nombrado caballero y, luego de ser el blanco de un sinfín de burlas, regresa a su aldea. Hay historiadores de la novela que señalan que Cervantes era conocido por sus novelas breves. Este era un género literario famoso en Italia. Él había empezado a practicarlo en 1590. Lo seguiría haciendo hasta 1612. Un año después publicaría sus *Novelas ejemplares*, volumen en el que incluye *La gitanilla, Rinconete y Cortadillo, El licenciado Vidriera, El celoso extremeño* y *La ilustre fregona*.[3]

---

3   Cervantes, en el prólogo a las *Novelas Ejemplares* (1613), dice: "A esto se aplicó mi ingenio, por aquí me lleva mi inclinación, y más, que me doy a entender, y es así, que yo soy el primero que he novelado en lengua castellana, que las muchas novelas que en ella andan impresas todas son traducidas de lenguas extranjeras, y éstas son mías propias, no imitadas ni hurtadas: mi ingenio las engendró, y las parió mi pluma, y van creciendo en los brazos de la estampa" (19).

Cervantes, supuestamente, se proponía que esta novela sobre un hidalgo desequilibrado tuviera la misma extensión. De ser así, Sancho Panza jamás hubiera existido.

Sabemos que don Quijote vive atrapado en sus propias elucubraciones. Sin Sancho Panza, la vida interior del caballero sería indescifrable. Si la novela hubiera tenido una extensión de seis o siete capítulos, su modernidad—el uso de su ansiedad como instrumento de cambio en respuesta a los estímulos que recibe del medio ambiente—no se hubiera materializado.

Sancho Panza nace cuando Cervantes se da cuenta de que don Quijote necesita un compañero. El escudero aparece en el capítulo 7 de la primera parte, cuando el caballero está a punto de embarcarse en su segunda salida:

> En este tiempo, solicitó don Quijote a un labrador vecino suyo, hombre de bien—si es que este título se puede dar al que es pobre—, pero de muy poca sal en la mollera. En resolución, tanto le dijo, tanto le persuadió y prometió, que el pobre villano se determinó de salirse con él y servirle de escudero. Decíale, entre otras cosas, don Quijote que se dispusiese a ir con él de buena gana, porque tal vez le podía suceder aventura que ganase, en quítame allá esas pajas, alguna ínsula, y le dejase a él por gobernador della. Con estas promesas y otras tales, Sancho Panza, que así se llamaba el labrador, dejó su mujer y hijos y asentó por escudero de su vecino. (I, 7, 79)

La descripción es ofensiva, degradante. El escudero es un hombre simple y honesto. A diferencia de su amo, cuya sabiduría genera un sinfín de encomios, de Sancho Panza se dice que es "de muy poca sal en la mollera". Pero no es estúpido. Su inteligencia está arraigada en la experiencia, en el encuentro con los otros. Puede que sea iletrado, pero es perspicaz.

La novela abre con una serie de falsas dedicatorias poéticas, como se acostumbraba en la época. La mayoría son sonetos y se enfocan en don Quijote y su círculo (su caballo Rocinante, la dama Dulcinea del Toboso, y demás). Se supone que están escritos por caballeros famosos como Amadís de Gaula y Don Belanis de Grecia, luminarias de la mitología caballeresca. Hay dos sonetos sobre Sancho Panza, el primero por Gandalín, el escudero de Amadís de Gaula; el segundo, por El Donoso, "poeta entreverado". El primero es la salutación de un igual:

> Salve, varón famoso, a quien Fortuna,
> cuando en el trato escuderil te puso,

tan blanda y cuerdamente lo dispuso,
que lo pasaste sin desgracia alguna.

Ya la azada o la hoz poco repugna
al andante ejercicio; ya está en uso
la llaneza escudera, con que acuso
al soberbio que intenta hollar la luna.

Envidio a tu jumento y a tu nombre,
y a tus alforjas igualmente envidio,
que mostraron tu cuerda providencia.

Salve otra vez, ¡oh Sancho!, tan buen hombre,
que a solo tú nuestro español Ovidio
con buzcorona te hace reverencia. (I, 28)

Grandalín festeja la agudeza de Sancho Panza. Lo describe como "nuestro español Ovidio", una referencia al poeta grecolatino, contemporáneo de Horacio y Virgilio, cuyo tratado *Metamorfosis* (8 EC), en hexámetro dactílico, explora las transformaciones mitológicas tanto humanas como divinas.

El otro poema, una jocosa apreciación de diez líneas, quizás haga referencia a Gabriel Lobo Lasso de la Vega (1555-1615), poeta, dramaturgo e historiador que pudo haber colaborado con Cervantes en la redacción de estos poemas preliminares. Es parte de una sección dividida en dos sobre Sancho Panza y Rocinante (he omitido la segunda). Aquí el juego poético depende de la ausencia de la última sílaba de cada línea. En castellano, a este tipo de poemas se les llama "versos de cabo roto":

Soy Sancho Panza, escude-
del manchego don Quijo-.
Puse pies en polvoro-,
por vivir a lo discre-;
que el tácito Villadie-
toda su razón de esta-
cifró en una retira-,
según siente Celesti-,
libro, en mi opinión, divi-
si encubriera más lo huma-.

A Rocinante
Soy Rocinante, el famo-
bisnieto del gran Babie-.
Por pecados de flaque-,
fui a poder de un don Quijo-.
Parejas corrí a lo flo-;
mas, por uña de caba-,
no se me escapó ceba-;
que esto saqué a Lazari-
cuando, para hurtar el vi-
al ciego, le di la pa-. (I, 74)

Cervantes saluda a Sancho Panza por saber articular una estrategia política llamada *tacitismo*, a través de la cual un jefe de estado triunfa en la medida en que abandona sus asuntos, que pueden ser una batalla específica o el manejo del gobierno en general.[4]

El *Quijote* comienza *in medias res*. Sabemos poco o nada de la vida temprana de Alonso Quijano. De todas maneras, desconocemos mucho de Sancho Panza—su infancia, por ejemplo—. Seguramente se crió en la aldea en donde lo encontramos en el capítulo VII. ¿Quiénes eran sus padres? ¿Tuvo hermanos? Asumimos que no recibió ninguna educación. ¿A qué edad empezó a trabajar? ¿Qué tipos de empleos tuvo? Aunque podríamos aventurar alguna hipótesis, el narrador no da ninguna clave al lector.

Hay rumores similares sobre la ascendencia de Cervantes. ¿Era cristiano nuevo, como Fernando de Rojas, autor de *La Celestina* (1499)? ¿Sabía de su sangre judía? ¿Pudo haber venido de familia conversa? Una posible lectura de la enigmática primera frase de la novela—"En un lugar de la Mancha, de cuyo nombre no quiero acordarme, no ha mucho tiempo que vivía un hidalgo de los de lanza en astillero, adarga antigua, rocín flaco y galgo corredor"—es que su autor sugiere, cuando España estaba en medio de un intenso debate sobre la identidad y los orígenes, que no precisar nuestras raíces con certeza es una forma segura de pensar en el presente sin permitir que te sumerja en controversias religiosas.

No hay un debate similar en derredor de don Quijote, porque a lo largo de la novela él ofrece mil y una referencias a la piedad cristiana y a la importancia de la Iglesia católica. Para ser publicado, el *Quijote* necesitó del sello de aprobación de los censores del Santo Oficio. En otras palabras, fue aprobado

---

4   El poema, asimismo, incluye la frase famosa de Cervantes sobre *La Celestina*, donde acusa a esa novela de no entender la naturaleza humana.

por un comité cuya misión era decidir qué libros podían ser impresos en español a principios del siglo XVII.

En el capítulo 6 de la primera parte, mientras el caballero se recupera en su cama luego de ser vapuleado en su primera salida, el cura y el barbero, amigos cercanos de Alonso Quijano, están en la habitación contigua, en la biblioteca personal de Quijano. Su labor es decidir qué títulos expurgar para "curarlo de su locura". Todo volumen que juzgan inapropiado es lanzado por la ventana a una hoguera. La escena completa es una crítica de la Inquisición.

Sancho Panza es castizo de los pies a la cabeza. En la segunda parte, él se encuentra con su viejo amigo Ricote, un morisco adinerado, un comerciante al que, como a otros de su fe, fue expulsado de España en 1609. Este aspecto es crucial en la medida en que ofrece un lado más discreto, ecuménico de él, confirmando la regularidad con la que los aldeanos de la región central del país durante el Renacimiento estaban en contacto con gente de una fe distinta.

Otra dimensión obliterada es la vida onírica de Sancho Panza. La verdad es que —más allá de los detalles que el *Quijote* nos da sobre el caballero y su escudero, adonde van, lo que hacen, incluso qué comen y cuándo duermen— no hay referencia a sus sueños. En un momento de la primera parte, don Quijote, en una venta, es despertado por Maritornes, una joven de instintos incontrolables. Aunque él cree que todo es un sueño, el sueño en sí no es descrito.

Sea como sea, don Quijote es un soñador. Como se muestra en el musical de Broadway, *Man of La Mancha* (1965), de Dale Wasserman, Mitch Leigh y Joe Darion, él sueña el sueño imposible, o sea, usa su ingenio para desajustar los mecanismos del mundo. Aun así, sería bueno tener una idea de sus sueños, por prosaicos que sean. Pero el narrador no da señas de ellos. Y menos de los de Sancho Panza.

He releído el *Quijote* unas tres docenas de veces. Para mí, el *leitmotif* es la libertad. Alonso Quijano sale en busca de sí mismo. Busca convertirse en aquel idealista por quien sueña. Me pregunto si Sancho Panza asimismo es un hombre libre.

¿En qué sueña Sancho?

Mientras acompaña a su amo, él cuestiona la decisión que ha hecho. Pese a que quiere ser recompensado por sus labores, don Quijote repite una y otra vez que los caballeros no ofrecen salarios a sus escuderos. Solo después, en la segunda parte, hay un intercambio de dinero, más de una vez. En todo caso, Sancho Panza duda de su decisión de acompañar al Quijote por el camino.

Como recompensa, le es dado convertirse en gobernador de una ínsula. Pero su incertidumbre no desaparece.

Pero él no renuncia a su tarea...

Su acto liberador consiste en entablar una amistad con su amo a quien transformará radicalmente. En el proceso, Sancho Panza a su turno se convertirá en una persona más completa. Recibirá las enseñanzas con humildad y anticipación. A veces comerá en festines enormes; se topará con gente fascinante; quedará convencido de que puede volar en el cielo alrededor del mundo; se convertirá en un gobernador admirable y reconocerá sus propios límites.

Vuelvo ahora a "Die Wahrheit über Sancho Pansa". Franz Kafka reposicionó a Sancho Panza. Al soñar a don Quijote como una manifestación mística del demonio de su escudero, le dio a Sancho Panza el papel protagonista que Cervantes le negó.

Bibliografía

Cervantes, Miguel de. *Don Quijote de la Mancha*. Editado por Francisco Rico, Crítica 2013.

——. *Novelas ejemplares*. Crítica, 2001.

Kafka, Franz. "The Truth About Sancho Panza". *The Great Wall of China: Stories and Reflections*, traducido por Edwin y Willa Muir, Schocken Books, 1946.

Molho, Maurice. "Raíz folklórica de Sancho Panza". *Cervantes: Raíces folklóricas*, Gredos, 1976, pp. 217-36.

Williamson, Edwin. "The Power-Struggle Between Don Quixote and Sancho: Four Crises in the Development of the Novel". *Bulletin of Spanish Studies*, vol. 84, núm. 7, 2007, pp. 837-58.

Colaboradores

ÁLVARO BAUTISTA-CABRERA es Doctor en Literatura Ibero e Iberoamericana de la Universidad Michel de Montaigne, Bordeaux III y Magíster en Filosofía del Departamento de Filosofía de la University of Valle. Se desempeña como Profesor Titular de la Escuela de Estudios Literarios de la University of Valle (Cali, Colombia). Ha publicado ensayos sobre el *Quijote*, Estanislao Zuleta, Jorge Luis Borges, Juan Carlos Onetti, Raúl Gómez Jattin, Roberto Bolaño, Augusto Roa Bastos, Gabriel García Márquez, así como sobre problemas educativos y de políticas públicas en la enseñanza de la literatura. Dirigió la revista *Poligramas* entre 2014 y 2021. Bautista-Cabrera escribió el libro *Introducción a la pragmática de la ficción literaria* (2011) y los libros *Poemas muertos* (2003), *Primicias* (2005), *Seis confusiones para bailar un mapalé* (2009), *Tal vez tres minutos de silencio* (2010), *El delito de Alexandro* (2018), *Cuentos para leer bajo la luna* (2018) y *Aforismos: Para ojear y hojear* (2020). Esta última publicación del profesor Bautista-Cabrera fue galardonada con el Premio Convocatoria Unidos por la Vida (Cali, 2020). Escribió el Prólogo para *Juegos de ficciones* en Variaciones lógicas de la memoria, de Uriel Cassiani de Palenque. Es coeditor-compilador de los libros Bolaño: *De parte de los críticos* (2019), *Gloria Rincón Bonilla y la didáctica del lenguaje: Ensayos sobre pedagogía por proyectos e investigación en el aula* (2022) e *Instantáneas del cuento latinoamericano* (2022). Está en preparación, en Ediciones El Silencio, la publicación de su libro de ficciones titulado OCHO + UNO.

ANTHONY J. CASCARDI detenta la Cátedra Sidney y Margaret Ancker de Profesor Distinguido en Literatura Comparada, Retórica y Lengua Española. Además, Decano Emérito Jean e Irving Stone de Artes y Humanidades. El profesor Cascardi (BA, Princeton University; MA y PhD, Harvard University) es un reconocido estudioso en literatura y filosofía, teoría estética y literatura moderna temprana, con especial atención al español, al inglés y al francés. En la University of California, Berkeley, imparte cursos sobre Cervantes, literatura y filosofía, teoría estética y los inicios de la Edad Moderna. Entre sus libros destacan *The Subject of Modernity, Consequences of Enlightenment, Cervantes, Literature, and the Discourse of Politics*, and *The Cambridge Introduction to Literature and Philosophy*. Su libro más reciente lleva por título *Francisco de Goya and the Art of Critique* (2023). Es editor académico de Cambridge University Press Studies in Literature and Philosophy. Entre sus proyectos actuales figuran un libro titulado, en principio, *Letters to a Future President on the Subject of Literature: What to Read and Why*. El profesor Cascardi fue galardonado con Divisional Distinguished Service Award for Berkeley Senate Faculty Members, y, en el año de su publicación, el libro del Profesor J. Cascardi *Cervantes, Literature, and the Discourse of Politics* recibió el Premio Gordan de la Renaissance Society of America en calidad del mejor libro. Fue director del Townsend Center for the Humanities en la University of California Berkeley durante cinco años, y Decano de Artes y Humanidades entre 2011 y 2021.

ANNE J. CRUZ es Catedrática de Siglo de Oro y *Cooper Fellow in the Humanities* emérita de la University of Miami, Florida. Se doctoró en literatura española moderna y literatura comparada en Stanford University, habiendo enseñado en la University of California-Irvine y la University of Illinois-Chicago. Sus publicaciones incluyen los títulos *Imitación y transformación: El petrarquismo en la poesía de Juan Boscán y Garcilaso de la Vega* (1988); *Discourses of Poverty: Social Reform and the Picaresque Novel in Early Modern Spain* (1999) y *The Life and Writings of Luisa de Carvajal y Mendoza* (2014), así como más de cien artículos en numerosas revistas y libros colectivos. Ha editado o co-editado más de quince libros colectivos, entre los que se incluyen *Women's Literacy in Early Modern Spain and the New World* (2011); *Early Modern Habsburg Women* (2014); *Beyond Spain's Borders: Female Players in Early Modern National Theater* (2016); *The Routledge Companion to Early Modern Spanish Women* (2018), también publicado en español, *Las escritoras españolas de la edad moderna: Historia y guía para la investigación* (2018) y *Espacios de la nobleza en la Monarquía Hispánica (1450-1715)* (2021). Es miembro de varios consejos editoriales, incluidos *The Other Voice* (Iter/University of Toronto Press) y *Renaissance and Reformation Journal*. Su serie, "New Hispanisms: Cultural and Literary Studies", cuenta con estudios sobre el medievo, la temprana edad moderna y las Américas por autores reconocidos en el campo del Hispanismo. Entre varios honores que ha recibido, hay que mencionar su nombramiento como académica correspondiente extranjera de la Real Academia de la Historia.

Conxita Domènech (Doctorado de la University of Colorado Boulder) es Catedrática de Literatura Hispánica en la University of Wyoming, donde enseña e investiga literatura de la temprana Edad Moderna y cine peninsular. Es también editora de *Hispania*, revista perteneciente a la American Association of Teachers of Spanish and Portuguese (AATSP). La profesora Domènech ha publicado nueve libros y alrededor de cuarenta capítulos en libros y artículos en revistas especializadas.

Ruth Snodgrass El Saffar fue Catedrática en el Departamento de Lenguas Romances de la University of Illinois in Chicago; becaria Woodrow Wilson, 1961; becaria de la Fundación Nacional de Humanidades, 1970-71; becaria Guggenheim, 1975-76; becaria de la Biblioteca Newberry, 1982; becaria del Instituto de Humanidades de la University of Illinois, 1985-86; becaria de la Fundación Nacional de Humanidades, 1990-91; asociada Danforth, 1973-79; becaria del American Council Learned Socs., 1978; y académica superior de la University of Illinois, desde 1986.

María Antonia Garcés es Catedrática Emérita en Estudios Hispánicos en el Departamento de Estudios Romances de Cornell University, donde trabajó durante veinticinco años. Obtuvo una maestría en Literatura Inglesa en Georgetown University (1987) y un doctorado en Estudios Hispánicos, con especialización en las literaturas del Siglo de Oro, en The Johns Hopkins University (1994). Especialista en la obra de Cervantes, y en las culturas y literaturas de la España de los Siglos de Oro, la Profesora Garcés se interesa por los contactos entre la cristiandad y el islam en el Mediterráneo de los siglos XVI y XVII, en particular en torno al autor del *Quijote*. Sus publicaciones cubren las literaturas hispánicas a ambos lados del Atlántico, desde las Crónicas de Indias hasta Cervantes. En 2003, María Antonia Garcés recibió el premio James Russell Lowell de la *Modern Language Association of America* (MLA) por su libro *Cervantes in Algiers: A Captive's Tale* (2002, 2ª ed. 2005), el más alto galardón concedido por la MLA a un estudio literario excepcional. Su propia traducción revisada y ampliada de este estudio fue publicada en España con el título de: *Cervantes en Argel: Historia de un cautivo* (Gredos, 2005). Su edición crítica y traducción, con Diana de Armas Wilson (trad.), de la *Topografía de Argel* de Antonio de Sosa se titula: *An Early Modern Dialogue with Islam: Antonio de Sosa's* Topography of Algiers *(1612)* (Notre Dame UP, 2011). La edición, introducción y notas están a cargo de la Profesora Garcés. Su ensayo sobre el cautiverio en la obra de Cervantes apareció recientemente en *The Oxford Handbook of Cervantes* (Oxford UP, 2021).

PABLO GARCÍA PIÑAR, PhD, es *Assistant Instructional Professor* de lengua y literatura española en la University of Chicago. El profesor García Piñar recibió en 2015 el título de Doctor en literatura colonial y del Siglo de Oro español de la Cornell University (Estados Unidos). Su investigación se centra en los estudios críticos de la discapacidad en la España pre-moderna y, en particular, en la experiencia discapacitada, en la representación de corporeidades divergentes en la comedia del Siglo de Oro, y el control ejercido por el aparato burocrático de los Austrias sobre la apariencia física del oficial de Estado. Sus ensayos han aparecido en antologías académicas como *Extraordinary Bodies in Early Modern Nature and Culture* (2020), *Cervantine Futures: Theorizing Cervantes after the Critical Turn* (de próxima aparición), y en la segunda edición crítica de *Don Quijote* publicada por W. W. Norton (2020). García Piñar ha publicado ensayos de investigación, además, en revistas académicas como *Comedia Performance* y *Arizona Journal of Hispanic Cultural Studies*. También ha participado en más de una veintena de congresos regionales, nacionales e internacionales. García Piñar es cofundador, junto a Fernando Rodríguez Mansilla, del grupo de investigación Early Modern Hispanic Studies, financiado por el Central New York Humanities Corridor. En 2022, fue galardonado con la Paul Oskar Kristeller Fellowship, otorgada por la Renaissance Society of America, así como con la Folger Shakespeare Library Fellowship, un apoyo institucional para la escritura de su primer libro: *Unfit for Office: Normativity and the Embodiment of State Authority in Early Modern Spain*.

El profesor BARRY IFE ocupó la Cervantes Chair of Spanish at King's College London de 1988 a 2004. De 2004 a 2017 fue Director de la Guildhall School of Music & Drama donde retiene el título de Catedrático de Investigación. Es historiador cultural especializado en la literatura, el arte y la música de España y de Hispanoamérica entre los siglos XV y XVIII. Actualmente trabaja en la interrelación entre la novela y el teatro del Siglo de Oro. Ha publicado varios ensayos sobre este tema: "Drama as Novel/Novel as Drama" (2017), "From Stage to Page: *Don Quixote* as Performance" (2019), "*Coups de théâtre* in the *Novelas ejemplares*" (2022) y está preparando un libro, *Speaking Prose: The Power of the Voice in Cervantes* para la editorial Legenda. Es también director del proyecto "Texting Scarlatti", subvencionado por la fundación Leverhulme Trust, con un equipo de más de treinta investigadores internacionales. En 2017 recibió el título de Caballero (*Knighthood*) de manos de la reina Elizabeth II de Inglaterra, y en 2021 le fue conferida la Encomienda de la Orden de Isabel la Católica por el rey Felipe VI de España.

PAUL MICHAEL JOHNSON es Profesor Asociado de Estudios Hispánicos en la University of DePauw. Se doctoró en la Literatura Española, con un certificado en Teoría Crítica, en la University of California, Irvine en 2014. Antiguo becario Fulbright, desde 2013 ha sido socio del grupo de investigación interdisciplinar *Historia y filosofía de la experiencia*, albergado en el Consejo Superior de Investigaciones Científicas (Madrid). En la actualidad sirve también como miembro elegido de la Delegate Assembly de la MLA y de los consejos ejecutivos de la Cervantes Society of America y del Mediterranean Forum de la MLA. Su primer libro, *Affective Geographies: Cervantes, Emotion, and the Literary Mediterranean* (University of Toronto Press, 2020), es la primera monografía en recuperar un lugar para la literatura en los Estudios Mediterráneos, dominados hasta la fecha por un enfoque en la historiografía, la antropología y la economía. Johnson, además, es autor de unos veinte artículos publicados en volúmenes editados y revistas como *Bulletin of Spanish Studies* o *MLN*, y sobre tales temas como la historia de las emociones, los estudios visuales y auditivos, los estudios oceánicos, la cultura popular, los monumentos públicos, la Inquisición, la raza, o la literatura aurisecular. Sus publicaciones más recientes incluyen contribuciones a la Norton Critical Edition of *Don Quijote* (editado por Diana de Armas Wilson), el volumen *The Quest for Certainty in Early Modern Europe* (ed. Barbara Fuchs y Mercedes García-Arenal), y el estudio crítico de la primera edición moderna de un drama por Luis Vélez de Guevara, *Celos, amor y venganza* (Juan de la Cuesta, 2018). De momento está preparando el volumen *Cervantine Futures: Theorizing Cervantes after the Critical Turn* (con Nicholas R. Jones, bajo contrato con Vanderbilt University Press) y su segundo libro, titulado *A Cultural History of Shame in Early Modern Spain*.

AARON M. KAHN es Profesor de Español en la University of Sussex (Reino Unido) desde 2008. Se licenció en español en la University of Ohio (EE. UU.) y cursó estudios doctorales en la University of Oxford (Reino Unido). Ha enseñado una multitud de temas, como la literatura española del siglo XX, el Siglo de Oro español, el cine, la traducción y la interpretación oral. Sus intereses investigativos se enfocan principalmente en el Siglo de Oro y en Cervantes, y sus publicaciones incluyen: *The Oxford Handbook of Cervantes* (2021), un libro (2008), dos volúmenes editados (2011 y 2015) y artículos en revistas especializadas. Más recientemente, Kahn colaboró en un proyecto apoyado por Europa Creativa de la Comisión Europea explorando recreaciones teatrales del *Quijote* en Europa. Tradujo al español *The Comical History of Don Quixote* (1694) de Thomas D'Urfey (Società Editrice Fiorentina, 2019).

Escribió una obra dramática original como parte del proyecto mencionado: *Wandering through La Mancha: A Quixotic Tale* fue publicada y representada en 2019, y en 2022 se publicó en Oviedo una traducción de esa obra al español. Actualmente está preparando una edición crítica de *Tragedia de la destrucción de Constantinopla* (1587), de Gabriel Lobo Lasso de la Vega.

ANDRÉS LEMA-HINCAPIÉ es Profesor Titular de Literaturas y de Culturas Ibero-Americanas en la University of Colorado Denver. Es Doctor en Filosofía de la Université d'Ottawa (1998) y Doctor en Estudios Románicos de Cornell University (2008). Es autor de *Borges, . . . ¿filósofo?* (Bogotá: Instituto Caro y Cuervo, 2012) y de *Kant y la Biblia: Principios kantianos de exegesis bíblica* (Barcelona: Anthropos, 2006). Sus ensayos han aparecido en *Ibero-Americana Praguensia* (República Checa), *Revista de Occidente* (España), *Bulletin Hispanique* (Francia), *Revista de Filosofía* (Costa Rica), *Daimón* (España), *Contrastes* (España), *Praxis Filosófica* (Colombia), *Ideas y Valores* (Colombia), y *Revista Canadiense de Estudios Hispánicos* (Canadá), así como en volúmenes colectivos. Es coeditor de *Despite All Adversities: Spanish-American Queer Cinema*, con la Profesora de Cornell University Debra A. Castillo (2015). El libro *Burning Darkness: A Half Century of Spanish Cinema* es una coedición con Joan Ramon Resina (2008). Con Conxita Domènech, es coautor de *Letras hispánicas en la gran pantalla: De la literatura al cine* (2017) y de *Saberes con sabor: Culturas hispánicas a través de la cocina* (2020). También con Conxita, Andrés es coeditor de los siguientes volúmenes colectivos: *Indiscreet Fantasies: Iberian Queer Cinema* (2020), *El segundo* Quijote *(1615): Nuevas interpretaciones cuatro siglos después (2015)* (2018), *Ventura Pons: Una mirada excepcional desde el cine catalán* (2015) *y Calderón de la Barca's* La vida es sueño: *Philosophical Crossroads* (2014). La Profesora Domènech y Andrés trabajan en un libro nuevo: una versión y adaptación al español del *MLA Style Manual*.

ADRIENNE L. MARTÍN le fue conferido el doctorado de Harvard University y es *Emeritus Professor* y *Vice-Provost, Global Affairs* de la University of California, Davis. Sus áreas de investigación tienen que ver con la literatura del Siglo de Oro, la obra de Miguel de Cervantes Saavedra, mujeres escritoras, sexualidad y literatura erótica, teatro y performance, y estudios de animales. Sus numerosos artículos han sido publicados en España, América Latina y los Estados Unidos de América. Ella es autora de los volúmenes: *Cervantes and the Burlesque Sonnet* (University of California, 1991) y *An Erotic Philology of Golden Age Spain* (Vanderbilt University, 2008), y coeditora de *Lope de*

Vega, *El perro del hortelano* (2011), y de los volúmenes colectivos: *La poesía erótica de Fray Melchor de la Serna* (2003), *Venus venerada: Tradiciones eróticas de la literatura española* (Universidad Complutense, 2006), *Venus venerada II: Literatura erótica y modernidad en España* (Universidad Complutense, 2007), *Spain's Multicultural Legacies: Studies in Honor of Samuel G. Armistead* (2008) y *Drawing the Curtain: Cervantes's Theatrical Revelations* (University of Toronto, 2022). En 2006, fungió como editora de un número especial sobre poesía erótica del Siglo de Oro en la revista académica *Calíope: Journal of the Society for Renaissance and Baroque Hispanic Poetry*.

MICHAEL J. MCGRATH (PhD, University of Kentucky, 1998) es Catedrático de Español en la Georgia Southern University y Académico Correspondiente de la Real Academia de Historia y Arte de San Quirce (Segovia). Sus investigaciones están centradas en la vida y la literatura españolas del Siglo de Oro, con especial énfasis en la comedia, los estudios culturales, el *Quijote* y la historia intelectual. Es Editor General de Juan de la Cuesta Hispanic Monographs. Sus publicaciones más recientes incluyen Don Quijote *and Catholicism: Rereading Cervantine Spirituality* (Purdue University Press), *The Art of the Game of Chess* (Catholic University of America Press). Este último volumen que es la primera traducción al inglés del *Libro de la invención liberal y arte del juego del ajedrez* (1561) de Ruy López. Muy recientemente publicó *A Primer of Pastoral Spanish* (Catholic University of America Press).

NELSON R. ORRINGER es Catedrático Emérito de Letras y Culturas Hispánicas y Comparadas en la University of Connecticut (Storrs) y Doctor en Letras Hispánicas por la Brown University (1969). Es autor de diez libros monográficos, entre los cuales destacan *Ortega y sus fuentes germánicas* (1979), *Unamuno y los protestantes liberales* (1985), *La aventura de curar: La antropología médica de Laín Entralgo* (1997), *Ángel Ganivet (1865–1898): La inteligencia escindida* (1998) y *Lorca in Tune with Falla* (2014). Ha colaborado con Manuel Garrido, Luis Valdés y Margarita Valdés en *El legado filosófico español e hispanoamericano del siglo XX* (2009). A los cuatro colaboradores de ese libro les fue concedido, por la Real Sociedad Menéndez Pelayo, el Premio de Investigación Humanística de 2011. Publicó, en la prestigiosa editorial madrileña Tecnos, la primera edición crítica de *Del sentimiento trágico de la vida* de Miguel de Unamuno, a la que acompaña la edición de un libro de Unamuno inédito hasta ese momento: su *Tratado del amor de Dios* (2005). Conviene mencionar dos de sus ediciones críticas: las novelas de Francisco Ayala (1995, 1996) y, de Ángel Ganivet, en un volumen doble, su *Idearium español* y *El porvenir de España* (1999). Bajo el título de *The Dynamic Structure of Reality*, Nelson R. Orringer tradujo al inglés *Estructura dinámica de la realidad*, de Xavier Zubiri (2003). Es autor de más de ciento cincuenta artículos de erudición. Ha sido profesor visitante en Brasil y en Israel, así como en múltiples universidades de España y de Estados Unidos América.

Ilan Stavans tiene la cátedra Lewis Sebring de Humanidades y Cultura Latina y Latinoamericana en Amherst College, es director de la editorial Restless Books y asesor del *Oxford English Dictionary*. Su obra, traducida a una veintena de idiomas y ganadora de muchos premios, ha sido adaptada al cine, al teatro, a la TV y a la radio. Entre sus libros se cuentan *Palabras prestadas* (2000), *Gabriel García Márquez: Los primeros años* (2010) y *Quijote: La novela y el mundo* (2015). Ha traducido a Sor Juana Inés de la Cruz, a Jorge Luis Borges, a Pablo Neruda y Juan Rulfo al inglés; a Shakespeare y Emily Dickinson al español; y el *Quijote*, *Alicia en el País de las Maravillas* y *El Principito* al spanglish. Es el editor de *The Oxford Book of Jewish Stories* (1998), *The Schocken Book of Modern Sephardic Literature* (2008), *The Norton Anthology of Latino Literature* (2011), *The FSG Book of Twentieth Century Latin American Poetry* (2011), y, recientemente, *The People's Tongue: Americans and the English Language* (2023).